つながる図書館・博物館・文書館

デジタル化時代の知の基盤づくりへ

石川徹也
根本 彰 ――〔編〕
吉見俊哉

東京大学出版会

Connecting Library, Museum and Archives
for Development of Knowledge Infrastructure toward the Digital-age
Tetsuya ISHIKAWA, Akira NEMOTO and Shunya YOSHIMI, Editors
University of Tokyo Press, 2011
ISBN978-4-13-001006-1

はじめに

本書はもともと、東京大学創立一三〇周年記念事業の一環として、二〇〇七年二月一七日、同弥生講堂で開催したシンポジウム「知の構造化と図書館・博物館・美術館・文書館――連携に果たす大学の役割」に基づくものである。このシンポジウムでは、図書館・博物館・美術館・文書館における文化の保存と再生、知の組織化に焦点をあてた。これまでこれらの機関は、それぞれ独自に図書、モノ、美術品、文書といった「資料」の収集と組織化をおこない、公開利用の機会を提供してきた。しかし近年、これらの「資料」はデジタル情報として共通に扱われるようになり、ネットワークを通じ、あるいは知のデータベースとして、同一の知識基盤のなかで認識されてきている。シンポジウムでは、それぞれの機関における知の提示法の共通点と差異を確認しながら、これまでの日本における、制度的展開の不十分さを乗り越えていくためのさまざまな制度・政策的な課題の洗い出しをおこなった。

このようなシンポジウムが開かれることになった背景には、二〇〇五年の終わり頃から始まった、東京大学大学院人文社会系研究科（文化資源学専攻）、同教育学研究科（図書館情報学）、同情報学環（学際情報学）の三組織の間での、図書館学と博物館学、学際情報学をつなぐ横断型の教育プログラムの構築についての話し合いがあったことによる。それぞれの大学院組織をつなぎ、木下直之、根本彰、吉見俊哉など異なる分野の研究者が何度かの話し合いを重ねた。われわれは、組織上の理由から新しい大学院組織をつくることは困難との判断に立たざるを得なかったが、それでも何らかの教育や研究の横断的な仕組みを東京大学のなかに形成すべく検討をおこなってきた。

そこで考えられたのは、記録文書から文化財までの文化的資料に対する新しい知識マネジメントに照準し、図書館、文書館、博物館、行政および企業における情報管理部門のより高度な専門家の養成を主眼として、デジタル技術と情報に関する法知識を備えながら複雑で大量の学術・文化・行政・経営に関する情報を体系的に管理し、有効に活用する人材を育成する教育カリキュラムであった。既存の司書や学芸員の養成課程を高度化するだけでなく、行政や企業の現場で情報マネジメントの専門家として活躍する人材を育成することを目指していた。そのため、これまでの図書館情報学、文化資源学、学際情報学など異なる分野の教育を連携させていくことを模索した。

われわれがこのような新しい教育体制が必要と考えたのは、デジタル技術の飛躍的な発展に伴う情報処理・蓄積能力の拡大、個人情報保護や情報公開、知的所有権に関する法制度の急速な整備により、図書館や文書館、博物館はもちろん、行政や企業の情報管理部門でも、権利関係が複雑なきわめて多様で大量の情報についての高度な管理能力が必要とされているとの判断からであった。機密性の高い情報を適正に管理しつつ、公共に益する情報は広く公開し、学術や文化、教育の資源としていく高度な能力と見識を有する専門家の育成は、今日の大学にとっても喫緊の課題であると考えた。そのため、図書館情報学や文化資源学、文書管理学、アーカイブ学などの学術文化情報に関する知と、知的所有権などに関する法学、行政や企業の情報マネジメントを統合した教育が必要となると考えた。

シンポジウムの前後を通じて進められた話し合いのなかで、連携の環は東京大学史料編纂所や同総合研究博物館にも広がった。東京大学は、その歴史的経緯のなかで、本書がテーマとするような文化資料の保存と管理、公開、再利用とその研究教育を担う機関を、文学部や教育学部から情報学環、史料編纂所、総合研究博物館、総合図書館、大学史史料室まで多数の機関・部局に分散させてきた。ここまで分散的になると、これらを統合して横断的な教育や研究の仕組みをつくることは容易ではない。われわれは、大学全学を統合するメタレベルの仕組みとして、学内の関係者に加わっていただき、知識マネジメントをテーマにした「連携ユニット」を設置したが、現在までのところ、この連携ユニットがＭＬＡ（博物館・図書館・文書館）の横断型プログラムを運営するところまでは至っていない。

そのようなわけで、われわれはいまも発展の途上といったところなのだが、そうこうしているうちに世間でも、ＭＬＡ、つまり博物館と図書館、文書館の連携の必要性が広く認識されるようになった。本書の準備作業と並行して、すでに、たとえば美術館・博物館とデジタルアーカイブの連携や、国立国会図書館を中心とした蔵書のデジタル化推進の動き、さまざまな大学でライブラリアンやアーキビスト、キュレーターの新しい人材育成プログラムの立ち上げなどの展開が始まった。東京大学はきわめて分権的な組織だから、学内の異なる組織に分属している人びとが結びついていくのは容易ではない。それでもすでに社会は動き始めており、ＭＬＡ連携とデジタルコンテンツの共有、公共的な知識インフラ整備とその基盤となる人材育成の重要性はますます大きくなってきている。本書の刊行は、そのような次代の要請に応答しようとする、大学側のささやかな努力の成果である。

われわれは、本書一冊で状況が簡単に変わるとは思っていない。しかし、本書の諸章が示していくように、とりわけ教育・人材育成の分野において、東京大学のような総合大学が擁する博物館・美術館に関する教育と図書館に関する教育、文化政策と社会教育、既存の資料保存・管理についての知とデジタル化技術が連携し、新しい横断的な分野をつくり上げていく必要があると考えている。東京大学からの流れは、同じようにデジタルアーカイブやＭＬＡ連携に関心をもっている慶應義塾大学や立命館大学、京都大学や九州大学等々の他の諸大学の流れと結びつき、さらには韓国や中国、台湾の大学とも結びついて大きな流れとなるだろう。そのための第一歩を踏み出しかかっているのが現状である。

本書でくり返し述べられていくように、図書館と博物館・美術館と文書館、つまりライブラリーとミュージアムとアーカイブは、いずれも歴史的ないしは文化的資料を収集し、保存し、公開し、再活用する使命を帯びている点で共通性が高いにもかかわらず、これまで行政面でも、運営面でも、人材育成の面でも分断された状態に置かれてきた。それどころか、日本においてはこうした資料の保存や活用の社会的価値が不当に軽視され、それぞれの館そのものについての法整備が遅れたし、十分な政策的展望が形成されてきたとは言い難い。明治以来、富国強兵路線をひた走り、文化は民の力に任せきりであったこの国は、戦後になると占領軍の民主化施策との関連もあって社会教育や文化行政に乗り出すが、それもせいぜい公立図書館や公民館を地域に整備し、博物館や美術館を自治体が好んで建設するところまでで、社会が文化を全体として支え、公共的な歴史を記憶していくのはいかなる仕組みにおいてなのかという問いは忘れられたままであった。

このようななかでデジタル化は、いまや図書館（電子図書館）、博物館や美術館（デジタルミュージアム）、文書館（デジタルアーカイブ）に同じように大きな変化をもたらしつつある。デジタル化によってもたらされつつある新たな知と文化のフォーメーションのなかで、一度は忘れられていたこれらの「館」の共通性が新たな姿で浮上してきたと言うべきだろうか。相互に関連の深い資料が各地の「館」に分かれて所蔵されている場合、その資料の所蔵自体を一つに集めることは容易ではないが、それぞれの「館」でデジタルアーカイブを整備し、デジタル技術基盤において関連するすべての資料に統合的なアクセスができるようにしていくことはできる。また、図書館が扱う文献資料と博物館が扱うモノとしての資料、さらにはフィルムアーカイブなどが扱う映像資料は、その形態や保存方法において大きな違いがあるが、デジタル文化資料としては統合的なアーカイブ化が構想できる。デジタル技術はこれまでばらばらに運営されてきたさまざまな「館」をひとつにつなぎ、連携させる大きな潜在力を有しているのである。

本書は、このような潜在力を目に見えるものにし、具体的な連携への手がかりとしていくことを目指している。全体は、総説となる序章に続き大きく三部から構成されているが、第一部は、図書館、博物館、文書館の現状を歴史的に概観し、MLA連携に向けてそれぞれの「館」が抱えている課題を明らかにしようとしている。第二部には、歴史学や情報学、図書館学、文化資源学など異なる分野から、歴史史資料のデジタル化やMLA連携に関わる具体的な事例の紹介と考察が並んでいる。そして第三部では、それらの概説や事例研究をふまえ、本書の編者によるMLA連携に向けての課題を提言として示している。

本書はシンポジウムの開催から四年の年月を経ての刊行となることから、論述に若干の〝時差〟があることを認めるが、課題への基本的な認識にブレはないと思っている。デジタルアーカイブ化にしても、MLA連携にしても、日本ではいままさにさまざまな動きが叢生しつつある状態で、本書の編者は、本書の試みがそうした動きに少しでもプラスに作用することを願っている。

石川徹也・根本　彰・吉見俊哉

目次

Ⅱ　MLA連携を考える……133

序章　図書館、博物館、文書館

——その共通基盤と差異

根本　彰

本章では文化施設として一般的に同じように扱われる傾向にある三機関について、歴史的な基盤と法的な位置づけを中心に検討することでこれらの共通点と違いを明らかにする。とくにそれを運営するのに中心的な役割を果たす職員とその養成システムのあり方は、これらの機関にとって最重要の課題であるから、その概要についても記述しておく。また、三機関に関わる共通の課題として経営システムとデジタル化の問題があるので、これについても全体像を述べておく。本章の目的は三機関の違いを際立たせるのではなく、歴史的経緯から別々に扱われてきたにもかかわらずむしろ共通点が多くあることを確認し、ゆるやかな統合システムがつくれないかを探ることにある。というのは、これらの起源にさかのぼるとその差異はあまり認められないし、後に述べるようにデジタル環境下においてもまた別種の共通点が見えてくるからである。

日本語の図書館、博物館、文書館の各名辞にはすべて「館」がついている。英語なら library, museum, archives で、いずれもそれ自体に建物という意味はないように見える。これから述べるように機能的にとらえられるのがふつうである。だが、英語の library は本のある場所を意味したラテン語の librarie からきている。ドイツ語やフランス語で図書館は Bibliothek あるいは bibliothéque であって、biblio は「本」、thek あるいは théque はラテン語の theca で「入れ物」という意味である。英語、ドイツ語の museum は古代ギリシア語ムセイオン（美の神々ムーサイ（英語名でミューズ）を祀る神殿）にさかのぼる言葉である。archives ももとをたどるとやはり古代ギリシア語のアーケイオン（行政官の執務所）という意味であるという。これらの機関が何か文化的価値のあるものを置く場所という意味で共通しているのは洋の東西を問わない。(1)

何事も近いものほどその違いを強調する傾向にあるが、これらの機関も今日でこそその違いは自明であるかのように語られる。しかし資料を管理するという意味で共通点をもち、もともとはそれほど厳密に分離していたわけではない。たとえば、古代のアレクサンドリア図書館はたしかに古代の地中海文明の学術的な成果を集めた図書館ではあったが、そこに資料を求めてきた人びとの交流の場であるムセイオンの付属施設とされた。ミュージアムの語源であるムセイオンは現在でいえば大学か研究所のような学術施設であった。二〇〇二年にアレクサンドリア図書館はユネスコやアラブ諸国の支援を受けてエジプト政府によって再建された。この新アレクサンドリア図書館（Bibliotheca Alexandrina）も図書館を中心に博物館的な展示と学術交流をおこなうことができる施設をともなっている。(2)

よく知られた例として、大英博物館（British Museum）は博物館と呼ばれていたが、実は内部に図書館を含んだ総合的な文化保存提供施設であった。同館は医学者ハンス・スローンが収集した博物学コレクションなどをもとに一七五九年に創設され、その後王室コレクションを加えて発展した。現在では古代ギリシア、ローマやエジプトなどの美術品の宝庫とされる大英博物館は、もちろん大英帝国の力と版図を暗示させる存在でもあったが、十九世紀の半ばに図書館利用者のための大閲覧室がつくられた。カール・マルクスが資本論を書くためにこの閲覧室に通ったというエピソードは、資本主義の最先進国がその内懐にそれをゆるがす装置を備えていたという意味で興味深いものである。一九七三年に図書館機能は他の図書館とともに分離されて大英図書館（British Library、英国図書館ともいわれる）となった。ただ財政面の問題から、この図書館がかつての地（ブルームズベリー）の近くの新しい建物に完全に移転したのは一九九七年になってからのことである。(3)

もう一つ例を挙げておくと、アメリカにはフランクリン・ルーズベルト大統領以来、歴代の大統領が職を去った後に大統領図書館（Presidential Library）をつくる慣例がある。建設は民間の資金によるが、その後の運営ととくに大統領文書の管理については連邦政府の国立公文書館記録管理庁（National Archives and Record Agency: NARA）がおこなうことになっている公的な機関である。図書館とは呼んでいるが、中心的な機能は大統領自身の執務資料である公文書の保存管理をおこなう公文書館であり、同時に、大統領に関わる資料展示をおこなう博物館としての機能もあわせもつ。この施設に「図書館」という呼称を与えたのは最初の提案者であり実行者であったルーズベルト大統領自身であった。その理由は、当時まだ新しい概念であった文書館（archives）では研究者のための施設というイメージが強く一般にアピールしないと考えたからであるとされる。(4)もちろん大統領の蔵書やこの人物についての研究書も含めているから図書館的な要素もあり、まさに一人の人物をテーマにした総合的な資料施設である。

日本では図書館は図書と雑誌、新聞などの近代的な出版物を管理する場という観念が強くあるようだが、一般に、図書館の収集対象はそうしたもの以外にも印刷物全般に加えて写真、視聴覚資料などの複製物全般におよび、記録・文書類も含むから、その点では文書館や博物館・美術館との線引きは難しい。また、後で述べるように博物館は研究機能をもつのがふつうであるから、研究支援あるいは学習用の図書室が備えられることも多い。文書館に展示機能が備わることも一般的であり、その意味で歴史博物館の機能ももつ。アメリカの大統領図書館のような専門的な資料提供保存施設には、「記念館」や「資料館」、とくに文学者については「文学館」という名称があてられることが多いが、これらは博物館、文書館、図書館のいずれの機能も備えている。

1 図書館、博物館、文書館とは何か

図書館と博物館は古代ギリシアないしそれ以前の古代文明にさかのぼって存在が確認されている。また、古代メソポタミア文明の遺跡から出土する粘土板に刻まれた楔形文字はそれらが書物と文書記録の双方の性格をもつものであったことを示しており、文書館についても古代にさかのぼる歴史をもつことがわかる。

だが、これらの機関は近代的な組織において欠くべからざるものになっている。図書館は「書物」を収集保存提供する施設である。その場合の書物とは書き手の一定の思考、想像、研究などの知的行為の結果をひとまとまりの紙葉に書きつけたものであるが、とくにヨハネス・グーテンベルク以降の印刷術によって大量に複製物がつくられ、商業的な出版流通システムやマスコミュニケーションの回路にのせられて広く配布されることで知的コミュニケーションの媒体となった。図書館はこの複製物を体系的に収集保存提供することで、知識共有のための社会的装置となった。近代的な組織はこれをもつことでその知識水準を保持する手段とした。また、遅れて二十世紀になると学校、企業、医療施設などは構成員の情報および知識の共有手段としてこれを位置づけた。

博物館は王侯・貴族の私的コレクションとして出発し、これが市民に公開され公共的な財産となるプロセスのなか

でつくられていった。コレクションは当初は美術品や歴史的な遺品、戦利品、博物学的な標本などから構成されていた。近代的な博物館はそうしたコレクションを収集保存するだけでなく、それらのサンプルを統一的な視点に基づき展示し解説をおこない、来館者に対して一定のメッセージを伝える機関である。さらに二十世紀になると、ビデオや模型を使った展示や体験型の展示活動もあわせておこなわれるようになり、博物館は教育機関としての重要性を増している。そうした博物館のコレクションも個々の資料に経済的・文化的な価値があるものばかりでなく、考古学の出土物、戦争の遺品、民具や産業製品といったものについても体系的に収集し整理提供することによって、一定の価値を表現することも増えている(5)。

文書館の存在は歴史的に古代にさかのぼることができる。だが、文書記録を組織的に保存することで後々に利用するための制度が始まったのは近代になってからである。最初の公文書館としては、フランス革命の後に旧体制下の王家や政府、貴族領主、教会の文書記録を一括して保管し公開しようとしたフランスの国立文書館（Archives nationales）であることがその基本的性格を物語っている。つまり公文書館とは、一つの組織の内部文書を一定の評価基準のもとに選別し保管し公開することで、その組織の歴史的性格を明らかにするための素材を提供するものである。これは現在の情報公開の思想とも結びつくものであろう。文書館のなかでこのように特定の組織（とくに公的な組織）の文書・記録を対象とするものを公文書館と呼んで、組織を問わずにさまざまな歴史資料を受け入れる一般的な文書館から区別することがある(6)。

以上の三つの機関に共通する特徴としては、資料を収集、保存、公開する働きをもつことである。そうした事業は商業ベースで運営することができない場合が多いから、公共的な性格をもつものとしてつくられる。民間の施設であっても、運営資金の一部は公的機関からの補助金や寄付金からきていることがふつうである。そしてこうした機関

は欧米においては国家、都市、大学などにおいて欠くことのできないものとなっている。(7)

2　日本における制度的な位置づけ

日本で図書館、博物館、文書館は、公共施設ではあっても「館」がつくがゆえに、施設管理を中心とする箱物の一種とみなされやすく行政的に軽んじられる傾向があった。施設をつくることだけに関心があり、建物をつくってしまえばそれ以上中身の詮索はしなかったということである。これは明治期に西欧文化の模倣によって形式だけを取り入れ、中味についての検討がつねに後回しにされてきたことと関わっている。法整備も遅れた。日本で図書館法が一九五〇年、博物館法が一九五一年にできたが、いずれも戦後教育改革の最後にくるものであり、その時点では図書館、博物館を法体系に組み込んだにすぎないものだった。専門職員もかろうじて大学での養成が規定されたにとどまった。公文書館法は一九七七年とさらに遅れた。これらの法律は、施設を法的に認知しおおまかにやるべきことを規定しただけで、設置や財政措置、専門職配置の法的な規制はおこなわれなかった。表0・1は図書館、博物館、文書館が日本の法制度上どのように位置づけられているのかをまとめたものである。

図書館から見ていくと、図書館法はいわゆる公共図書館だけを対象とする法律であり、ほかに学校図書館法（一九五三年）による学校図書館と国立国会図書館法（一九四八年）による国立国会図書館がある。法的な根拠は大学設置基準（文部科学省令）によるものであるが大学図書館がある。

公共図書館は地方公共団体が設置する公立図書館と民法法人が設置する私立図書館があるが、私立図書館は二十館ほどにすぎず、三千館ある公共図書館のほとんどが公立図書館である。図書館法は、公共図書館における専門的職員

表0・1　図書館・博物館・文書館の法制度的位置づけ（2010年8月現在）

	種　類	法	国の担当部局	管理者	数	専門的職員
図書館	公共図書館	図書館法	文部科学省生涯学習政策局	地方公共団体（指定管理者，PFI事業者を含む），民法34条法人	2,979	司書・司書補
	図書館同種施設（専門図書館）	図書館法29条	（都道府県教育委員会）	国，地方公共団体，民法法人，商法法人，NPO，その他	1,500程度	
	大学図書館	大学設置基準・短期大学設置基準	文部科学省研究振興局	国公私立大学	1,361	専門的職員
	学校図書館	学校図書館法	文部科学省初等中等教育局	国公私立学校	40,006	司書教諭・司書
	国立国会図書館	国立国会図書館法	国立国会図書館	国立国会図書館	1	
博物館	登録博物館	博物館法	文部科学省生涯学習政策局	独立行政法人，地方公共団体（指定管理者，PFI事業者を含む），民法34条法人，宗教法人	865	学芸員・学芸員補
	博物館相当施設			国，独立行政法人，地方公共団体，民法34条法人，大学，会社，その他の組織	331	
	博物館類似施設			国，独立行政法人，地方公共団体，民法34条法人，大学，会社，その他の組織	4,418	
	国立博物館	独立行政法人国立文化財機構法	文化庁	独立行政法人	4	
	国立美術館	独立行政法人国立美術館法		独立行政法人	5	
文書館	公文書館	公文書館法	内閣府大臣官房	国，地方公共団体（指定管理者を含む）	64	専門職員
	国立公文書館	国立公文書館法		独立行政法人	1	

の資格として司書、司書補を規定している。同法にいう図書館資料は「郷土資料、地方行政資料、美術品、レコード、フィルム」を含んだ「図書、記録、視覚聴覚教育の資料」（同法三条一項一号）とかなり広範囲にわたる。博物館法の博物館や公文書館法の公文書館が扱う資料と重なっているところがあることに注意しなければならない。

第1章でくわしく述べるが、大学は学術研究と高等教育のための機関であることから、図書館は不可欠であるとされ、そのため大学図書館は大学設置基準・短期大学設置基準で設置が義務づけられている。またそうした基準では「必要な専門的職員その他の専任職員」を置くことが規定されている。大学図書館は大学の中央図書館以外に学部・大学院、研究所の部局図書館もある。

次に学校図書館は学校図書館法によってすべての学校に設置することが義務づけられている。また、同法の改正により二〇〇三年度からは十二学級以上の規模のすべての学校に司書教諭を配置することが規定された。国立国会図書館は同名の法律に基づいて立法府に設置されている国の図書館である。立法府に対するサービスの他、行政府、司法府および国民全体に対するサービスが規定されている。なお、図書館にはこれ以外に、国、地方公共団体、民間企業、非営利法人、法人格のないNPOなどがそれぞれの目的のために設置する図書館がある。これらは図書館法二九条で「何人も設置できる」とされる「図書館同種施設」に該当するが、一般には特定の目的のために設置されるので専門図書館と呼ばれている。

図書館が設置者によって別々の法律が適用されるのに対して、博物館については近年まで博物館法が基本的にすべての博物館の根拠となっていた。博物館法でいう博物館設置者は、地方公共団体、民法法人、宗教法人である。都道府県教育委員会で登録手続きをとった博物館が正式の博物館であり、登録はされないがこれに準ずる一定の基準を満たした博物館が博物館同種施設である。この法律では国、大学あるいは企業が設置する博物館は対象にならないので、法的な規定はないが慣例的に「博物館類似施設」として扱われてきた。博物館類似施設は文部科学省の統計でも扱われている。また、ここ十年ほどのあいだに国の機関の行政改革の一環として国立博物館や国立美術館の独立行政法人化が進み、それにともない設置根拠になる法律が整備された。

博物館はこのように、設置母体がどこかということと都道府県教育委員会に登録されているかどうかということで三つの種類に分けられる(8)。なお博物館法でいう博物館資料は「実物、標本、模写、模型、文献、図表、写真、フィルム、レコード等の博物館資料」と多岐にわたり、図書館法の図書館資料と重なるところがある。また、博物館は扱う資料の種類や扱う主題によって通常、総合博物館、歴史博物館、美術館、科学博物館、文学館などのカテゴリーに分けて扱われることが一般的である。さらに動物園、植物園、水族館などの施設が含まれているのも日本の博物館法の特徴であろう。「実物」の展示によって教育やレクリエーションに資するという考え方である。ミュージアムが「美」の神ミューズのいる場から出発していることからするといささか広げすぎの感もあるが、博物館とはそれだけ美や知という価値との関わりで多様なものとなっていることを意味している。

大学博物館は法的には博物館類似施設の範疇に入れられるが、すでに独立した領域を形成してきているといえるだろう。大学博物館等協議会がつくられ現在三十七の機関が加盟している。大学博物館は何よりも研究教育の場である大学が母体になることで学術研究と密接に結びついている。研究の成果や研究教育の過程そのものを可視化して展示したり、研究の成果物やその過程から生み出される副産物を保管しそれらを生かした展示をおこなったりするといったことが挙げられる。これは博物館が大学教育の一部に位置づけられるとともに、大学の社会貢献となるし、また展示活動そのものが新しい研究の出発点となるといった効果をもっている。

最後に文書館であるが、法的には公文書館法がある。同法で公文書館とは、歴史資料としての「国又は地方公共団体が保管する公文書その他の記録（現用のものを除く。）」である「公文書等」を「保存し、閲覧に供するとともに、これに関連する調査研究を行うことを目的とする施設」である。この法律では、国立公文書館法で規定された独立行政法人国立公文書館および国、地方公共団体が設置する施設ということになる。企業、大学、非営利法人などが文書館や資料館を設立する例があるが、これらは公文書館ではないし、法的なカテゴリーが存在しない。

一般の文書館は歴史資料の保存施設と考えられるが、公文書館は単に保存するだけでなく保存する資料の選別そのものが法的な規制のもとにあることが特徴である。たとえば先ほどの大統領図書館の大統領文書は、その関係者が恣意的に選択保存したり展示したりするのではなく、NARAが公文書館の機能としてこれをおこなうものである。日本でも二〇一一年より公文書管理法が施行されて、国の機関の文書管理が厳密になり、とくに歴史的な価値をもつ公文書を公文書館に移管することが義務づけられている。このように、公文書館は歴史をどのようにつくっていくかということに関わる施設である。

国立公文書館以外の国の公文書館は、外務省外交史料館や防衛省防衛研究所図書館史料室、宮内庁書陵部などがそれにあたると考えられる。また、地方公共団体の公文書館は条例で設置することになっているが、都道府県で二十、政令指定都市で七、市町村で十五程度が設置されたのにとどまる。しかしながら、郷土資料館・歴史資料館などの名称で歴史資料を所蔵する地方公共団体はきわめて多い。また、博物館や図書館にも文書・記録がかなり蓄積されていることは確認されている(9)。

近年、国立大学に大学文書館を設置することが盛んになっている。二〇〇〇年に京都大学にできて以来、九州大学、広島大学、北海道大学、名古屋大学、東北大学などにできている。国立大学の法人化を契機にして自校史への関心が高まり、歴史資料を収集保存して大学史編纂や展示の一助にしようというものである。そこには、大学のアイデンティティ形成を通じて大学経営の一つの手段に位置づけるという考えが見られる。と同時に、国立大学法人も国の機関の一つであるので、公文書管理法が要求する文書管理と文書の公文書館への移管に対応しようというものでもある。

3　図書館、博物館、文書館における資料の扱い

日本の図書館、博物館、文書館は法や行政においてマージナルな位置に置かれていたために、それぞれが単一の制度と認められていない面がある。図書館は三つの法律が館種に対応して存在し、ナショナルライブラリーたる国立国会図書館が立法府の機関であり、文部科学省のなかで公共図書館、大学図書館、学校図書館はそれぞれ異なった局の管轄下にある。専門図書館は対応する行政部門もはっきりしない。(10) 博物館も同様の問題がある。博物館法では地方公共団体、民法法人、宗教法人が設置する博物館にしか対応できず、国立博物館は文化庁が所管し、博物館法は文部科学省の所管であるが、それ以外の大学や企業などが設置する博物館はどの行政部門も正規の対応ができない。文書館については、公文書館法が対応するのが公文書などを保存する文書館であり、それ以外の文書を扱う文書館の位置づけがはっきりしない。要するに、それぞれの機関の近代的な定義に対応した総合的な法体系が存在していないところに問題があるといえよう。

本章ではその意味で、まず、総合的な図書館法、博物館法、文書館法をつくることの必要性を主張したいが、さらに、次の段階として、これらの機関を一緒に論ずることの意味を考えたい。

これまでに見てきたように、三機関は「資料」を集め、保存し、公開するという役割をもっている点で共通している。だから、場合によっては、これらの機関で集める資料が重複することもある。どんな資料を集めるのかは、設置

機関の性格と設置目的に依存する。ところがこれが必ずしも明確であるとは限らない。表０・２に図書館法、博物館法、公文書館法における資料の扱い方をまとめてみた。

表０・２　三法における資料の扱いの違い

	図書館	博物館	公文書館
資　料	図書，記録，その他	歴史，芸術，民俗，産業，自然科学などの資料	歴史資料として重要な公文書など
目　的	利用者の教養，調査研究，レクリエーション	収集，保管，展示，教育的配慮の下の一般公衆の利用，教養・調査研究・レクリエーションなどに資するために必要な事業，調査研究	保存，閲覧
資料の扱い方	収集，整理，保存，一般公衆の利用		

　同じ資料といっても、扱う目的や扱い方に違いがある。図書館はあまり限定せずに図書、記録、その他の資料と、印刷資料系のものを中心に広くとらえている。利用者は一般公衆であって、資料の扱い方や利用の目的もかなり一般的である。それに対し、博物館の資料は、歴史資料、美術品、生物標本というようにきわめて多様であるが、主題分野に対応している。また、目的に調査研究があるように、基本的に学術的な扱いを前提とし、そのなかで教育的配慮による一般公衆の利用がうたわれる。公文書館は博物館と似ていて、歴史資料としての公文書などに限定され、扱いは保存と閲覧でやはり調査研究をおこなうものとされている。

　図書館と博物館、公文書館の違いはここにあるといえる。先にも述べたように、図書館法の図書館は公共図書館であるが、大学図書館や専門図書館であっても一般的に主題内容の調査研究をおこなうことを目的とはしていない。図書館自体が調査研究をおこなう場合として、国立国会図書館の調査および立法考査局が国会議員の依頼に応じた調査サービスを提供している。一般に図書館で実施されているレファレンスサービスは、設置されている機関によってはかなり調査研究に近い内容のものを扱うこともある。これに対して、博物館や公文書館は調査研究が業務の一つとして位置づけられていることが多い。

資料の収集、管理、展示企画をおこなうためにはその分野の全体に通じた知識と資料を扱うための技術が必要になる。そのために研究は重要な機能である。

次に、資料の扱い方の問題である。博物館の資料はモノである。モノにはそれ一つしかないという唯一性の価値をもつものや、歴史や特定の事件、人物との関係で価値をもつもの、生物の個体や産業製品のように同一種のなかで典型を示す標本としての価値をもつものなどがある。美術館の美術品は唯一性のみならず、それ自体が美的価値をもち、さらにそれゆえに市場価値をもつ。最近では、来館者の体験する空間あるいは環境、さらにはヴァーチャルな体験そのものが博物館資料である場合もある。こうした場合にも空間、環境、体験が何らかの文化的価値をもつものととらえられている。また、文書館の文書・記録はそれ自体が何かの情報を伝える唯一の記録としての価値をもつものである。とくに公文書館の資料は公的な組織の活動記録としての歴史的価値をもっている。博物館と文書館はこれら唯一性、稀少性、経済性、歴史性、標本性などの価値をもつ資料を中心に扱う。資料自体が高い価値をもつものであるから、その保存環境の整備に努めることになるし、それを公開するのは、特別の研究目的をもつ利用者に対する場合と、特別展などの特別の場合に限られるという考え方が採用されることになる。

これに対して、図書館が扱う複製資料はそれ自体のものとしての価値より、そこに含まれる内容を利用することで生まれる価値を志向している。だから図書館では資料はできるだけ公開して閲覧利用なり貸出し利用なりをしてもらうことが重視される。もちろん、両者に中間の領域はある。図書館の複製物でも古かったりあまり流通していなかったりで、稀少性の高いものは書庫にしまわれていて、利用に何らかの手続きが必要になるようにしている。博物館や文書館でもその目的のために必要な書物形態の資料が収集されている。

このことに関連して二点つけ加えておきたい。一つは、「資料」の管理の仕方である。図書館資料については一点一点にラベルを貼って、分類記号をつけて書架に配置するとともに、それぞれの資料に対して目録情報（書誌情報）を記録してこれをデータベース化して検索できるようにするというのが一般的な処理である。このときに、そうした分類や目録は利用者自身が使用することが重要であるために、汎用性と使いやすさが求められる。標準的な分類法（Nippon Decimal Classification: NDC）や目録法（Nippon Cataloging Rules: NCR）がつくられているのはそのためである。

他方、資料の目録をとったり、資料を分類したりする同様の手続きは博物館でも文書館でもおこなわれるが、それはあくまでも資料を管理する目的のためにおこなわれているので、図書館で見られるような汎用性のある目録法や分類法は存在していなかった。個々の機関が慣用的に作成することが一般的である。また、博物館では展示物以外の所蔵資料の目録を公開することは多くないし、文書館は資料取扱いの原秩序尊重の原則によって整理する際の単位がまちまちなので目録の標準化は遅れている[(11)]。

もう一つは資料公開の方法である。図書館は資料を公開書架に置くか、書庫に置いて目録で検索した利用者の要求に応じて出納業務をおこなうかのいずれかによって提供する。これを館外に貸し出すことにも積極的である。基本的に利用者主導で資料の利用がおこなわれ、図書館は資料と利用者を結びつける活動をおこなっている。とくに、先に触れた分類、目録の作成やレファレンスサービスは資料と利用者を結びつけるための重要な活動である。また、学校や役所、ＮＰＯなどの団体に対して積極的に提供することもおこなっている。

これに対して、博物館の資料利用は先にも述べたように展示による提供が中心である。そのためにはコレクションあるいは他館の所蔵資料から展示物を選定して体系的な配置をおこない、また解説を書く。場合によってはレプリカや模型、音声や映像資料、疑似体験などによって展示の効果を上げる工夫がおこなわれる。また特別展の企画を通して資料についての調査研究、他館との連携、展示企画、図録の執筆をおこなうことも博物館の重要な活動となっている。また、講演会や体験教室、出張講義などによる教育活動もおこなわれている。

文書館は来館者に対する資料閲覧業務をおこなっている点で図書館と似ているが、ほとんどの文書・記録は書庫に置かれている。原則公開が前提の図書館と異なり、文書館の資料は個々の館ごとに資料の選別の規則と公開の原則を自らつくり資料閲覧をおこなっている。また、所蔵している資料を中心にして展示活動や教育活動をおこなう点では博物館と似ているといえる。

4　専門職員の問題

表0・3は日本・アメリカ・イギリス・フランス・韓国の五カ国におけるそれぞれの専門職員養成の実態をまとめて示してある。一番左側が日本の例であるが、図書館法、博物館法では、それぞれの機関の「専門的職員になる」ものとしての司書・司書補と学芸員・学芸員補の資格要件が定められている。一方、公文書館法四条二項には「歴史資料として重要な公文書等についての調査研究を行う専門職員」という文言があるが、そのための資格などについては言及されていない。

それぞれの資格要件は機関の機能と対応している。くわしくは各機関ごとに述べることになるが、図書館、博物館の専門的職員の資格は戦後まもない時期に決められた資格であり、現在国際的に通用している資格要件とはかなりの落差があるばかりか、大学で養成される司書、学芸員の専門的職員としての評価はけっして高くない。司書についてはいくつかの自治体の図書館で正規職員としての採用枠はあるが、年間一万人以上の新しい有資格者が生まれるなか

表0・3 5カ国における専門職員養成

		日　本	アメリカ	イギリス	フランス	韓　国
図書館	資格	司書	librarian	librarian	conservateur (資料管理専門家) ほか	司書
	認定機関	文部科学省ないし大学	アメリカ図書館協会(ALA)による課程認定	図書館・情報専門職協会(CILIP)	—	文化観光部
	グレード	司書補，司書	なし	なし	—	準司書，2級司書，1級司書
	最低学歴	司書補：高校，司書：短期大学	修士課程	学士	—	準司書：短大，2級司書：学士・修士，1級司書：博士
	養成	司書講習あるいは大学の司書課程・副専攻，図書館情報学専門課程・大学院（慶應義塾大学，筑波大学，愛知淑徳大学，駿河台大学など）	図書館情報学専門職大学院	図書館情報学専門職大学院＋実務＋資格認定	国立古文書学校（Ecole nationale des Chartes），国立情報図書館学高等専門学校（ENSSIB）で公的機関の資料管理者を養成，大学および専門職団体でも養成を実施（ディプロマ，修士）	短大・四年制大学・大学院修士課程の文献情報学専攻
博物館	資格	学芸員	統一的にはない	curator（文化財管理者）ほか	conservateur ほか	学芸士
	認定機関	文部科学省ないし大学	—	英国博物館協会（MA）	—	文化観光部
	グレード	学芸員補，学芸員	—	なし	—	準学芸士，3級学芸士，2級学芸士，1級学芸士

		日　本	アメリカ	イギリス	フランス	韓　国
博物館	最低学歴	学芸員補：高校，学芸員：学士	最低修士以上で，博士が望ましいとされる	修士以上	—	学士
	養成	大学での学芸員課程，文部科学省による試験認定・無試験認定．常磐大学他で修士課程が開設されている	博物館学大学院プログラム	博物館学専門職大学院＋実務＋資格認定	国立文化財学院（Institut national du Patrimoine：INP）での養成の他，大学や博物館付属の教育機関でも養成課程がある	準学芸士：学士＋国家試験＋1年の実務，3級学芸士：準学芸士＋7年の実務，2級学芸士：3級学芸士＋5年の実務，1級学芸士：2級学芸士＋7年の実務
文書館	資格	なし	(archivist)	archivist, records managers, archive conservator	(conservateur, archiviste)	記録物管理専門要員
	認定機関	—	なし（米国アーキビスト協会（SAA）のガイドラインあり）	英国アーキビスト協会（SoA）	—	行政自治部
	グレード	—	なし	なし	—	—
	最低学歴	—	修士課程	学士課程	—	修士課程
	養成	4年制大学の専攻や大学院に養成課程あり（駿河台大学，学習院大学など）	図書館情報学大学院，歴史学大学院に付置されたアーキビスト養成プログラム	アーカイブ学プログラム（学士，修士，ディプロマ），他にSoAによる養成プログラムもある	国立古文書学校（Ecole nationale des Chartes）での養成の他，大学でもプログラムがある	記録管理学，文献情報学大学院での専門プログラム

で新卒での就職はきわめて難しい。国立国会図書館や国立大学図書館では司書資格は採用条件とはなっておらず、独自の採用試験をおこなっている。博物館の専門職員も学芸員資格をもっているだけで採用されることはほとんどない。通常は当該分野の研究者あるいは資料の専門家であることが要件とされる。

このような状況を改善することを目的に二〇〇七年から二〇〇九年にかけて文部科学省に協力者会議がつくられ、養成と研修に関わる議論がおこなわれた。しかしながら、二〇〇八年の図書館法、博物館法の一部改正では職員養成について大きな制度的変更は見られなかった。二〇〇九年にそれぞれの施行規則が改正されたが、修得単位数が司書で四単位、学芸員で七単位増加し、科目の見直しがおこなわれたにとどまった。また、文書館については法的な資格自体が決められておらず、高等教育における職員養成も十分におこなわれていない状態である。

国際的に見るとこうした分野の専門職の養成は国によってかなりの違いがある。それぞれの国の文化および文化行政のあり方と密接にかかわってくることからくる違いがある。歴史的に権威のある専門職団体が資格認定をおこなってきたイギリスでは、現在でもそうした団体が個々の専門職の認定に関与する傾向が強い。ただ、大学教育を重視するアメリカの制度的影響から、大学ないしは大学院での養成課程をそうした専門職団体が認定する方向に移行しつつある。アメリカでは図書館員養成は専門職団体が認定する大学院プログラムが専門職の基準になっている。博物館、文書館については大学院修士課程での養成が標準になっているが、専門職団体による統一的な養成システムは存在していない。

こうした専門職団体中心の英米の養成体制に対して、フランスは行政システムにこうした機関を位置づけ、図書館、博物館、文書館の専門職員の養成も国家的な行政官養成システムであるグランゼコールが担ってきた伝統がある。ここには示していないが、ドイツは州ごとにこうした制度をもっている。しかしながら、ヨーロッパでは一九九九年のボローニャ宣言に基づき，批准国の高等教育と学位システムを統一する方向にある。大学やグランゼコールが学士，修士，博士の各課程をもち，そこが出す学位にあわせてこれらの専門職資格も学士ないしそれに職業訓練を加えたディプロマレベル，修士レベルに統一される方向が検討されている。

日本の専門職養成は，戦前はヨーロッパ大陸の官僚制をモデルにし，第二次世界大戦後はアメリカの制度をモデルにしてきた。しかしながら官僚制度の周辺にある文化機関の専門家養成の仕組みは戦前はほとんどつくられず，戦後も先に述べたように戦後改革のなかで末端部に位置づけられ，現在でも十分な法制度をもっていないということがいえよう。(12) このことは，第Ⅲ部で再度述べることにする。これに対して，韓国はここ十数年の経済成長の過程で図書館，博物館，文書館のいずれについても欧米の制度に匹敵するか，それを超える国家的な制度をつくりあげようとしている。

これまで見てきた養成制度のなかで，図書館，博物館，文書館の職員の共通性を認めて，連携しながら養成をおこなっている例もある。フランスのグランゼコールの一つである国立古文書学校（École nationale des chartes: ENC）は，歴史的な文献（書物，古文書）に強い職員として conservateur（資料保護専門職員）を養成し，文書館や図書館の基幹的な職員を輩出している教育機関である。図書館員の養成制度が先行してつくられているアメリカや韓国などの国では，図書館情報学の大学院にアーキビストの養成プログラムが位置づけられていることが多い。最近では，世界的に図書館員，アーキビスト，記録管理職員などの情報コンテンツを扱う専門家養成のために情報専門職（information professionals）と呼ばれる専門職を養成する情報大学院（information school, 略称で i-school）をつくろうとする動きがある。

博物館でよくいわれるキュレーター（curator）は学芸員と訳すことも多いが，通常は文化財的な資料を収集保存しそれを展示や教育活動に生かすための専門職員に対して用いられる。美術館でのキュレーターは展示を企画し、解説書を書く責任者として脚光を浴びることも多い。誤解されがちであるが、大学で養成される学士レベルの法的資格としての学芸員とはかなり異なる。図書館や文書館にも置かれることがある。

近年、日本でも学芸員や司書などの法的な資格を超えた専門的人材育成の動きが急になっている。たとえば美術館の関連領域ではアートマネジメントの専門家育成が始まっている。これは、一般的にはアート領域で専門知識を学んだ人たちが学知を市民と結びつける役割を果たすもので、大学で養成するものと考えられている。しかし、学知と社会とを媒介するものは大学や研究機関だけではなく、美術館や博物館こそが積極的にそうした役割を果たすべきであるという考えがある。つまりミュージアムマネジメントはアートマネジメントの一つの分野であるととらえ、これに基づく活動である。同様のものに科学博物館の領域でサイエンス・コミュニケーターの育成がおこなわれていることが挙げられる。

また、大学図書館の領域では、主題領域の学術情報専門家の育成の必要性は以前から主張されていた。これを主題専門司書（subject librarian）という。アメリカの大学では教員身分の主題専門司書が置かれることが少なくないが、そうした人びとは図書館員養成の大学院で資格を取る以外に、専門領域での学位ももったダブルディグリーの専門家である。仕事としては、特定の主題領域（法学、医学、経営学、社会科学）やヨーロッパやアジアの言語領域の学術文献の収集、組織化、レファレンスサービスなどである。こうした図書館における専門家は、これまで博物館、文書館の専門家と区別される傾向があったが、先にフランスの国立古文書学校で古文献、古文書の専門家が養成され図書館や文書館、博物館に配属になっていると述べたように、その区別は便宜的なもので必要に応じて互いに越境しあうものである。とくに日本で、司書や学芸員のような法的資格が主題専門性を十分に反映した資格教育を前提にしていない状況については見直しが必要なことは確かである。

5　MLA連携について

これらの三機関の共通性と異質性を相互に生かすための協力体制をつくろうとする動きとして博物館・図書館・文書館連携（略してMLA連携）がいわれ始めている。外国では相互の連携はこれまでもいわれていた。日本でもほとんどの博物館には研究用ないし利用者閲覧用の図書室が設置されている。秋田県公文書館と秋田県立図書館、山口県文書館と山口県立図書館のように公文書館が図書館に併設される例や、奈良県立図書情報館のように図書館が公文書館の機能をあわせもつ例もある。さらに福岡市総合図書館は公文書館や文学館、映像ホール（映画館）を含んだ総合的な文化施設となっている。日本でこのような検討が始まったことは特筆に値するが、まだまだ互いに手探り状態であるといえよう(13)。

まずMLAの相互関係について筆者の考えを述べておきたい。まず、これらの機関が扱う資料の性格をもとにそれぞれの活動領域を二次元にマッピングしてみる（図0・1参照）。「記号―モノ」と「唯一性―複数性」の二つの軸において、博物館は「モノ」的性格が強いのに対して、図書館と文書館は「記号」的な性格が強い。博物館の「モノ」性は、空間性あるいは身体性とも結びつく概念である。あるいはモノ的な環境を提供しているということもできる。それは、ヴァーチャル・ミュージアムであっても、モノの図像的な表現や音声的な解説を通してその質感や機能を視覚化するものであり、モノへの回帰を前提とする。それに対して、文書館資料や図書館資料はそれ自体が記号としての表現を中心としている。そこで媒介される言語、図像、音声などはオリジナルのモノへと回帰するのではなく、そ

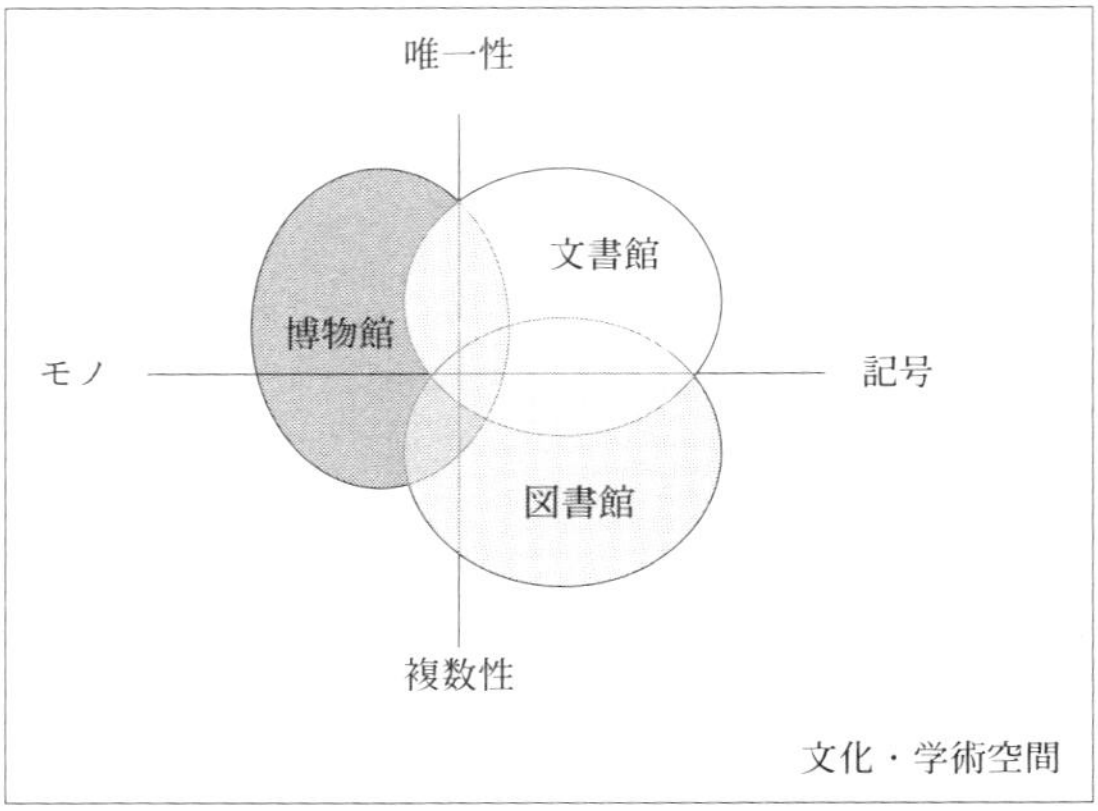

図０・１　MLA 資料の相互関係

れ自体が価値をもって存在している。

もう一つの軸である「唯一性―複数性」においては、とくに文書館資料と図書館資料の違いをいいあてている。いうまでもなく、文書館で扱う記録や文書はそれ自体が一点しかない唯一性をもつのに対して、図書館資料は通常は印刷物であり複数存在するものである。博物館で扱うモノは、美術品や歴史的遺品などの場合は唯一性が高いが、生物の標本であるとか民俗学の民具とかいった場合は種を特定する典型であって必ずしも唯一のものというわけではない。

図０・１で表現されているように、ＭＬＡが扱うものは互いに重複している。歴史的な経緯からそのなかのどこか特定の部分を中心に扱っているにすぎず、モノと記号、唯一性と複数性の空間的配置のかなりの幅広さを対象につねに引き受けているということができるだろう。

これを機能的にとらえると図０・２になる。これはもっている資料の性質との関係で生じているＭＬＡの機能を図示したものである。唯一性が高いモノや文書をもつ博物館や文書館は、その資料を保存するとともに資料を対象とした研究を中心とするのに対して、複数性が高い資料をもつ図書館や博物館では、それを開放し利用普及や教育の手段とする傾向が強くなる。博物館や文書館では専門家主導で展示をおこなったり教育活動をおこなう傾向が強く、図書館では利用者が資料を閲覧したり借り出したりするのを支援することが業務の中心となる。ただし、これも個々の館の設置目的や設置母体などの性格の違いから規定されることである。

このようにMLAの機能は文化・学術空間において、資料そのものがもつ価値や資料を集め評価し組織化し提供する業務によって発揮される。その業務には資料自体を研究することから、それを中心に社会的なメッセージを構成することや直接利用する人へのアドバイスをおこなうこと、資料をもとにそれを演出するような展示を工夫することが含まれるかもしれない。モノとしての資料はデジタル化されてネットワーク上でアクセス可能な記号に変換されるかもしれない。その場合でも資料自体に内包されたモノとしての性質をできるだけ表現しようとする。これがMLAが実現しようとしている共通の機能である。

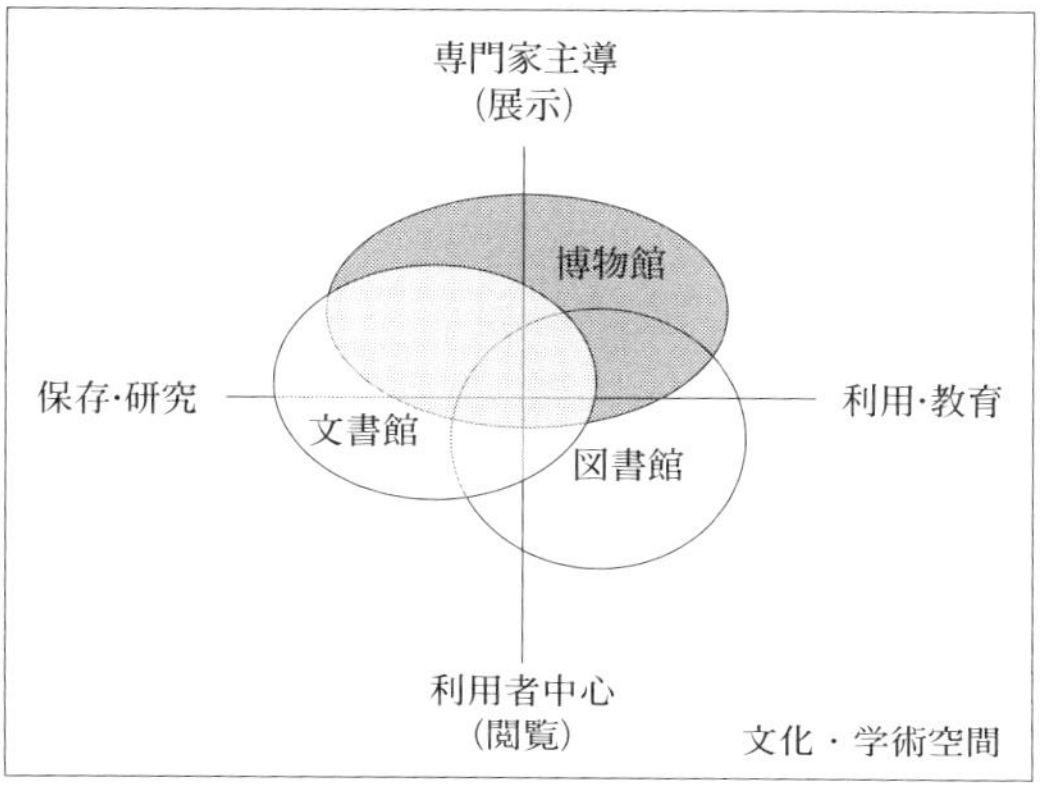

図0・2 MLA機能の相互関係

たとえば音楽資料について考えてみよう。音楽に関わる資料としては図0・3にあるように少なくとも五種類の資料空間が考えられる。第一に、音楽の担い手である作曲家や演奏家の生活世界である。とくに作品制作や演奏活動に関わるアーカイブズ（文書・記録類）や演奏家が使った楽器、作曲家や演奏家の遺品などのモノ資料がある。これらは当該人物にゆかりがあることによる唯一性を保持している。第二に、作品の世界である。これは通常は楽譜という形で作成されるが、これもマニュスクリプト（自筆譜、筆写譜）から出版された楽譜集までいくつかのレベルがある。楽譜がない作品については演奏そのものの記録としての第四のカテゴリーと一体化される。第三に、音楽が演奏される場である。通常、パフォーミングアーツは一過性であり、演奏記録として残されない限りは資料化されることはない。しかしながら、演奏に関わる

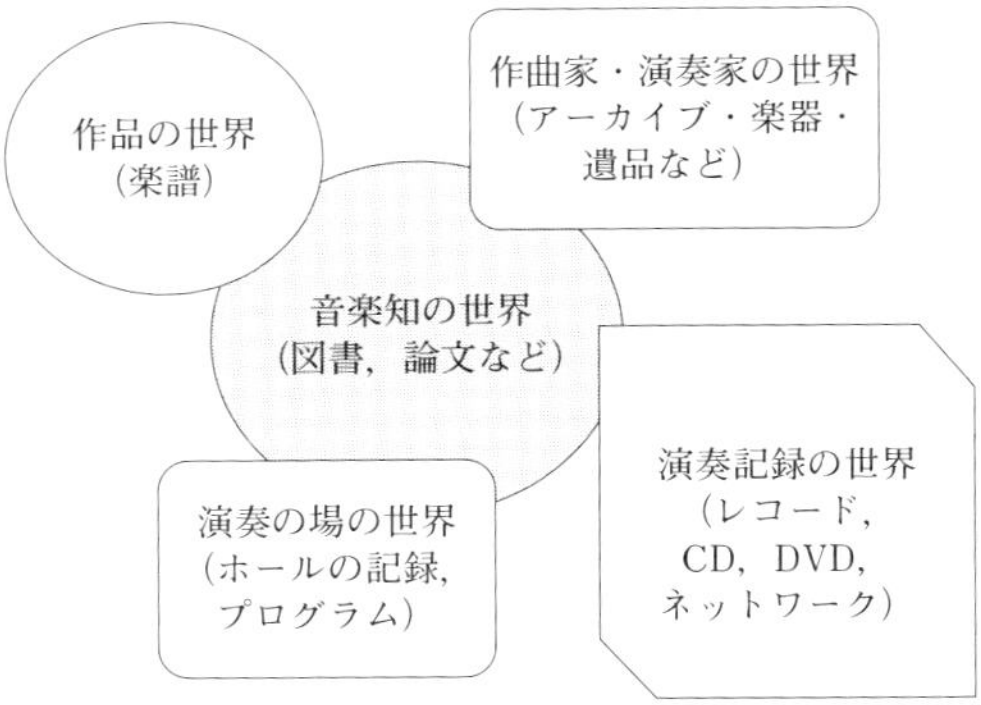

図０・３　音楽資料の世界

記録として、演奏者、主催者、会場、聞き手が残す記録や批評、ポスター、プログラムなどがありうる。第四に、演奏記録としての録音物や録画物がある。これらは記録として残されるだけでなく、実況版と称して商業的に配布される場合もある。商業的な録音物・録画物のなかにはスタジオで記録されただけでオリジナル演奏が公開されていないもののほうが多い。そして、第五に、こうした音楽に関わる知的活動（学知、歴史、評論など）を記録した図書や論文がある。

　従来、音楽図書館は図書や論文、そして楽譜、さらに録音物や録画物を中心にした複製資料を所蔵し、音楽博物館は特定の音楽家の遺品や楽器、アーカイブズ、楽譜を中心に図書や論文などを保存しているところとされてきた。日本の代表的な音楽図書館としては国立音楽大学図書館や東京文化会館音楽資料室があるが、国立音大には同じ建物に楽器学資料館という博物館があり、東京文化会館の音楽資料室は同ホールでの演奏会プログラムのようなアーカイブ資料を収集している。また代表的な音楽博物館として民音音楽博物館や大阪音楽大学音楽博物館があるが、これらにはかなりの規模の図書室が併設されていて音楽図書や楽譜などを管理している。このように、主題が限定されるほどそこでのユーザーの資料や情報のニーズに対応するための業務をおこない、自然にＭＬＡの区分を超えた機能を果たすようになるのである。これらの資料がデジタル化されればさらに共通の課題が大きくなることは間違いない。

6　新公共経営とデジタルアーカイブ

さて、三機関を一緒に議論する背景的な要因を述べておきたい。何度も述べているように、これらは歴史的な経緯から相互に密接な関係をもってきたが、近年これらが共通に語られることが増えている。その際のキーワードはＮＰＭ（New Public Management: 新公共経営）とデジタル化である。

まず、ＮＰＭとはサッチャリズム以降のイギリスで導入された公共部門に企業経営の手法を導入する方法のことで、とくに政府や地方自治体の現業部門において導入が積極的におこなわれている。効率的な行政サービスはいつの時代にも求められていたが、ＮＰＭにおいてはこれを従来の行政の枠内でおこなうのではなく、公共サービスそのものに市場原理を導入する市場主義、公共サービスの利用者を市場における顧客ととらえる顧客主義、数値目標を明確にして達成度をもとにした評価をおこなう業績主義など新しい要素を取り入れるものである。市場主義の考え方はさまざまあるが、とくに管理運営を民間にゆだねる考え方として、業務のアウトソーシングや民営化、サービス組織を民間組織と競合させる市場化テスト、管理システムそのものを民営化する指定管理者制度、公共施設の建設から経営までを民間と契約することでおこなうＰＦＩ（Private Finance Initiative）などの手法が導入されている。

日本では従来、地方自治法で規定された公の施設は住民サービスの権利を保障しその公平性を保つために自治体の直営を前提としてきたが、ＮＰＭの影響による法改正がおこなわれて指定管理者に運営をおこなわせることができることになった(14)。公の施設にはここでの議論の対象である公立博物館や公立図書館、公文書館が含まれる。とくに公立の博物館、図書館は社会教育施設であり、教育機関としての政治的宗教的中立性やその性格上、従来は地方自治体の出資法人で一定の基準を満たす団体にのみ管理委託をすることが認められていた。これが法改正によって二〇〇六年より社会教育施設についても、指定管理者と契約して運営をゆだねることが可能になった。これにより、こうした公設民営の施設は今後も増えるものと思われる。

従来から直接地方自治体が運営をおこなってきた公立の図書館、博物館、文書館は、歴史的、文化的、教育的価値のある資料を収集、保存・保管、展示・提供してきた。公立以外でも非営利組織が運営せざるをえないこのような施設について、市場原理に基づいた民間的な経営がなじむのかどうかについての疑問は多々出されている。たとえば、入館者数や資料の利用者数、イベントへの参加者数などで数値的な評価をおこなうことによって、これらに直接現れない資料研究や資料保存の業務がないがしろにされるのではないかという意見は多数提出されているし、あるいは、入館料収入が限られる施設、たとえば博物館・美術館の常設展の運営や無料サービスの図書館や文書館の運営においては、結局のところ経営の効率化のためには人件費削減による他ないので専門的な職員の雇用や待遇に大きな影響があるのではないか、といった疑問である。国が設置する国立国会図書館や国立博物館、国立美術館などしっかりした財政的な基盤とこれまでに時間をかけて蓄積されてきた資料コレクション、そして何よりも豊富でかつ安定した待遇が保証される人的資源によりＮＰＭ的な状況に対応することが可能かもしれない。だがそうでない中小規模の非営利的なＭＬＡ施設はそうはいかない。このことはこれらの施設が、待遇のよくない非正規雇用職員の働きによって支えられているという構造的な問題が存在しており、ＭＬＡにおける格差問題として知られている(15)。

だがＮＰＭ的手法は日本のＭＬＡ領域にプラス面の影響も与えていることを指摘することも必要だろう。まずこれらの機関がどちらかというと公的機関に所属し、運営は公務員がおこなうことで経営面での自発性や創造性の点で限界が指摘されていたのに対して、民間的な手法の導入が図書館や博物館・美術館に対して従来の型にとらわれない新しい経営手法の開発を促すきっかけになる可能性があることである。

二〇〇一年創設のせんだいメディアテークは、仙台市民図書館を中核的施設としながら、美術や映像文化の活動をおこなう拠点としてのスタジオ、シアター、ギャラリーを多数配置した新しいコンセプトの施設である。市民の自主的な文化活動の拠点となるだけでなく、さまざまなメディアアートを仕掛ける場として開設された[16]。ガラスを多用した建物や内部構造は「館」の閉鎖性を否定し開放的であると同時に、個々の機能が相互に越境的であることを志向している。図書館は市の直営事業であるが、それ以外の施設管理や映像やメディアプログラムの提供、市民の活動への支援業務は指定管理者がおこなっている。

二〇〇四年に開館した金沢21世紀美術館は現代美術を中心とした指定管理者によって運営される地方美術館である。城下町の古い街並みのなかに異質性を際立たせた建物と、それでいて開放的で来場者参加型の展示や学習スペースをもつ。これが一見とっつきにくい現代美術の美術館としては異例なほどの多くの入館者が訪れ、まちづくりや観光への寄与という意味でも成功をもたらしたといわれる。また、新潟県の十日町市や津南町を中心に開催されている大地の芸術祭越後妻有アートトリエンナーレは広い地域に多数の大型美術作品を配置し、あわせて演劇や音楽会などを開催するフィールドミュージアム、アートフェスティバルの成功例である[17]。

これらの特徴はまず既成の図書館、博物館、美術館の枠におさまらない多様な仕掛けがおこなわれていながら、中心にあるのは図書やメディアであり、美術品資料を中心に活動を展開している点で図書館、博物館としての基本的性質と重なっている。そうした既成の施設の限界を超えて新しいライブラリーあるいはミュージアムを提案しているというべきであろう。また、どちらかというと日本的な地域性に根ざしていながら国際的な注目を浴びるほどの国際性をあわせもち、そのことがまちおこしや観光客の誘致に結びついている。どちらも社会教育行政を超えて自治体行政のなかで総合的な位置づけをもつようになっていることも特記すべき点であろう。

もう一つ、資料のデジタル化について述べておこう。デジタルアーカイブという用語は日本産らしい(18)。ここでのアーカイブは保存された公文書や公文書館という意味ではなくて、コンピュータ用語であるアーカイブ（複数のファイルを一つにまとめて効率的に管理する技術）からきているものと思われる。デジタルアーカイブは、日本のインターネット元年の一九九四年にいち早く、日本でもハードウェアやソフトウェア技術だけでなくコンテンツ開発が必要であるとの認識に文化財の保護の観点を加えて、さまざまな文化遺産（文化資源、文化財）をデジタル化して保存、交換するためのビジネス領域と技術として位置づけられた。ちなみに、他の国ではこうした試みにはデジタルライブラリーやデジタルミュージアムという用語が用いられた。

このように、日本のデジタルアーカイブは文書館、博物館、図書館のような公共部門よりも、コンテンツビジネス、コンテンツ開発技術としての議論が先行しているところに特徴があった。その背景には、経済産業省をはじめとする国の情報産業育成や地域産業振興の動きがある。その後、図書館、博物館、文書館それぞれが国の補助金などにより、所蔵している資料を中心にデジタル化を進めた。推進役となっていたデジタルアーカイブ推進協議会が二〇〇五年に解散したことで一つの段階は終了したといえよう。公立図書館、大学図書館、国立国会図書館、公立博物館、国立公文書館はそれぞれ所蔵資料のデジタル化をおこなっている。

ところで、資料のデジタル化にはさまざまな手法があるが、中心になっているのは、平面的な資料（文書、書籍、地図等々）をスキャンしてファイル化する手法と、立体的な資料を写真撮影してこれをデジタル情報としてもつ手法である。これ以外にも、映像や音声をそのままデジタル化する手法もある。また、資料ではなくパフォーミングアーツや世界遺産のような遺跡、風景、街並みなどの現象を撮影したり録音したりしてデジタル化することも含まれる。また、アニメーションやゲームのようにまったくオリジナルに表現して、展示の一部に用いたり、教材として発信したりする手法も多用されている。デジタルアーカイブというときには、単にそうしたデジタルデータの提供というだけでなく、これを一つの作品や教材、展示物、コレクションとして編集して提示するところまでを指していることが多い。

いずれにせよ、三機関でもつ資料はデジタル化されることによってコンテンツデータとして同じレベルで取り扱われることになる。その扱い方に関してはメタデータを付与して、統一的な基準で組織化をおこない、個々の機関を超えてコンテンツデータを検索し利用できるようにする試みがおこなわれている。この点については、第5章にくわしいのでそちらを参照されたい。データや情報の知識化という言葉が使われることも増えているが、資料を知識資源として使えるようにするのが三機関の役割であり、それをデジタルの世界では共通のインフラストラクチャーの上で実現できるようになっている。

7　文化行政のあり方

最後に、図書館、博物館、文書館を統合的に扱うための行政について述べておこう。これらの機関が行政のどんな分野に関わるかといえば文化行政ということができるだろう。扱っている資料は、以前は文化財と呼ばれ、また文化遺産あるいは文化資源と呼ばれることがある。文化という概念はきわめて広いからどこまでを行政の対象にするのかという問題はあるが、少なくともこれら三機関は文化の重要な部分の継承、向上、普及に関与している。

最初に外国での行政や政策の代表例について見ておこう。ＥＵはこの方面に大きな力を入れている。それは経済的な統合で始まったこの共同体が民族、言語、文化の差異を超えて強い協力関係をつくるためには共通インフラの強化が必要であると認識しているからに他ならない。共通インフラのなかでも、一九九九年から始まったボローニャプロセスは、高等教育における学位と単位互換を中心とした共通の枠組を構築するというものでよく知られている。文化政策においても共通的なインフラをつくろうという多数の試みがおこなわれており、そのなかでは文化遺産をデジタル化するためのプログラムとしてMINERVA（Ministerial NEtwoRk for Valorising Activities indigitization）プロジェクト（二〇〇二―二〇〇八年）、Michael（Multilingnal Inventory of Cultural Heritage in Europe）プロジェクト（二〇〇四―二〇〇八年）などが各国政府との協同関係のもとに進められた。たとえば、Michael文化サービスが提供するデジタルコレクションは二千五百機関から集められているが、うち図書館が五百機関、博物館が九百機関、公文書館が五百機関である。

また、欧州委員会によって二〇〇七年から欧州デジタル図書館基金が設立され、事務局はオランダ国立図書館に置かれた。そこで開発され二〇〇八年から公開されているのがデジタルポータルEuropeanaである。[19] 現在では多言語の千五百万件にのぼる書籍、地図、写真、古文書、絵画、映像のデジタルコンテンツを提供するものである。アメリカの商業主義的なGoogleに対抗する欧州版の公的機関を中心としたデジタルアーカイブの仕組みであると理解されている。[20]

イギリスには政府の文化・メディア・スポーツ省の外部に政府機関としての博物館・図書館・文書館評議会（Museums, Libraries and Archives Council: MLA）が設置された。もともと、博物館と図書館についてこうした民間団体が設置されていたが、労働党政権に替わった二〇〇〇年に"Resource: the Council for Museums, Libraries and Archives"に統合され、二〇〇四年からMLAに改称している。行政機関の外側に専門的な活動をおこなう政府組織（Non-Departmental Public Body）をつくることで、資金の柔軟な使用が可能になり、この分野についてのきめ細かい支援活動をおこなっている。ＭＬＡは国や宝くじ運用基金、他の民間の基金から財政援助を受けて、これら三機関への支援のためにアドヴォカシー、広報、新規プログラム、調査研究支援、職員研修への支援などを実施している。

ＭＬＡは、もともと博物館・美術館の評議会と図書館の評議会があったものを統合し、文書館についてのプログラムを加えたものである。それぞれの機関ごとのプログラムもあるが、包括的にこれらの機関の重要コレクションをＭＬＡが指定して特別のサービスを提供できるようにした「指定プログラム（designation programme）」やデジタルコレクションのプログラム（digital initiative）も実施されている。こうして、以前に三機関がばらばらに実施していたものが共通の基盤で活性化されるものとなっている。

ただ二〇一〇年の保守党政権への転換後は財政再建を理由に政府はＭＬＡを廃止し、その役割の一部は他の政府機関に移管することが決まっている。何処も文化行政は真っ先に切られる対象になりがちだということを示しているが、ＭＬＡが文化行政の枠組で統一的に扱われたことは重要であり、今後もそのこと自体に変化はないものと考えられる。

日本で文化を扱う役所として文化庁がある。文化庁は文部科学省の外局に位置づけられているが、ここが扱う文化とは図０・４のように同庁の組織で示されている。

文化庁で定義する文化とは、これらの行政部門が対象とする範囲の著作権、国際文化交流、パフォーミングアーツ、日本語、宗教、伝統文化、美術、そして、文化財や遺跡、記念物等々である。なんとも奇妙な取り合わせではある。これらはたしかに文化を構成する要素であろうが、相互にあまり関連性がないように見えるのはなぜだろう。

文化行政とは文化の諸要素のなかで、明確な利害関係者がいるため行政の調整が必要であって、かつ政府関係者（政権党）の関心が高かった分野ということができる。たとえば、憲法で保障された宗教の自由によって誰でも宗教団体をつくることができる一方で、宗務課は税制面で優遇される宗教法人の認可に関わる。また、二十年前には行政的な関心が注がれていなかった著作権が重要な行政分野になっているのは、いうまでもなく、デジタル情報社会において知的財産権への関心が急激に高まったからである。国語国字政策が戦後の重要な課題であったことは、国語課が独立して存在していることに関わっている。そして昨今の考古遺跡ブームや世界遺産ブームはあらためて、行政機構が守るべきものが何であるのかを問いかけている。

長官官房—著作権課
—国際課
文化部——芸術文化課
—国語課
—宗務課
文化財部—伝統文化課
—美術学芸課
—記念物課

図0・4 文化庁の主要組織

たとえば、なぜ伝統文化や美術・音楽は対象になるのに出版文化が行政の対象になっていないのかといえば、新憲法において言論出版の自由が明示されたことと無関係ではない。戦前期には内務省警保局に図書課があり、出版物の事前検閲をおこなっていた。戦後は国が出版に対して介入しないという原則から文化行政の範疇でも扱いはきわめて小さかったといえる。だが、近年、議員立法で文字・活字文化振興法ができたり、公立図書館の貸出しサービスをめぐって、一部の作家から公貸権（貸出しによる売上減についての権利者への補償請求権）の立法化を求める声がでるようになった。これらは、出版、新聞などの活字メディアが相対的に位置づけを低下させていることに対する危機感から、法制度的なコミットメントを要求するようになっているということである。

文化庁が扱う文化が多面にわたるとしても、そのなかには目に見え、手で触れ、また、自ら演じたりするものも含められる。音楽や演劇、伝統芸能や美術品の保護や鑑賞の場の提供、文化財の発掘保護などである。文化行政は直接それらを支えるためにおこなわれる。それに対して、そうした活動や作品、モノを生み出すための社会的条件をつくり出すための一連の行政活動が、著作権保護、国語政策、文化の国際交流といったものである。文化の創作者たちが自らの活動の成果である作品を市場に送り出し収入を得ることが活動のインセンティブとなるために著作権があり、言語活動をおこなうために標準的な日本語の保持という行政的課題がある。

図書館や博物館、文書館が関わるのは、このようにして生産された文化を文化財あるいは文化資源として組織的に受け入れて保存し、これを研究、教育、レクリエーションなどの目的のために提示することで、次の文化生産に結びつけるための機能である。文化の再生産機能といってよい。このなかで図書館と博物館は社会教育という行政領域と密接な関係をもっている。もともと文化行政は社会教育行政と関係が深かった。戦後しばらくは文部省社会教育局のもとに文化課があり、その後文化財保護課や著作権課や芸術課に分離していった。一九六六年に文化庁ができてもともと文部省にあった国語課、宗務課を吸収して現在の文化庁ができた。

社会教育行政は戦後の教育文化行政の臨界領域である。学校行政中心の文部省にとって、それ以外の社会教育や社会体育、文化行政などは周辺的な行政分野として扱われ、国の施策は弱かった。こうなった理由の一つは、戦後の社会教育関係者や文化関係者が戦前まで常態としていた国の統制をきらったこともあったと考えられる。だが、ある時期から、そうした関係者からも、国が教育内容の統制者であると同時に補助金や専門職制度を通じての関係があるものとして関与を求める声が強くなっている。

戦前・戦中の国家統制的な教育行政から新憲法体制＝教育基本法体制下の民主主義と地方自治を前提とする教育行政に移行した。しかしながら、公選制による教育委員会制度や統制のない自由なカリキュラムといった戦後新教育はまもなく「逆コース」によって、国の統制色が強められていった。そこで相対的に統制が弱かったのは社会教育の領域である。

そもそも戦後の社会教育はＧＨＱ主導の憲法教育の要素が強い。そこに文部省は公民館という新しい機関をつくって広めていった。これは地域社会における関係をもとに戦後啓蒙思想によって新しい成人教育の場としてつくられたものである。文部省の戦後社会教育行政は、この公民館を中心として実施された。図書館や博物館は先ほど述べたように法的には認知されたが、文部省として積極的に推進しようとしたことはこれまでほとんどない。一九九〇年代以降、文部省は生涯学習政策を打ち出し、社会教育局を生涯学習政策局と改名して筆頭局と位置づけた。地域には生涯学習センターと呼ばれる集会施設と公民館をかねた施設をつくることであくまでも図書館や博物館とは切り離した政策が進められた。しかしながら、それがうまくいかなかったことは明らかである。生涯学習はあくまでも市民一人ひとりが個別に選択する領域になったのである。(21)

さらに先ほども述べたように、図書館については国立国会図書館と学校図書館はそれぞれ別の法によって位置づけられており、法的な根拠は明確ではないが大学図書館も含めて行政的には、それぞれが別々の管轄になっている。国立博物館や国立美術館は博物館法とは切り離されて、文化財行政の一環として文化庁の管轄下に置かれていることが博物館行政の一元化をこばんでいる。

文書館は一九七七年の公文書館法が議員立法によってつくられたことからもわかるように、行政的な関心が低く、それは国立公文書館が独立行政法人化した現在に至るまで続いていた。しかしながら、二〇〇九年に公文書管理法が成立し、すべての公文書を「健全な民主主義の根幹を支える国民共有の知的資源」と位置づけ、その管理について内閣総理大臣が責任をもつとされたことにより大きな転換点を迎えている。とくに、歴史的に重要とされる公文書は国立公文書館ないしそれに準じた施設（公文書館）において永久保存されることになったからである。だが、公文書行政は内閣府が担当部門であり、図書館や博物館との行政機構における距離は遠い。

このように、文化の根幹に置かれるべきこれらの機関の活動が国の行政においてはばらばらの状態にあるわけである。それに対応して地方自治体においてもばらばらになっているところが多い。だが、一部の地方自治体では文化行政の部門を首長部局に置いて、文化ホールや街並みの保存などと並んで、博物館、美術館、図書館などの施設も管轄している。

二〇一〇年三月から、総務省、文部科学省、経済産業省の共同開催による「デジタル・ネットワーク社会における出版物の利活用の推進に関する懇談会」が開催されている。[22] デジタル情報の通信の側面は総務省、コンテンツの公共的利用については文部科学省、コンテンツ産業育成の側面は経済産業省と縦割りになっていた状況から省庁を超えてこれを推進しようということになってきたことが新しい動きといえるだろう。しかし、この動きはまだ「出版物」という知的領域の一部しか対象になっていない。先に見たようにヨーロッパではマルチメディア全般のデジタル情報流通が国を超えて実現され、これがヨーロッパ全体の教育文化あるいは産業のインフラとなることをめざしている。日本の今後の文化行政全般についてのあり方が問われているといえよう。

註

(1) アーカイブの「arch」はarchaic（古風な）、archeology（考古学）、architecture（建築）などに共通する語冠である。フランスの哲学者ジャック・デリダは、「アーカイブ」という概念に起源を求めることに伴う精神分析的な「病」を指摘している。MLAをアーカイブを制度化したものと考えてみれば、アーカイブの歴史的遡及性と権力の関係は、MLAの基礎理論をつくるときに避けては通れない問題を提起するだろう。ジャック・デリダ『アーカイヴの病』（福本修訳）法政大学出版会、二〇一〇年。

（2）デレク・フラワー『知識の灯台――古代アレクサンドリア図書館の物語』（柴田和雄訳）柏書房、二〇〇三年。

（3）出口保夫『物語大英博物館――二五〇年の軌跡』中央公論社、二〇〇五年。

（4）Benjamin Hufbauer, "The Roosevelt Presidential Library: A Shift in Commemoration", Thomas Augst and Wayne Wiegand（eds.）, *Libraries as Agencies of Culture*（Print Culture History in Modern America）, University of Wisconsin Press, 2002, pp. 173-193. なお、近年はPresidential Library and Museumの呼称に変更されている。http://www.archives.gov/presidential-libraries/ を参照。

（5）高橋雄造『博物館の歴史』法政大学出版局、二〇〇八年。

（6）大濱徹也『アーカイブズへの眼――記録の管理と保存の哲学』刀水書房、二〇〇七年。

（7）近年、歴史学における「記憶」や「記念物」への着目、史料の確保への継続的な働きかけなどがあり、また、知識や情報を共同管理するための図書館や文書館の重要性に着目する動きがある。たとえば、『図書館・アーカイブズとは何か』（別冊環、一五号）藤原書店、二〇〇八年を参照。

（8）この分類では不都合な点があるとして、文部科学省生涯学習政策局に二〇〇六年度から二〇〇七年度にかけて設置された協力者会議の報告書では、登録制度を見直して博物館サービスの質的な側面に即して審査機関が評価できるように変えることが提案された。「新しい時代の博物館の在り方について」文部科学省生涯学習政策局これからの博物館の在り方に関する検討協力者会議、二〇〇七年。だが二〇〇八年の博物館法の一部改正には反映されなかった。

（9）「地域資料に関する調査研究」国立国会図書館、二〇〇七年。

（10）ちなみに、韓国の新しい「図書館法」（二〇〇六年改正）はすべての館種の図書館を対象にした法律である。行政的にも改革が進められ、大統領直属の図書館情報政策委員会がつくられた。金容媛「韓国の図書館関連法規の最新動向」『カレントアウェアネス』二九三号、二〇〇七年、四―六頁。

(11) 博物館、文書館いずれにおいても国際機関による対象資料の記述情報の標準化の作業が継続して進められている。次の文献を参照。安沢秀一監修、E. Orna and Ch. Pettitt (eds.)『博物館情報学入門』(水嶋英治訳)、勉誠出版、二〇〇三年。国文学研究資料館アーカイブズ研究系編『アーカイブズ情報の共有化に向けて』岩田書院、二〇一〇年。

(12) 戦前に国がこの種の職員養成に関わったのは、帝国図書館の付属機関として図書館職員講習所があっただけである。この機関は戦後、国立図書館短期大学、図書館情報大学になり、二〇〇四年に筑波大学と合併して実質的に同大学に組み込まれた。

(13) 水谷長志編『MLA連携の現状・課題・将来』勉誠出版、二〇一〇年。日本図書館情報学会研究委員会編『図書館・博物館・文書館の連携』勉誠出版、二〇一〇年。

(14) 小林真理編著『指定管理者制度——文化的公共性を支えるのは誰か』時事通信出版局、二〇〇六年。

(15) 石原眞理「図書館員の研修とキャリアパス——公共図書館を中心に」『情報の科学と技術』五九巻二号、七四—七九頁、二〇〇九年。

(16) せんだいメディアテークプロジェクトチーム編『せんだいメディアテークコンセプトブック』増補新版、NTT出版、二〇〇五年。

(17) 高階秀爾、蓑豊編『ミュージアム・パワー』慶應義塾大学出版会、二〇〇六年。

(18) 影山幸一「デジタルアーカイブという言葉を生んだ「月尾嘉男」」artscape: DNP Museum Information Japan. http://www.dnp.co.jp/artscape/artreport/it/k_0401.html を参照。

(19) http://www.europeana.eu/portal/ を参照。

(20) ジャン・ノエル・ジャンヌネー『Googleとの闘い——文化の多様性を守るために』(佐々木勉訳)、岩波書店、二〇〇七年。

(21) 佐藤一子『現代社会教育学——生涯学習社会への道程』東洋館出版社、二〇〇六年。

(22) http://www.soumu.go.jp/main_sosiki/kenkyu/shuppan/ を参照。二〇一一年二月からこの懇談会のもとに「知のデジタ

ルアーカイブに関する研究会」が置かれ「図書・出版物、美術品・博物品、歴史資料等公共的な知的資産の総デジタル化を進め、インターネット上で電子情報として共有・利用できる仕組み（デジタルアーカイブ）の構築による知の地域づくり」を進めることになっている。

I　MLAとは何か

図書館・博物館・文書館のそれぞれの立場から、現在の機能と課題を紹介する。まず第1章で、日本の図書館について、ドイツの図書館と比較しつつ、館種や専門職員などの問題点を中心に概説する。第2章で、博物館の一事例として東京大学総合研究博物館をとりあげ、博物館工学と複合教育プログラムといった画期的な試みを紹介する。そして第3章で、文書館や大学アーカイブの動き、また、目録や検索システムなど利用者の立場から見た文書館の現状について概観する。

第1章　図書館は何を守ろうとしてきたか

根本　彰

筆者が専門としている図書館情報学とは、図書館学と呼ばれた分野が情報技術を積極的に取り入れて間口を広げてできた分野である。国立大学の法人化の過程で筑波大学と統合してその一部局になったが、国立の図書館情報大学があったことを覚えている方も多いだろう。要するに図書館専門職員である司書の養成とその知識技術を開発する研究にあたる分野である。(1)

東京大学で図書館情報学を専門としていますというと、「文学部ですか?」と聞かれることが多い。「図書館」→「文献資料」→「文学」という連想であろうが、実は教育学部に所属している。この経緯についてはすでに書いたことがあるのでくわしい話は省略するが、要するに、一九五〇年に図書館法ができて、大学で司書養成がおこなわれることになったときに東京大学はその指導者育成の拠点とされ、文部省(当時)が東京大学に図書館学講座をつくることを提案した。その際に最初文学部にという話があったのだが、文学部がいらないといったので当時できたばかりの教育学部に所属することになったということである。(2)

哲学・歴史・文学を中核とし、さらに心理学や社会学を加えた文学部のアカデミズムのなかで、アメリカ流プラグマティズムの実践領域である図書館学はおよそ縁遠いものと受け取られたのであろう。また、教育学部そのものが戦後教育改革のなかで文学部にあった教育学科が分離してできたもので、同じ頃にできた教養学部とともに「ポツダム学部」などと呼ばれて学内では肩身の狭い思いをした時期もあったようである。

筆者は図書館学講座が教育学部にできたことは大筋では間違いではなかったと考えている。それは、「教育」という行為が、人間の発達をベースにして、人から人へ、組織から組織へ、地域から地域へ、さらに世代から世代へと「知」を媒介しまた発展させる営みであり、その意味で図書館はそうした教育を支える装置であるという側面があるからである。

戦前文学部にあった教育学科は戦後学部に昇格したが、似たようなプロセスをたどったのが、戦前に文学部にあった新聞研究室が一九四九年に独立した新聞研究所になり、一九九二年から社会情報学研究所と名前を変え、さらに全学的なバックアップでつくられた情報学環・大学院学際情報学府と二〇〇四年に合併して再編されて同名の組織になった例である。教育学と情報学の共通点は人間の知や情の伝達の仕組みを対象にしているところにある。両者は、文学部から生まれた兄弟のようなもので、その学際性や実践性において共通点は少なくない。

1　資料の扱いと図書館情報学

では、図書館情報学の手法とはどういうものであるかについて述べておこう。図書館の資料整理といえば、すぐに分類法と目録法が思い浮かぶ。現在では大きく変化しつつあるが、基本的なアイディアは変わっていない。

分類法とは、文献を定められた分類体系のなかに位置づけることによって、その文献の永続的な所在を定めるとともにその文献へのアクセスを容易にすることである。このアイディアは、近代図書館学上のいくつかの仮定と関わっている。まず、先ほど述べたように、文献が人間の知識を外化したものであり、図書館はその知識のパッケージであることが仮定されている。つまり図書館を使う第一の目的は知識へのアクセスにあり、図書館とは図書を集めた施設であるにとどまらずに、知識へのアクセス場所であるということである。

そこから生まれる第二の仮定として、図書館が社会的機関として存在することにより、文献が社会的な共有財産として認められていることである。知識が社会的な存在であることが前提となり、図書館の存在は社会的責任を負う。一度収集された文献は蔵書として半永久的にそこに存在し、一度決められた文献の位置（分類記号）は変更されることはないことが仮定されている。

第三に、その意味で分類体系は共通なものが望ましいという仮定である。これに基づいて十九世紀後半から二十世紀初頭にかけて、多くの主題分類法が現れた。これは、図書館へのアクセスが公開書架でおこなわれることが一般的になるにつれて、学問とその対象を中心とする主題知識体系に基づくことでアクセスが容易になると信じられたからである。日本で一般的に使用されている日本十進分類法（ＮＤＣ）もそういう流れでつくられたものである。もとより、主題知識に対応した分類表として万人に共通なものをつくることは困難であるし、主題知識はつねに変化しているわけだが、最大公約数的なものをつくり一定期間ごとに改定することで、知識を管理する図書館の労力とアクセスへの利便性を保証している。

この分類法の考え方は、要するに文献を「知識」として受け入れて万人にアクセスを保証しようということである。アクセスは物理的に手にとってアクセスすることができるような仕組みをつくることが前提であるが、同時に、主題分類表を工夫することで、近い内容のものが近くに置かれることでブラウジングの効果を高めることが意図されている。

このような知的なアクセスの仕組みは、目録法の開発によってさらに展開された。目録の起源は、どのような資料を財産として所有しているかを記録する財産目録にある。これはあらゆる組織において必要なものであるが、図書館が管理する文献類は、経済的な価値をもつものにとどまらない知的な価値をもつものである。そのために、通常の財産目録にない情報を記録するのが図書館目録の役割である。また、知的な価値を使いこなすために、単に記録するだけでなく、文献に対する検索の仕組みを早くから取り入れていた。知的な検索を可能にする目録の第一歩として採用されたのは基本記入という考え方である。検索のためには、当該文献を記述した項目（これを記入 entry という）のなかでもっとも検索語として適切なものを標準的に決めることと、検索語の配列順序（通常はアルファベット順）を一意に決めることとの二つの標準化作業が必要である。

基本記入は原則的にその文献の制作にもっとも貢献したものを想定し、西欧的な考え方では通常著者となる。だから、図書館目録は原則的には著者の基本記入のもとに個々の著作、著作の別の版、それぞれの解説書、翻訳書というように並ぶことになる。しかしながら、文献が個人著書ではなく共同的な著作が多数出されるようになると、これをどのような記入のもとに置くのかの判断が必要になった。たとえば、十九世紀半ばに定められた大英博物館目録規則では、ロンドンで毎年出版される Royal Society（王立協会）の学術紀要の配列位置を決めるにあたって、この紀要の基本記入を“London-Royal Society”としている。現在の標準的な目録規則（英米目録規則第二版）なら発行者である“Royal Society（London）”を基本記入にするところ、まず都市名からアクセスすることになっているのは、Royal Society の正式名称 Royal Society of London for the Promotion of Natural Knowledge が示すように、王室が認可したロンドンにあった特定の学術団体を指すものであり、当時のヨーロッパの学術情報の流通が政治や産業と対応して発展した都市が単位になっていて、都市のもとに大学や学会などがあるものとされたからである。このように、基本記入という考え方は知的生産とその流通のあり方と密接に関わっている。

その後、基本記入の考え方は変更を余儀なくされている。それは目録が著者を中心としてヴァーチャルに文献を集中させることを目的とするツールから、著者以外にも書名や主題など多様な言葉から検索を可能にするツールへと変化しているからである。日本では、カード目録の時代に、基本記入を保持しながらも記述ユニット方式と呼ばれる検索中心の考え方が導入されている。

データベース技術は任意の文字列を単位した全文検索を可能にすることで、この方向をどんどん推し進めることになった。基本記入をつくるためには、書誌学的な知識を前提に文献の内容に踏み込むことが必要であるために、目録作成には書物の内容に関わる専門的な知識が要求された。しかしながら現在では、このような西欧的な人文主義を色濃くまとった基本記入の考え方には批判もある。また、コンピュータネットワークによる目録作成システム（書誌ユーティリティ）が開発されたことで、一つの文献について一回目録をつくればあとの図書館はそれをコピーするだけですむことで、図書館員の専門性についても変化が見られた。

以上のように、分類法や目録法は図書館における知識の組織原理となっており、これがまた図書館情報学の基盤的知識を形成している。(3) 図書館情報学のフィールドは図書館だけではなく図書館制度の背景にある知識の生産から流通までを含んだ全般である。図書館はそのなかで文献の蓄積と組織化、提供を担う公的な装置となってきた。大学、学会、出版およびその流通、マスメディア、放送、学校、NPO、インターネットも知の媒介をおこなうわけだが、図書館情報学はパッケージ化された知識の流通に関わる部分（これが図書館である）に着目して、その社会的組織化の手法について研究開発をおこなう分野である。

以下、このような手法が日本では社会的制度としてどのように構築されてきたのかについて、欧米の図書館、とくにドイツの図書館を比較参照軸にしながら考えてみたいと思う。

2　欧米の図書館――ドイツを中心に

図書館は、人間の表現活動を固定化した資料を収集、保管、提供する施設であるとひとまず定義できる。人間の表現活動は芸術、学術、発明、報道、教育、娯楽、相互交流、マーケティングなど多様な側面を含んでいる。それらのなかには活動の結果が作品や著書・論文、特許などとして固定化されて残されるものと、一回限りの表現活動（パフォーミングアーツなど）が記録されることで残されるものとがある。表現活動を記録化あるいは固定化する方法として、文字による著述活動、写真や動画撮影、音声の録音、映像化（動画と音声の同期）、およびそれらを組み合わせた編集作業などがある。いずれにせよ活動が固定化されたものは資料と呼ばれる。

その一点しかこの世に存在しないオリジナルな記録物であることも少なくない。複製技術が普及する以前の作品は手書きされたものであることが一般的である。欧米の歴史ある大図書館は通常、印刷本、雑誌、新聞、視聴覚資料など日本の図書館におなじみの資料を扱う部門以外に、手稿本、地図、初期印刷本、版画、楽譜などの部門をもつが、これらは手書き／印刷にかかわらず、重要な表現形式であり、図書館が複製資料の総合的な保存施設であることを示している。

資料が個人や家あるいは特定の組織のなかに残されるだけでは図書館とはいえない。図書館の起源は、そうした資料の保存と公開が何らかの仕組みとしておこなわれることに求められる。そうした仕組みがつくられるためには行政、宗教、社会階級における権力的な基盤が必要であった。そして、それが学術と文化に対する国家の関わりを良くも悪くも反映するものとなってきた。(4)

このことをドイツの国立図書館(ナショナルライブラリー)の位置づけで具体的に見ておこう。ドイツは日本の近代化の一つのモデルとなったところであるから、そこと対比することで見えてくることもあるものと思われる。

国立図書館

多くの国のナショナルライブラリーは、絶対王政時代の王室や貴族のコレクションが市民革命を経るか、啓蒙君主の意向で市民に開放されることによって成立している。だが、ドイツがいささか様相を異にしているのは、近代史において国家がまとまるのが遅れたこと、冷戦体制で二つの国に分かれていたことや、分権的な体制のなかでの連邦政府の位置づけを新たにつくる必要があったことなどの事情で、ナショナルライブラリーの成立事情が複雑だからである。(5)

現代のナショナルライブラリーは、国家が運営するその国を代表するコレクションをもった図書館であるというのにとどまらない法的な権限をもつことがふつうである。その代表的なものに法定納本制度(legal deposit)と呼ばれるものがある。これは、出版者に対して出版物の納入を法的に義務づける制度で、日本でいえば戦前は内務省の検閲の手段としておこなわれており、戦後は国立国会図書館法で「文化財の蓄積及びその利用に資するため」(二五条)

に実施されている。

ドイツには国立図書館（Nationalbibliothek）と正式に称されているものが、ライプツィッヒ、フランクフルトにある。さらにベルリンにはライプツィッヒ館の分館で、楽譜や録音物などの音楽資料専門図書館ドイツ音楽アルヒーフ（Deutche Musikarchiv）が置かれている。これらとは別に、プロシア文化財団ベルリン国立図書館と呼ばれる図書館がベルリン市内に二カ所に分かれてある。これらがなぜ国立図書館と呼ばれるのかを考えてみるとたいへん興味深い。

まず、ライプツィッヒの国立図書館は一九一二年に当地の書籍商組合がドイツ語圏の出版物をすべて収集するためにつくったドイッチェ・ビューヘライ（Deutche Bücherei）がもとになっている。この図書館は一九三〇年代に法定納本制度を採用して、ドイツの出版文化を網羅的に受け入れる役割を果たした。その後第二次世界大戦後の東西分割によりこの図書館は東ドイツの国立図書館となったのに対して、西ドイツはフランクフルト・アム・マインに納本制度をもつドイツ図書館（Deutsche Bibliothek）をつくって対抗した。一九九〇年の東西統一によって、両館は定冠詞をつけたドイツ図書館（Die Deutsche Bibliothek）として統合された。同館はさらに二〇〇六年にドイツ国立図書館（Deutsche Nationalbibliothek）と改称している。

他方、プロイセン王国の首都であったベルリンには王室図書館を引き継いだ国立図書館があったが、第二次世界大戦後、東ドイツの国立図書館（Deutsche Staatsbibliothek）となった。西ベルリンには一九七八年に国立図書館（Staatsbibliothek）がつくられたが、こちらは連邦政府と州政府の共同出資によるプロイセン文化財団（Stiftung Preussischer Kulturbesitz）が運営するものであった。そして東西統一後の一九九二年に両館はベルリン国立図書館（Staatsbibliothek zu Berlin）として同財団の運営のもとに再出発した。

以上の動きには、近代ドイツの政治と文化・学術との複雑な歴史的関係が反映している。まず、中世の神聖ローマ帝国以来の領邦国家が分立し国民国家としての統一が遅れたことがある。パリやロンドンのような国家的中心がなく、複数の大規模な領邦＝州の中心地に国立図書館がつくられる。また、イギリスやフランスのように絶対王政期の王室や貴族の図書館・コレクションが市民革命によって国立図書館に転換して市民のものになるというような単線的な歴史をもっていない。プロイセン王立図書館は徐々に開放されてプロイセン国立図書館になっていくとともに、書籍商組合によるドイッチェ・ビューヘライのような自発的な動きが国家を動かし国立図書館ができる。しかしながら、冷戦期にはいずれも東ドイツ領内に組み込まれたために、西ドイツは対抗してフランクフルトと西ベルリンに新しい図書館をつくる。また、東西統一後にライプツィッヒとフランクフルトが一緒になって、連邦政府の直轄の国立図書館（Nationalbibliothek）になり、ベルリンの両館は文化財団の運営による図書館（Staatsbibliothek）になる。両館の名称はどちらも国立図書館と訳すのがふつうであるが、比べてみると近代化以降の文化政策に基づくものと中世以来の領邦の王室文化に基づく複数の大図書館が東西冷戦期を経て再編成されて現在のものができあがったことが示唆されている。

ドイツ国立図書館の法定納本制度の対象は次のようである。

- ドイツ国内で刊行されたすべての出版物
- ドイツ語で書かれた外国出版物
- ドイツ語出版物から他国語に翻訳された外国出版物
- ドイツについて書かれたすべての言語の出版物（「ゲルマニカ」と呼ばれる）
- 一九三三年から一九四五年の間にドイツ語圏から外国に居を移した人の印刷物

このリストを見るだけでも、納本制度が文化＝政治的な性質を強くもっていることがわかる。出版という方法で外化されたドイツ人の知的生産物をすべて網羅することによって、ドイツ文化あるいはドイツ精神の拠点にするということである。ナチス時代に外国に亡命した知識人の知的所産を集めるというのも、この時期に起こった学術や文化の海外流出に対する綿密な調査を通して、これらを含めたドイツ文化の再構築をはかるという意図が込められている。

ここで出版物といっているのは、印刷による出版だけではなく、複製技術によって知的文化的なコンテンツを複製し流通させたものをいう。ベルリンのドイツ音楽アルヒーフは楽譜や音楽書だけでなく、レコードやCDなどの製作販売会社からの納本を受け入れている。また、出版物は「もの」だけではなくデジタルネットワーク技術によって流通するものも含まれている。ドイツの法律では大学や図書館でつくられている学術資料や出版物のデジタルコレクションも納本の対象になっている。

ドイツでは歴史的に国家だけではなく、州、都市および大学における知的活動を保証するための学術図書館を設置してきた。ドイツの図書館は印刷術の開始以来の出版産業に寄り添って発展してきたために、日本の図書館が明治以降の啓蒙主義的な教育文化政策によってつくられたのに比べて、かなりの蔵書の蓄積と施設規模をもつ。現在、これらを生かしながら近代におけるドイツ語資料の網羅的な蔵書ネットワークをつくるプラン「ドイツ刊行物コレクション」プログラム（Arbeitsgemeinschaft Sammlung Deutscher Drucke）が進行中である。その収集資料の分担範囲は次の通りである。

- バイエルン州立図書館（ミュンヘン）　手写本と十五、十六世紀に出版された資料
- アウグスト大公図書館（ヴォルフェンビュッテル）　十七世紀に出版された資料
- ニーダーザクセン州立＝ゲッチンゲン大学図書館　十八世紀に出版された資料

●フランクフルト市＝大学図書館　一八〇一年から一八七〇年に出版された資料
●ベルリン国立図書館　一八七〇年から一九一二年に出版された資料
●ドイツ国立図書館　一九一三年以降の資料

これらの図書館は設立の経緯やその後の蔵書の発展において、それぞれの時代のナショナルコレクションを形成するのにもっとも強力とされた図書館である。当初はフォルクスワーゲン財団の支援を受け、その後は連邦政府や州政府の支援を受けてさらに網羅的に収集することになっている。

大学図書館

ドイツの学術体制のなかでの図書館の位置づけを見るために、ニーダーザクセン州立図書館兼ゲッチンゲン大学図書館（以下ゲッチンゲン大学図書館と表記する）がどのようなものであるかを見ておこう[(6)]。表1・1は同図書館と東京大学図書館を比較したものである。まず蔵書は印刷資料が中心であるが、公式の統計はそのなかで細かい区分に分かれて掲載されている。そして、その対象は大学の研究分野がおよぶ範囲全体をカバーしている。

これらは大学関係者以外でも十八歳以上の人ならだれにでも開かれているが、その際に五ユーロを払って登録する必要がある。毎年、更新する必要があるがそれは無料である。登録すれば資料の多くは貸出しを受けることができる。この中央館以外に分館として、化学、物理学、森林学、医学、経済学・社会科学の五分野の図書館があり、共通の登録証で利用することができる。

これを支える職員は正規職員が二百十名で、このうち大学で図書館学教育を受けてディプロマ資格を得た上級職以上の専門職員が百名程度いる。現在の図書館長ノーバート・ロッソー博士はオックスフォード大学やビーレフェルト

表1・1　ゲッチンゲン大学図書館と東京大学図書館の比較

	ゲッチンゲン大学	東京大学
大学図書館システム	6	3
上記蔵書数	414 万冊	245 万冊
部局図書館・室	—	52
合計	—	870 万冊
地図類	31 万点	—
購読雑誌	14,000 タイトル	13,800 タイトル
契約電子ジャーナル	23,000 タイトル	7,458 タイトル
デジタル資料	25,000 点	8,510 点
手稿	13,300 点	—
インキュナブラ（初期印刷本）	3,100 点	—
個人コレクション	375	84
マイクロ資料	150 万点	—
年間資料費	20 億円（1 ユーロ =136 円で換算）	18 億円
年間館外貸出数	107 万点	48 万点
職員数	210 人（フルタイム換算）	193 人 + 非常勤 150 人
システム外の図書館・室	18 部局 62 図書館・室	—

大学でデジタル図書館の開発や図書館経営を担当し、二〇〇六年に現職についた図書館の専門家である。専門職員のうち主題専門家がいるのがドイツの大学図書館の特徴で、これは図書館学教育以外に専門の研究をしてきた人が主題を分担して資料収集・保存、目録作成、書誌作成、レファレンスサービスなどの専門的なサービスをおこなうためのものである。この図書館では二十三名の主題専門家が七十三の主題分野を分担してこれを担当している。専門家は個室を与えられており、うち十六人はそれぞれの分野の博士号をもっている人たちである。大学の学問の対象範囲に対応してコレクションが形成され、そのための専門家が幅広く配置されているところが重要であろう。

大学図書館の重要な課題が、コレクションの集中性と分散性の関係という問題である。比較している東京大学が採用している分散的な図書館配置はもともとドイツの大学をモデルにして成立したものであった。ではドイツでそのあたりがどうなっているのかというと、ゲッチンゲン大学の場合は四分館以外にも大小の部局・研究室蔵書がある。ゲッチンゲン大学総合目録（Göttinger Universtätkatalog）に加盟しているものが十八部局で計六十二の図書館・図書室に分かれている[7]。これらの図書館・室はそれぞれの部局が管理している分散的な体制に置かれているので、この総合目録で資料の所蔵がわかるという程度のつながりで、全体として一つの図書館にはなっていない。東京大学の数字が部局図書館を合わせてのものであるのと異なる点である。

このような分散的な図書館管理体制はドイツの大学の歴史的な形成過程と密接な関わりをもっており、非効率的であるという批判もつねに存在している。そこで一九七〇年代にドイツ学術振興会（Dueutsche Forshungsgemeinschaft: DFG）によって、これを調整して無駄を省き、学内の資料をできるだけ公開する提言がなされ、一九九〇年代以降の財政難もあり、そうした方向での変化が進められている。たとえば、一九四八年にできた比較的新しいベルリン自由大学ではあるが、一時は百以上の図書館・室が存在していた[8]。これを十から十二の分野別図書館にまとめ上げる方向での計画が進められた。さまざまな議論があって、現在では大学全体で八百万冊の資料の四分の一が中央図書館に集中管理され、それ以外が十五の部局図書館・室に分散されている状況になっている。なかでも文献学図書館は十四の文学・哲学関係研究室の蔵書を集めて二〇〇五年に開館したが、ノーマン・フォスター設計による人間の頭脳の形を模した「ベルリンの脳」と呼ばれる建物は話題を呼んだ。

公共図書館

先ほどのドイツ語資料のナショナルコレクションをつくるプランに参加している図書館のなかで、ゲッチンゲンとフランクフルトの図書館は大学図書館と公共図書館をかねるものである。大学が州政府によって運営されていることもあり、大学の付属図書館は広く公開されている。だが、公共図書館をかねているというのは世界的に見ても珍しい。他にもケルン、ボン、ダルムシュタット、イェーナ、ハレといった都市に大学＝公共図書館の例がある。ドイツの図書館政策が大学図書館と公共図書館とを区別せずに、学術を公共的に支えまた公共に開く体制をとってきたことがわかる。

統計によればドイツ国内には公共図書館が約一万館設置されているとされ、数はきわめて多いが、そのうちの四割はキリスト教会が設置するきわめて小規模のものであり、残りの六割も平均蔵書数が一万五千冊程度の規模の小さな図書館である。日本の公立図書館が約三千館で平均蔵書数は十万冊を超えるのとずいぶん異なる。ドイツ語で図書館を意味する用語にビブリオテークとビューヘライがあり、ビブリオテークは学術系の大規模図書館を意味し、ビューヘライは一般向けの読み物などを提供する図書館を意味するという使い分けがある。それでいえば、ドイツの公共図書館は州や都市を代表する少数のビブリオテークとそれ以外の大多数の小規模ビューヘライによって構成されているということができる。

公費支弁による無料公開制の公共図書館は十九世紀中ごろに英米で生まれた。それ以来図書館が無料であるのは重要なポイントであったが、一九八〇年代以降の新自由主義経済政策の余波で世界的に図書館サービスに利用料金導入の検討が進んだ。英米圏ではサービスの基本である閲覧、通常資料の貸出し、レファレンスサービスなどは原則無料のままにとどめ、それ以外の資料予約、ビデオやＣＤの貸出し、データベース利用、高度な調査など付加価値的なサービスに料金制を導入する動きが見られた。

しかしながらヨーロッパ大陸のいくつかの国ではサービスの有料制が導入されている。ドイツは一九八〇年代末に検討が始まり一九九〇年代に導入が進んだ。現在では公立図書館の半数に利用登録の際の料金制が導入されている。

ゲッチンゲンのような学術図書館は最初に五ユーロを払えばあとは無料であるが、有料制を導入した貸出し中心のビューヘライの多くは年間二十ユーロから四十ユーロ程度の料金を課しているところが多い。そういうところでも、中学生以下の子どもの利用は無料である。財政学的な考え方に基づけば、図書館を通じての資料利用が学術や教育などの公共的目的を掲げる場合は公費支弁がしやすくなるが、レクリエーションや私的な利益につながる利用の場合は料金制を導入しやすくなる。料金の違いも運営する自治体の財政状況とともに図書館の機能や設置目的に連動しているといえよう。

以上のドイツの図書館の特徴をまとめてみると、国家、州、都市、大学が図書館を設置しているが、これらが法で縦割りにされるのではなく、学術や教育文化を支える点で一つのシステムを形成していること、そのなかで学術図書館が近代の長期にわたる多様な資料（図書、雑誌、古典籍、手稿、地図、音楽資料）のコレクションを形成しこれを公開していること、それ以外に多数の小規模の公共図書館が読み物や日常的な資料を提供していること、などが指摘できる。

3　日本の図書館の現状

日本の図書館は何らかの機関の付属施設にすぎないものが多く、図書館の自立性が十分ではない。また序章で法と行政の縦割りによる「館種」という概念によってがんじがらめになっていることを指摘した。現在の図書館制度は第二次世界大戦後の占領期に骨格がつくられた。その際に、国立国会図書館法、図書館法、学校図書館法という三つの法律がつくられた。図書館法でいう図書館には国立国会図書館や学校図書館はもとより大学図書館も含まれていない。

そして大学図書館を規定する法律は存在せず、せいぜいが大学設置基準で規定されている程度である。

国立国会図書館

そのなかで国立国会図書館は単独法によって規定された唯一の国立図書館として別格の存在である。この図書館の歴史的な性格と近年の動向については別稿を参照していただきたい(9)。永田町の本館に加えて、関西館そして東京上野の国際子ども図書館の三カ所を拠点とし、国会に対するサービス、行政官庁に対するサービス、国民に対するサービスを中心に、図書館界へのサポートや学術的な情報提供、デジタルコンテンツの提供などを広範囲におこなっている。

行政改革の流れで行政府の現業部門の多くは法人化された。国立大学、国立研究所、国立博物館・美術館など国の高等教育、研究、文化機関がいずれも独立法人化されているなかで、国立国会図書館についてもそれが検討された。立法府の機関であることなどの理由で法人化はされていないが、図書館長を長年衆参両院事務局長が退官後交替で務める慣習だったのが、二〇〇七年に民間から長尾真元京都大学総長が就任するという変化も見られる。

ドイツ国立図書館と比較したときの特徴は、立法府に所属していることから、同館のもっとも専門的なサービスは国会議員向けの調査および立法考査局のサービスとして実施されていることである。これは同館がアメリカの議会図書館（Library of Congress）をモデルに設置されたからである。また、同様の理由から行政府の省庁図書館が同館の支部図書館という特殊な位置づけになっている。これらの部分を除くと、ドイツ国立図書館とほぼ同様の機能をもつ国立図書館であるということができる。規模は蔵書八百五十万冊で先ほど述べたように一九四五年以降の日本の出版物に対する法定納本制をもつ。印刷物を中心に音楽資料も納本対象になっているが、ドイツのように国外で出版流通している資料についてまで国内の配布業者に納本を求めることはしていない。

国立国会図書館の近年の動きのなかで特筆すべきものは、二〇〇二年から始まった近代デジタルライブラリーの構築である。これは同館所蔵の明治期以降の出版物のなかで著作権処理がすんだものから、画像データベース化してインターネットで公開するというものである。二〇一一年一月現在で十七万点の図書のスキャンデータが公開されている。国立図書館は出版物の収集について納本制度による特権をもつと同時に、これを保存しまた全国書誌を作成して広く報知する義務が課されている。近代デジタルライブラリーはこれを推進する性格をもつものであり、デジタル図書館サービスをおこなう典型的なモデルともなっている。

しかしながらこれを実施するためには著作権法上の工夫が必要だった。図書館における資料の閲覧やコピーサービスは著作権が制限されているために実施可能であるが、デジタルコンテンツとしてネットワーク上で提供するためには著作権者の許諾を得るか、著作者が死亡後五十年以上過ぎて権利が切れたものであることを確認する必要がある。そのために通常は著作権が切れたものをデジタル化することになるが、ここで問題になったのは孤児出版物と呼ばれる著作権者の確認がとれない著作物であった。これを利用するために『官報』で公告し一定の期間を経て名乗りでないものについては文化庁長官の裁定で著作権利用を可能にするという方法をとった。二〇一〇年には著作権法を改正して同館の保存のためには著作物の複製をつくることを可能にした。ちょうど二〇〇九年の補正予算で百二十四億円が予算化されたために、このプロジェクトは、明治や大正時代の出版物を細々とデジタル化するものから、現在に近い昭和の戦後期のものまでを一挙に対象とする可能性をもつものに変化した。

このことは、アメリカのネット検索サービス企業 Google が世界中の出版社や学術図書館と組んでネットワーク上での出版物コンテンツ販売事業（Google Books）を展開したことに対する国策的な対抗としての性格をもつ。というのは、アメリカ以外の国々には国内の出版物コンテンツがグローバル企業による販売ネットワークに飲み込まれることに対する文化ナショナリズムあるいは文化リジョナリズム的な危機感が存在し、流出の阻止とそれぞれの国や地域で独自のコンテンツアーカイブをつくる文化戦略を検討していたからである。しかしながら、国立図書館が多大な国費を投入してデジタル化を進展しようとすることが、今度は国内の電子書籍販売との関係で国内の出版社や関連企業に対する脅威を与えることになりかねない。国立国会図書館は日本の出版文化を支える重要な役割を果たしてきたが、デジタル情報環境が新たな役割をもたらし、それはグローバルとナショナル、官と民との新しい関係を検討する必要性を訴えかけている。

最後に国立国会図書館の職員の配置状況を見ておきたい。同館では人事院の公務員採用試験に準じた一種、二種、三種の採用試験があり、とくに一種、二種では学術的な主題領域ごとの採用試験が用意されている。これは、同館に一般的な図書館業務以外に衆参両院の委員会に対応した主題別の調査室および各種の主題コレクションがあって、学術や個別の主題に深く関わる調査研究への支援サービスがおこなわれているからである。この後に見る日本の大学図書館や公立図書館における職員配置の状況と比べると、条件はよいということができるだろう。

大学図書館

日本で学術図書館という概念がなかなか定着できなかったのは、法的な規定が弱いために大学図書館が大学の付属施設にすぎないものとされたのに加え、教授会自治が重視されて図書館の管理運営が大学教員によっておこなわれてきたことにもよる。教授会の特権性が強められ、研究者や学生の利用と研究成果の社会への還元ということを通じてしか社会との関わりをもたなかった。ドイツの大学図書館が大学の付属施設にとどまらない、学術機関としての独自性を備えているのに対して、日本の大学図書館は独自の予算権をもてず、研究者が館長を兼務して運営責任者となっていることが一般的なために、独自のマネジメントをおこなうことは難しい場合が多い。

なぜこのようなことになっているのか。これで学術資料を提供する図書館といえるのかを考えてみよう。これは、先ほどのドイツのゲッチンゲン大学図書館には館長として図書館経営の専門家が配され、また多数の主題専門家が置かれているのと比べてみると違いは明らかである。主題専門制が欧米の主たる学術図書館で採用されているのは、学術研究に主題ごとの専門的なトレーニングを受けた図書館員の貢献が認められているからであるのに対して、日本の大学ではそうした専門家がいるのはきわめて稀である。(10) これは日本の学問の本質に関わることである。

研究者にとって図書館の資料は二つの使い方がある。一つは先行研究の確認やリサーチフロントの確認など研究状況の情報源とする使い方である。世界中で発行されている学術書や学術雑誌は最新の研究の情報を提供してくれるから、最先端の研究を志向する研究者はつねに参照している必要がある。もう一つは資料そのものを研究の素材とする研究である。おおむね資料に記述されたり描かれたりしたものが人の思想や感情、行動のあらわれと見てこれを研究対象とする人文社会系の研究分野にあてはまる。主題専門家はそれら二つの使い方のどちらにも対応しうるが、とくに任務として重要なのは後者の研究資料の収集である。

人文社会系で一次資料を利用して研究するためには、当然のことながら各主題の深い専門性に基づく資料が必要になる。また、世界中の外国語の資料、古典籍、写本、手稿本、公文書などの資料が必要になる。これらが図書館にそろっていることが研究をおこなう条件であり、資料の専門家を置くことが必要になる。ゲッチンゲン大学図書館の主題専門家のリストを見ると、多様な学術主題の専門家に加えて、ヨーロッパの言語族ごとの専門家やオリエント、インド、東アジア言語の専門家、初期刊本の専門家などが置かれている。つまり、大学図書館は大学における研究領域の動向を先取りしてコレクションをつくっているのである。

ところが日本の大学ではそうした資料を集めるのは研究者自身あるいは研究室のチームの仕事とされてきた。それはおそらくは日本の学術研究のなかの多くの分野が輸入学問から始まり、日本でオリジナルな研究をしなくとも先ほどの分類でいえば最新の研究状況を追いかけていればすんだので、研究者個人あるいは研究室のような狭い範囲に資料を置くだけですんでいたからだろう。また、学術の成果だけでなく学術研究が広い公共的な基盤に基づいておこなわれるべきだという考え方が普及していなかったことも原因に挙げられる。

それでも、戦前においては帝国大学に「司書官」と呼ばれた研究者を志向する図書館員を配置する制度があった。多くは文科系の学部を卒業した若手の研究者を置いたもので、ドイツの大学の主題専門図書館員をまねたものであった。しかしながら、一つの大学に多くても数人が置かれただけで肝心の主題専門制が貫かれたとはいえなかったし、第二次世界大戦後に廃止された。この司書官制度は一九七〇年代の初めに国立大学図書館協議会で再度検討されたが、実現には至っていない。

具体的な例として東京大学附属図書館を例にとって考えてみよう。さきほどの表1・1に見られるように、蔵書数や職員数、資料費などの点でいえばゲッチンゲン大学図書館と比べても遜色ないレベルにあるように見える。たしかにそうで、日本で最大規模の大学図書館ということになっている。だが、関東大震災で焼失したあとに、アメリカのロックフェラー財団をはじめとする国際的な支援によってつくられた総合図書館でさえ、蔵書数百二十万冊、正規職員数四十人の規模にすぎず、学内では現在「学習図書館」とされている。研究用の図書館と位置づけられていないのである。

これを説明するのにまずゲッチンゲン大学図書館やベルリン自由大学との違いを見ておくと、分散的な管理体制があるところは共通しているが、大規模な中央図書館がないところが特徴である。大学全体の蔵書は多いが、それらは部局数にして三十、実際の図書館・図書室の数にして五十二に分散して配置されている。欧米の大規模総合大学の図書館が少なくとも人文系の研究コレクションは少数の図書館に集中させて数百万冊レベルの蔵書をつくるのとは違った動きをしている。東京大学は明治の初期に、江戸幕府の学問所や明治政府がつくった専門学校を前身とした寄り合い所帯であり、それぞれが学部や研究所のような部局を形成し独立性を強く保った。現在の総合図書館にあたる東京大学図書館はそれとは別につくられたが、ここに資源を集中させずに、それぞれの学部が受けもつ学問領域の資料収集はそれぞれの部局が図書館・図書室をつくってあたることになった。

ここに歴史的に見ると、欧米の大学が知のネットワークの拠点としてキャンパスの中心に大図書館をつくり、学術的な知の世界と有機的に相互に結びついた場を自らつくるのではなく、先に欧米の先進諸国の学問がありそれを部局ごとに取り入れながら研究教育をおこなったために、きわめて縦割りの組織ができあがっていった事情が見てとれる。図書館がもつ資料の世界も本来一体的に運用されるべきものであったが、それぞれの部局の都合が優先された。たとえば文学部は研究室という最小の教育研究単位が資料管理の単位ともなっていたために、現在に至るまで資料もまた個々の研究室に置かれ、助教がその管理をおこなうといった運用がなされてきた。また法学部は図書資料を重視しすぐれた法律図書館をつくってきたが、現在でもそれを図書館ではなく研究室図書館と呼び、法学部の学生を含めて外部の利用者には閉架式の利用しにくい仕組みをつくってきた。ちなみに実定法を教科書と六法をもとに学ぶ法学教育を受けている法学部生は、研究資料は必要とせずに総合図書館で勉強するというのが通常の図書館利用のスタイルとなっている。

もちろん、農学部、医学部、経済学部のように部局で一つの図書館をつくり外部の利用者にも積極的に開放しているところもある。だが、ゲッチンゲン大学図書館が現在の新しい図書館に多くの図書資料を集中させ、また、同時にニーダーザクセン州立図書館をかねていて、大学外の利用者について同じように開いているのとは大きな違いといえよう。

また、現在の図書館サービスの多くは学問の中身には直接触れない部分を担当している。図書館員は教養試験と図書館学の専門試験および面接を経て採用されているので、その意味での専門職制はとられているといえるが、一部の部局で助教を図書館担当にあてている例があるのを除くと主題専門制はとられていないために、学問内容に踏み込んだ選書やレファレンスサービス、そして主題書誌作成の仕事などは図書館職員の仕事とされていない。また職員は三年程度のローテーションで部局を異動する体制をとっているので、なおさら主題専門制を実現しにくい状況にあるといえる。

このことは東京大学附属図書館のコレクションの特性と密接な関係をもつ。図書館員が明確な資料収集方針に基づいて、自らの主題専門的な知識を動員してコレクションを形成していくのがゲッチンゲン大学のやり方だとしたら、東京大学の場合は教員が自らの研究費の一部を図書資料の購入にあて自ら選書することによって結果的にできたのが現在の蔵書だといえる。教員は研究の必要に応じて資料を購入するが当然のことながら統一的な方針に基づいているわけではないので、きわめて偏った蔵書になっている可能生が高い。東京大学の資料費がかなりの金額になるとしても、図書館職員には資料購入の権限は大きくないから、総合図書館の学習用資料や一部の部局で体系的に蔵書を構築しているのを除くと、多くは教員が必要に応じて購入した資料の寄せ集めなのである。

主題専門制が実施されていないほとんどの図書館における職員の仕事は、資料の発注、整理、貸出しなどを管理する図書館システムを運営しそれによって資料管理をおこなうこと、電子ジャーナルやデータベースの契約および管理をおこなうこと、さらに資料や情報利用に関して利用者にアドバイスをすることである。また、各種の学術データベースの検索を支援したり、図書館の独自のデータベースやパスファインダーを開発し利用者に提供したり、図書館に備えられたそうしたツールを使いこなすための情報リテラシー教育を提供したりといったことがおこなわれている。

国立大学では正規職員の新規採用は地域ブロック別に採用試験をおこなっている。かつては専任の正規職図書館員の職場だった大学図書館は、現在では非常勤職員、嘱託職員、派遣職員が事務的な仕事をおこなう例が増えている。またカウンターや資料整理などの業務を外部の専門業者に委託する例も多い。東京大学でも、正規職員が二百人弱であるのに対して非常勤職員が百五十人となっている。それでも職員の雇用について国立大学は法人化以前から人事院の採用試験に図書館学枠があって、これを引き継いだため、一般の職員とは区別された採用枠があるので条件はまだよいといえる。私立大学図書館のほとんどは図書館職員の新規採用を停止しており、一部の医科大学や芸術系大学などで主題専門司書を置いているところを除くと国立大学以上にサービス部門の一般職化が進んでいる。図書館によっては外部業者によるサービスを導入しており、民間業者に全面的に委託している例もある。

公共図書館

日本の公共図書館は最大規模の大阪府立中央図書館や東京都立中央図書館でも蔵書数百六十万冊から百七十万冊程度で、ドイツに見られた大規模公共学術図書館は見られないといってよい。これは近代の図書館制度が導入されてまだせいぜい百年程度の歴史しかないこと、また、コレクションが基本的に日本語の資料を中心にしてきたことに基づいている。近年でこそ多言語資料の収集ということで外国語資料に目が向き始めているが、まだ蓄積は浅い。

また、一九七〇年代以降に基礎自治体（市町村）が住民のアメニティ公共施設として図書館を大量に設置した。この四十年間に図書館数は三倍に増えている。このときの方針としては、「貸出しサービスを中心に、児童サービスを充実させながら、自治体の全域にサービスがいきわたるようなサービスポイントをつくる」というものであった。[11] この考え方に基づいて、公共図書館の大衆化と量的拡大が進んだが、学術との関係は相対的に低下した。すなわち、日常的な生活で要求される一般書を提供する活動が中心となったことにより、学術書や研究的な資料は背後に追いやられることになった。一九九〇年以降の経済不況と自治体財政の縮小、行政改革の動きによって、資料購入予算が減少するとサービス全般のポピュラリゼーションはいっそう強まった。

一九七〇年代から一九八〇年代にかけて新しい図書館が設置されるときに司書の採用が進んだが、その後は私立大学図書館と同様に臨時職員の導入、業務委託が進み、二〇〇三年から法改正によって社会教育施設への指定管理者導入が可能になると図書館を指定管理会社が運営する事例が少しずつ増えている状況である。

公立図書館が利用者のための資料提供機関という考え方に基づく運営は、ベストセラーの複本提供に対する作家や出版社からの批判、書店やレンタルビデオショップなどとの競合関係の指摘などを受けて、修正されようとしている。新しい動きとしては、公共図書館を地域における情報拠点と位置づけて、学校、役所、ビジネス機関などターゲットを明確にした資料や情報の提供、法律情報や医療健康情報、ビジネス情報など従来はあまり積極的ではなかった種類の資料情報の提供、インターネットを使った地域情報の発信といったものをおこなっている。[12] 一九七〇年代以降、静かな閲覧室のイメージから、市民が日常的に利用する図書館（「買い物かごを提げて図書館へ」）へと変化しようとしてきた図書館が、さらに自宅からでも使える便利な情報センターへと舵をとろうとしているわけである。

4　専門職員の養成

図書館員の知識と技術

図書館員とは何をしている人たちなのだろうか。これまで述べてきたように、彼らの仕事の中心は施設と資料を管理し、利用者に資料を提供することである。図書館員がなぜ専門職的な位置づけをもっていたかというと、かつて資料があれば必ず必要となった資料整理技術の重要性にあった。資料目録をつくり分類して書架に排架することは、資料と利用者を結びつけるもっとも基本的な仕事であり、そのために必要な目録規則や分類法のノウハウはかなり複雑な専門知識を要求するので、他の部門の職員には介入できない領域を形成していたのである。ただしこの専門知識は主題的な知識とは異なる。学術資料を知の体系に位置づけ、またそれに学術的な論理構造にしたがってアクセスするための方法を凝縮したのが整理技術であった。ここから、書誌や索引・抄録などの書誌ツールのノウハウが発展し、またレファレンスサービスの基本的な技術知識はそれらを使いこなすノウハウに基づいている。これらの専門知識は、使い手は主題的な知識が十分になくとも資料にアクセスできるようにするために築き上げられた壮大な仕組みであり、十九世紀後半からつくり上げられた図書館学とはたしかにこういう実践的な知識体系に基づいているのである。

しかしながら一九八〇年代以降に状況は大きく変化した。それ以前に個別図書館ごとにおこなっていた資料整理業務が図書館システムと出版物のＭＡＲＣ（Machine Readable Catalog: 目録データの原型になるもの）データベースの開発により軽減され、個別館ごとにおこなうオリジナルな整理業務はそこにしかない限られた資料にとどめることができるようになったからである。公共図書館の場合は、図書館流通センター（Toshokan Ryutsu Center: TRC）をはじめとする民間企業が提供する資料整理システムがあり、また、大学図書館の場合は国立情報学研究所（National Institute of Informatics: NII）が提供するオンラインの資料整理総合目録システムがあるので、これらに依存する限り、すでにシステムに登録された資料については専門知識なしに処理ができる。このため、かつて図書館員の専門性の中心にあった目録、分類の知識の必要性は必然的に小さくなったとされている。

現在の図書館員の専門職アイデンティティは以前に比べてはっきりとしないものとなった。公共図書館なら選書、レファレンスサービスなどで共通の専門的知識が要求される。児童サービスは以前から専門的な研修がおこなわれており、なかでも専門性の高さが認められてきた。それ以外に、障害者サービス、地域資料（郷土資料）などが比較的以前から実施されていたものであり、近年、デジタル情報発信、ビジネス支援などの領域がつけ加えられている。

大学図書館の場合、学術資料の選定やコレクションの形成プロセスに図書館員がどの程度関わるかは、大学によってまた分野によってかなり異なる。中央図書館は図書館員が、部局図書館・室は教員が選定するのが一般的である。そうなるとその大学が集中的であるか分散的であるかに依存することになる。資料の整理については、ＮＩＩが提供する全国システムでカバーされていない資料を多く処理する図書館ではオリジナルカタロギングが必要になり、かなりの専門知識が必要になる。レファレンスサービスはかつて重視されていたが、インターネットの普及以降は利用者が自分で情報を探すのが一般的とされ、むしろ、探し方を支援するための利用者への「情報リテラシー教育」を実施することに力を入れるようになっている。これは、サーチエンジンを使うことでインターネットから膨大な情報を簡単に入手できるとされるが、そこには数々の落とし穴があり、活字媒体と併用することですぐれた情報探索者になることができるという考え方に基づいている。

職員制度と養成

司書は図書館法で規定された名称独占資格である。しかしながら資格要件は他の国家資格と比べて高くはない。まず学歴要件としては、「大学卒業」を基準としている。短大卒あるいは高専卒でも取得可能であり、学芸員が「学士」を基準として四年制大学での学問の習得を前提としている資格であるのと比べて低い達成要件といわざるをえない。図書館法は公共図書館についてのものなので、司書になるための資格要件もまた公共図書館向けの内容をもっている。序章で見たように、公共図書館が一般公衆の教養、調査研究、レクリエーションを支援することを使命とし、博物館や公文書館のように自らの使命に研究を位置づけていないことと対応している。

司書資格は戦後の教育改革期にできた資格であり、同時期にできた教員資格、学芸員資格とともに大学が出す資格という性格を強くもっていた。国家試験をおこなわず、大学で単位を積み上げることによって大学の責任で資格認定されるものである。これらの資格が学術研究や高等教育と直結した内容をもつことから、憲法で保障する学問の自由や大学の自治の側面が重視されたものといえる。これらが大学では専門を超えて取得できる資格である点も見逃せない共通点である。何を専攻しようが教員、学芸員、司書になれるようにしている大学が多い。つまり、これらは大学の専門そのものではなく、その学習成果を生かして就く職業的な資格という位置づけである。ここではこれを汎用学知展開系資格と呼ぶことにしよう。

司書資格は、汎用学知展開系資格のなかで学歴要件が短大・高専レベルであるという点で中途半端なものである。また、二〇〇八年に図書館法が改正されるまで、大学で実施される講習科目しか公示されていなかったので、大学での養成課程も講習科目に準じて実施された。これは法改正によって大学における図書館の科目が省令で公示され二〇一二年度より実施されることになっている。法成立後五十五年でようやく大学での科目が認知されたことになる。

汎用学知展開系資格としての教員資格には、教職に関する科目と並んで教科に関する科目があり、中学校や高校のように科目別の教師になる場合はもとより、小学校教師になる場合にも教科科目についての学修が要求されている。

学芸員資格の取得にはそうした学問ごとの科目履修は要求されていないが、学士取得に際しては当然のことながら専門課程における相当の学修は要求される。

司書の場合も汎用学知展開系資格として高等教育機関での専門的な学びは必要である。だが、現行の（そして二〇一二年度より実施が予定されている）司書養成のカリキュラムには、専門の学知を学ぶことは含まれていない。一九九七年に改訂されるまでの科目表には選択科目として「人文科学及び社会科学の書誌解題」「自然科学と技術の書誌解題」があり、学んだ学知と図書館サービスを結びつけるカリキュラムとなっていたが、改訂の際に「専門資料論」と名称を変え大学の主題科目との関係があいまいになった。司書養成カリキュラムはますます図書館経営やサービスへの志向性を強め、アカデミズムあるいは大学コミュニティとの関係は希薄なものになっている。

以前から図書館情報学教育担当者や大学図書館の関係者からは、司書資格が他の館種の図書館職の基礎資格になっている側面があるのに、学修内容が偏っていることに対する批判が寄せられている。ドイツの大学図書館における主題専門職図書館員は、主題における博士号をもちなおかつ司書養成課程で学んで就任するものである。アメリカの図書館専門職は総合大学に設置された専門職大学院で図書館情報学修士号（Master of Library and Information Science: MLIS）を取得するのが一般的であり、主題専門図書館員はさらに主題分野で修士号ないし博士号を取得した人がなるものである。こうした外国の事例からすると、日本の司書養成が初級レベルのまま推移していることについて問題が大きいといえる。こうした問題意識のもとに、日本図書館情報学会を中心とした研究グループがこれを改善するための研究プロジェクトを立ち上げて議論を継続しているところである。(13)

5　知識情報管理の課題

以上の日本の図書館に関する全般的状況は、これまで比較の基準としてきた西欧諸国と比較するとレベルが低いものといわざるをえない。日本の図書館は一言でいえば量的な普及という意味では一定のレベルに達しているが、施設と資料のような物的なものが整備されるだけで人的な手当てがおこなわれにくい構造がつくられているので、サービスの質的な条件を高めることがしにくい。今後、いっそうアウトソーシングの進むことが予想されるなかで、質的な評価を継続しておこなう必要があるだろう。

筆者は、これらは図書館に限らず、博物館、文書館も含めて資料蓄積をおこなう文化機関に共通する課題であると考えている。これらの機関は時間に抗して資料や情報を蓄積することで社会的な反省を可能にする装置である。そして、日本の近代化は西欧に追い付き追い越せというスローガンのもとに、同時代的な西欧情報を参照することですませ、そうした自省プロセス抜きに進めてきた。だが、二十一世紀を迎え、情報公開、説明責任（アカウンタビリティ）、説明と同意（インフォームドコンセント）など、国民一人ひとりが情報を共有する仕組みをつくることでしか社会的な発展はありえないことは明らかである(14)。こうした知識情報管理こそがいま求められているものであり、その意味で三機関は共通の課題をもち、互いの意見交換が必要な時期になっているといえる。

註

（1）根本彰「図書館情報学の領域と特性」『図書館情報学ハンドブック』第2版、丸善、一九九九年、一―二頁。

（2）根本彰「まぼろしの東大ライブラリースクール再考――占領期におけるアメリカ図書館学の導入過程解明の手がかりとして」吉田政幸・山本順一編『図書館情報学の創造的再構築』勉誠出版、二〇〇一年、二三七―二五〇頁。

（3）次を参照。根本彰『文献世界の構造――書誌コントロール論序説』勁草書房、一九九八年。

（4）欧米の図書館がいかにそれらの社会に根ざしているのかについて書いた読み物として次の二点を挙げておこう。マシュー・バトルズ『図書館の興亡――古代アレクサンドリアから現代まで』（白須英子訳）、草思社、二〇〇四年。アルベルト・マングェル『図書館　愛書家の楽園』（野中邦子訳）、白水社、二〇〇八年。

（5）ドイツの図書館の歴史と現状を知るには、ギーゼラ・フォン・ブッセ他『ドイツの図書館――過去・現在・未来』（都築正巳監訳）日本図書館協会、二〇〇八年を参照。

（6）同図書館のホームページより入手。

（7）http://www.sub.uni-goettingen.de/ebene_1/bibgóe を参照。

（8）ブッセ他、前掲書、一七四頁。

（9）根本彰「二一世紀の国立国会図書館――二つの機能を評価する」『情報の科学と技術』五七巻、一一号、二〇〇七年、五一二―五一八頁。

（10）日本で採用した例として、金沢工業大学のサブジェクトライブラリアンが知られているが、理工系の大学であること、教員の兼務であること、教育支援の一環として図書館に主題専門家を配置したということで、欧米の大学図書館の主題専門制とは大きく異なる。新坂恭士「金沢工業大学ライブラリーセンター（ＫＩＴ‐ＬＣ）における学習支援」『東海地区大学図書館協議会誌』通号四九、二〇〇四年。

（11）日本図書館協会編『市民の図書館』日本図書館協会、一九七〇年。

（12）これからの図書館の在り方検討協力者会議『これからの図書館像――地域を支える情報拠点をめざして』文部科学省、二〇〇六年。

(13) 上田修一他「「情報専門職の養成に向けた図書館情報学教育体制の再構築に関する総合的研究」最終報告書」『日本図書館情報学会誌』五二巻、二号、二〇〇六年、一〇一―一二八頁(http://wwwsoc.nii.ac.jp/jslis/liper/)。

(14) 根本彰「日本の知識情報管理はなぜ貧困なのか――図書館・文書館の意義」『図書館・アーカイブズとは何か』(別冊環、一五号)藤原書店、二〇〇八年、五九―七〇頁。

第2章　ユニヴァーシティ・ミュージアム

――博物館工学と複合教育プログラム

西野嘉章

戦後の高度成長は各地に数多の文化施設を産み落とした。なかでも美術館・博物館など、ミュージアムを標榜するものは数が多く、博物館法の要件を満たした登録博物館、それに準じた博物館相当施設、同法の縛りを受けない博物館類似施設をあわせると、二〇〇八年度末の日本博物館協会の統計で、優に四千館を超えている。いまや日本は、文字通り、世界有数の博物館大国である。ミュージアムの意義や役割、機能や形態、事業や動向について、社会の関心が高まるのは当然である。あるいは、そうでなくてはならない、と強く叫ぶべきなのかもしれない。

国はもとより、地方自治体や民間企業が多くの期待を寄せるなか、ミュージアムの側も、本来ならそうした好環境が存続するよう努力を重ねていかねばならぬはずである。しかし、現実はどうか。現場を担う学芸員や職員は雑駁なルーティーン業務に追われ続け、館の事業のあり方やその将来像について思いを馳せる余裕がない。ばかりか、展示事業や教育啓蒙においても、予算枠をはじめ、さまざまな足枷がはめられている。そのため、低迷状態を打開するアイディアを考えることはおろか、時代を先駆ける実験的な挑戦をおこなうことさえ難しい。これが偽らざる現状なのである。

社会から付託された使命を全うできない。何か積極的な方策を講じなければ、ミュージアムは遠からずそのようなジレンマに陥ることになるに違いない。そうした予測は二十世紀の末からすでにあった。新しいミュージアム像が模索され始めたのは、生涯教育の充実や社会貢献の推進が声高に叫ばれようとする時代のことであった。一九九〇年代に入り、公立でもなければ私立でもない、美術館でもなければ博物館でもない、謂うならば「第三種」のカテゴリーに属するミュージアムのあり方について検討が始まり、その可能態の一つとしてユニヴァーシティ・ミュージアムが注目を集めるようになった。

1　ユニヴァーシティ・ミュージアム（UM: University Museum）

たしかに、欧米先進国のなかにはユニヴァーシティ・ミュージアムが市民社会のなかで定着を見ている国も珍しくない。しかし、それら既存のものの多くは、標本・史資料の保管庫としての色合いが濃く、活動実態としては、図書館や文書館が社会教育に寄与する姿とかわらない。蓄積された資料や標本を原資として、それらを基に研究推進やアート創造の母胎となる、すなわち創発的・生産的な拠点と位置づけられるものになっていないのである。事実、所蔵するコレクションと最新の学術研究を結節させる、大学に附設された多分野横断研究推進型ミュージアムは、ほとんど皆無に近い状態であった。ユニヴァーシティ・ミュージアムという概念すら市民権を持ち合わせていなかった日本では、創発性の大学附属施設など思い描きようもなかったというわけである。

ユニヴァーシティ・ミュージアムは、もとより大学の教育研究施設である。そのため、大学に附設された図書館や史料館が書籍や史料の利用サービスで教育支援装置として機能するのと同様、学術標本を保管することで研究支援装置の一つとして十分に機能する。しかし、両者の類似はそこまでである。図書館や史料館の機能は、文字化された史資料の収集・保存・利用に特化されている。それに対してユニヴァーシティ・ミュージアムは「学術標本」の名で総称されるモノの収集・保存・管理・活用・研究の場であるだけでなく、大学での教育研究の成果を、学内はもとより、学外に対しても公開発信する機能と使命を有している。また、ただ単なる支援装置というだけでなく、教育研究の場そのものであると同時に、その実施主体でもあるという点で、収集保存や閲覧利用に業務の特化された図書館や史料館と異なっている。教育研究機関であると同時にミュージアムでもあるという二重の特性は、ユニヴァーシティ・ミュージアムならではのものなのである。

他方で、一般のミュージアムとの違いも指摘しておかねばならない。一般のミュージアムは法制度上、社会教育施設と規定されているが、ユニヴァーシティ・ミュージアムはそうではない。学校教育法とその基準に縛られてはいるが、高度な専門教育をおこなう学術研究機関であり、教育や研究の成果物に対し専門的な立場から学術的な評価を与えることができる。評価機能を有するミュージアムである、というユニヴァーシティ・ミュージアムの特性は、社会教育施設と規定された一般館との大きな違いである。以上の通り、既存の図書館やミュージアムとの違いを明確にした上で、その固有の特性をどこまで生かすことができるか、それが問われねばならないのである。

(旧)文部省の支援を得て東京大学に総合研究博物館が、(旧)総合研究資料館を改組拡充するかたちで設立されたのは、一九九六年春のことであった。明治九(一八七六)年の創学以来学内に蓄積されてきた推定六百万点超の「学術標本」を再評価し、公開などに活用するなかで、既存のミュージアムのおこない難い各種の実験を試みることができるのではないか。それにより、新しい学問研究の創発が期待できるのではないか、という考えによるものであった。実際、（旧）国立大学附設ユニヴァーシティ・ミュージアムの一号機関として新発足した総合研究博物館は、開館以来七十回を超える展示を主催し、大学の物的・人的・知的な蓄積を社会へ還元する事業の推進に努め、ミュージアム事業の拡充化、多様化、活性化、洗練化につながる知識、技術・システム・情報を提供し続けてきた。改組からわずか十五年しか経ていないが、この間になされた学術教育研究の目覚ましい成果も、また、ミュージアム・テクノロジー寄付研究部門の創設以降、充実振りの目立つ展示公開も、国内外のマスコミ、専門研究者、ミュージアム関係者の注目の的となっている。それは他に追随しない独自の表現手法、技術融合、実験精神を組織のモットーとして掲げてきたからであり、事実、それらの波及効果は国内のみならず、広く海外にまで着実に浸透しつつある。

本章では、総合研究博物館が実践してきた、あるいは実践しようとしている、いくつかの展示プロジェクト、教育プログラムの具体的事例を紹介し、ミュージアムの将来像と、そこで働く人材の育成を考えるさいのヒントとしたい。「ミュージアム・テクノロジー」の他、「学術標本」「博物館工学」「博物財」「実験展示」「複合教育プログラム」「博物資源化」「アート&サイエンス」「モバイルミュージアム」「モジュールユニット」「ミドルヤード」「オープンラボ」「インターメディアテク」「統合的ミューゼオグラフィー」など、従前にないミュージアム語彙を社会に定着させるにはどうすべきか。既存のミュージアム活動を補完し、学校教育と結節し、社会教育にも資する安定的な文化装置として、ミュージアムが市民社会に深く根を下ろすにはどうすべきか、そうしたことを改めて考えてみたいのである。

2　博物館工学（MT: Museum Technology）

国・公・私立を問わず、多くのミュージアムが企画運営で苦境に立たされるなか、社会からの期待感は従前にも増して高まっている。自然標本や文化遺産の保存公開という本来的な基本業務に加え、先端技術に支えられた各種の情報蓄積・発信、初等・中等・高等教育の学習プログラムの支援、一般市民に対する社会教育・生涯教育サービスの提供、さらには地域社会におけるランドマーク機能など、これまで以上に多様なニーズが生まれてきている。事が容易でないのは、いまミュージアムに求められているのが、それだけに止まらないからである。多様なニーズに応えるだけでなく、どのように応えるのか、その方法のユニークさ、質の高さ、デザインの良さが問われる時代になっているのである。

当然のことながら、ミュージアムのスタッフは、斬新なアイディア、賢明な知恵、優美なデザインをつねに模索し続けなくてはならない。また、組織としても、自館の存在や役割を他の何をもってしても代え難いものとするため、魅力的な施設整備と運営システム、独創的な企画展示と教育プログラムの実現に努めねばならない。しかし、列挙するのは簡単であるが、それらの実現はどれ一つとっても容易でない。ミュージアムの職員の多くは、日常の業務に追われるばかりで、国内外を俯瞰的に眺望し、自館の様態・活動を他館のそれと比較しながら自己検証する手だてを持ち合わせていないし、大胆な実験の予算的な裏づけもまた保証されていないからである。そのような現状認識に立って、既存のミュージアムを再生させるための技術知、新たなミュージアムを創出させるための実践知を、われわれは「博物館工学（ミュージアム・テクノロジー）」と称し、一個の学として確立することに努力を重ねてきた。

たしかに、ミュージアムの学の一つとして博物館学（ミューゼオロジー）なるものがあるにはある。しかし、そのディシプリンは、ミュージアムの法制度や歴史に加え、学芸員の業務、なかでもコレクションの扱い方、展覧会の企画運営など、学芸事業のなかで最小限必要とされる実務について、基本的なスキルを養うことで終始している。その根本にあるのは、学芸員の育成という現実的・緊急的なニーズに応える必要性である。しかし、短兵急な人材育成システムは、長いスパンにわたって維持・展開されるべきミュージアム事業の、その喫緊の要請にすら応え得ていない。そのことは、現行の博物館学芸員資格取得制度の、現実に対する非力さを思い起こせば十分である。問題は上記資格取得に必要とされる単位数を増やすだけでは解決しない。また、博物館実習を強化しても始まらない。そうではなく、どのような教育プログラムを用意できるか、それがいま問われているのである。

功利的で、表層的で、主知主義的な博物館学教育の弊害は、もとより「ミューゼオロジー」における「論（ロゴス）」の欠落に起因するものであるが、結果として、博物館とはそもそも何か、博物館とはどうあるべきかという、より高い次元での問いかけを、博物館活動の現場から遠ざける要因にもなっている。そのことに由来する帰結はけっして黙過できない。一方で、ミュージアムを単なる娯楽施設としてしか見ぬ風潮を社会に生み出し、他方で、効率の悪い集客マシンとして不要論を唱える世論を勢いづかせることになっているからである。ミュージアムの屋台骨がもし揺らいでいるとしたら、その第一の要因は、何のためにという「論（ロゴス）」が掘り下げられぬままあるからなのではないか。

ミュージアム事業をより魅力的なものとするためには、「論（ロゴス）」の構築だけでなく、百策を連環させる方法も見いださねばならない。周知の通り、現代は何事につけ物事を細分化して見る傾向に染まっている。そうした還元主義的な思考形式が極端なまでに進行し、細分化を通り越し、アトム化、ナノ化にまで至っているのが実状である。思考が微細分化する、とはすなわち視野が狭隘になるということである。その偏った風潮に異議を申し立て、包括的、統合的、俯瞰的に全体を眺める視点の復興を図らねばならない。そうした考えの大切さをミュージアム事業のなかで社会に問うことができないか。

ミュージアム事業と日々取り組む者が、ミュージアムのあるべき姿について将来像を思い描けぬまま、事に当たらざるを得ない。ミュージアムで働く学芸員の多くは、株価の動向に振る舞いが左右される証券マンのように、来館者の数や社会の動向に一喜一憂させられている。ミュージアムは人類史的な立場に立ち、長いスパンで人間生活のさまざまな所産を継承し、活用していかねばならない。その本来的使命が忘れ去られてしまっている。物事を包括的、統合的、俯瞰的に眺め返す視点の大切さを認めることが、ミュージアムの運営において何よりも急務なのではないか。

「博物館工学」とは、ユニヴァーシティ・ミュージアムの内と外とを問わず、デザイン、情報科学、文化政策、文化財科学、公共政策、知財学、修復学、文献学、映像学など、ミュージアムの広汎な活動領域と関わりのある各界の専門家や技術者の理論知、技術知、実践知を結集し、館内の専門研究者と協働しつつ、現代の多様なニーズに適う文化施設をハードとソフトの両面から実現するため、さまざまな学術的・技術的課題を統合的に検討し、その成果を社会に還元することを目指している。二十一世紀ミュージアムを「論（ロゴス）」と「形（フォルム）」の両面からデザインし、その新設と再生のための戦略を具体化する。言葉を換えると、「博物館学（ミューゼオロジー）」から「博物館工学（ミュージアム・テクノロジー）」へ、この道筋のなかで、展示技術、社会教育、文化財保存、空間・平面・造形デザイン、情報メディア、文化政策、文化行政、文化経営学他の既存諸学を、自ずからなる帰一統合へと向かわしめる、これが「博物館工学」の眼目である（図2・1）。

もっとも、「博物館工学（ミュージアム・テクノロジー）」などというと、テクノロジーという言葉から、多分に技術論（テクネー）偏重の傾きを感じる向きもあろうかと思う。しかし、この呼び名は、ミューゼオロジーの本来的な

図2・1　綜合研究博物館小石川分館

あり方すなわち、ミュージアムの「論（ロゴス）」を含意する。たしかに、テクネーは技（わざ）に傾き、ロゴスは理論に傾く。しかし、テクノロジーという言葉が「論（ロゴス）」を内包していることからも判る通り、「博物館工学」は、その理論的な帰結を具体化しようとする「技（テクネー）」の実働を含むという意味で、従来のミュゼオロジーと一線を画する。既存の博物館学的枠組では包摂しきれぬものを含むのである。ミュージアムについての新しい理論の構築を技術の実践を前方に見据えているという意味で、さらには、「博物館についての議論」についての議論すなわち博物館学についての博物館学的な議論の興りを企てているという意味で、「メタ博物館学」的ディスクールを包摂する展望と圏域を有する。「博物館工学」なる新しい語彙が必要とされるのはそのためである。

3　博物財

ミュージアムの自由な活動を阻害しているのが、現行の法制度である。周知の通り、日本には、ミュージアムに関わる法律として、社会教育法、博物館法、文化財保護法などの古くからある基本法、さらには「美術品の美術館における公開の促進に関する法律」など、いくつかの新しい関連法がある。留意すべきは、それら法制度の枠内で美術館と博物館の使命・活動域が区別されていることである。これは欧米諸国の首肯する国際標準とおよそ相容れぬ状況にある。詳細は省くが、美術館は「美術品」を扱い、博物館は「文化財、標本、資料、出土物」を扱うと規定されており、業務が区分けされている。ばかりか、文化財保護法の第一条一号は、「有形文化財」を、「建造物、絵画、彫刻、工芸品、書籍、典籍、古文書その他の有形の文化的所産で我が国にとって歴史上又は芸術上価値の高いもの（これらのものと一体をなしてその価値を形成している土地その他の物件を含む）並びに考古資料及びその他の学術上価値の高い歴史資料」としており、「美術品」とはそもそも何を指すのか明示されていないだけでなく、「美術品」と「有形文化財」がどのように棲み分けられているのかも曖昧なままにされている。もっとも新しい公開促進法になり、漸く「美術品」を「絵画、彫刻、工芸品その他の有形の文化的所産である動産をいう」と規定してみせはしたが、現代アートの多様性を包含するには、その語義範囲があまりに古典的で、窮屈である。近年話題にされている「メディア芸術」という用語についても然り。法制度の抜本的な改革が求められるゆえんである。

ここでは二つの問題点を指摘しておきたい。一つは、上記の文言のなかに出てくる「我が国にとって」という限定詞について。この修飾節は、美術や文化財が人類普遍の財産であるという考え方と相容れない。諸国家の統合が進むヨーロッパでは、ミュージアムをはじめとする文化施設が「我が国にとって」という言説を持ち出すことはない。文化や学術においては、「国家（ナショナル）」概念を持ち出さず、「公共（パブリック）」という概念の定着に努めてきた西洋人の知恵に、学ぶところがあるのではないか。もう一つは、日本の法制度にくり返し登場する、「建造物、絵画、彫刻」云々という分類概念の孕む問題である。その帰結は、図書館が図書館法に縛られ、ミュージアムと制度上切り離されたかたちで存在する現状に顕れている。図書館とミュージアムが共同歩調をとり難いのはそのためである。図書館の司書とミュージアムの学芸員が個別の独立した職能と見なされ、たとえば、書籍とその装幀をブックアートと見なす論点の行き場がないなど、一般の常識と照らしてみても不可解としかいいようのない事態が生じている。

それと対照的なのが、国際博物館会議（アイコム）の規約である。ミュージアムの扱う対象を「人間とその環境に関する物的資料」としており、それ以上の限定をおこなっていない。この規定の根本には「文化財」についてのフランス流の解釈がある。それによると「文化財」(patrimoine) の概念のなかに文化的文化財 (patrimoine culturel) と自然的文化財 (patrimoine naturel) があり、これらはいずれもが公共的財産 (biens publics) と解される。それらは国家が責任をもって保全、保護、活用するものであり、個人の私有財産権に優先するものと考えられている。ここでは、「共和国」(republic) という言葉の語源が、「公共のモノ」(res publica) に由来することを思い出さねばならない。すくなくとも共和制下では、国家とそれに帰属するものは、自然であれ文化であれ、すべて公共財であるという解釈が徹底されている。そうした当たり前の考えが、日本にはいまだ根づいていないのである。

国内のミュージアムの活動を不随なものにしているのは、上述の通りの、博物館・美術館に関わる法制度上の「モノ」概念である。むしろ、ミュージアムの扱う対象を、自然財、文化財、情報財の三種としてとらえ、それらの総体を「博物財」という概念で包括的・一元的に理解把握するようにしたらどうか。そうすることによって、考古出土品、美術品、書籍、公文書、自然史標本、生体標本などといった慣習的分類概念、モノと記号情報の存在論的隔壁、有用なものとそうでないもの、価値あるものとそうでないもの、珍しいものとそうでないものを分別・差別化する閉鎖的価値体系など、ミュージアム事業を隘路に追い込んできた頸木を、いくらかでも解消できるのではないか。その上で、ミュージアムにはいったい何ができるのか、改めて考え直すことがいま求められているのである。

「博物財」は公によって保護、活用されるものであり、博物資源的な循環型活用、リサイクル活用が可能なモノと理解され、有価な文化資本と規定される。文化資本であるゆえんは、たとえばアートワークを、芸術的な価値に依拠した美術品として扱う、という意味ではない。そうではなくて、ヴァルター・ベンヤミンが『複製技術時代の芸術』で用いた「展示的価値」と同様の意味において、活用の文脈を変換したり、設置の場所を移動したりすることで、それ自体が内在する価値とはまた別な利用価値を新たに生産することが可能である、という意味において「博物資源化」することができるからである。この、「博物財」の文化資本論が求めているのは、文字と画像、資料と標本、オリジナルとレプリカ、有価資源とゴミなどといった二項対立を、ひとまず止揚することである。そこを発想の出発点とし、慣用的な対立項を脱構築する、そのことを方法的に実践していく必要がある。それを教育システムについて当てはめるなら、学芸員、司書、美術家、デザイナー、教育担当のどれ一つでもなく、またそれらのすべてでもある人材、それを育成していかねばならないということである。

4 実験展示

先にミュージアムは斬新なアイディア、賢明な知恵、優美なデザインの実現に力を注がねばならないといった。これらは、どれも言葉にするとごく当たり前のように聞こえるかもしれない。しかし、そうしたものを個々に実現し、加えて、それら三者を複合して一個の統合体をつくり上げるのは容易でない。それを試みる場として、総合研究博物館は開館以来、「実験展示」という事業コンセプトの定着に努力を傾けてきた。ユニヴァーシティ・ミュージアムの展示は、そのどれもが一つの実験である。そのため、自由な発想を基に展示のおこなえる環境を整えておくに如くはない。「実験展示」はその自由さを担保してくれる。

ユニヴァーシティ・ミュージアムは、この「実験展示」の事業コンセプトを具体的なものとして保持し続けるため、観覧料不徴収の原則を貫いている。一個の完成された展示コンテンツを社会に向けて発信する。これがミュージアム展示の建前とされている。そして、その当然の帰結として、展示観覧の益に与る者すなわち来館者に対して、受益に見合う金銭的負担すなわち観覧料が課せられるのが実情である。たしかに、一見通りの良さそうな論法に見えるが、これをそのまま鵜呑みにしてはならない。観覧料問題において、必ず引き合いに出されるのがユネスコの国際博物館規約と国内の博物館法であり、いずれもが原則無料を謳っていることは周知の通りである。ミュージアムに蓄積された遺産、そこから発信される文化は、万人に対して開かれた状態に保たれていなくてはならないとする考えがそこにある。

観覧料不徴収の運営方針は、外部から教育研究の中身に対する干渉を避けるための安全弁の役割を果たす。ばかりか、有料来館を当然のことと考えて疑わぬ一般ミュージアムではおこない難い、さまざまな実験を推進していく上で不可欠の前提にもなっている。有料館であるがゆえに、完成された展示コンテンツの提示を求められる一般のミュージアムの不随意さから、ユニヴァーシティ・ミュージアムは解放されている。その自由さは、より実験的な性格の強いコンテンツを、初生的な試みとして、堂々と社会に問う権利を付与されているということでもある。これは他の何にも代え難い特性であり、そうした立ち位置を「実験展示」が担保してくれているのである。

事例（一）『真贋のはざま――デュシャンから遺伝子まで』展

ユニヴァーシティ・ミュージアムの使命の一つは、学内の教育研究の成果を社会に向けて発信することにある。それは展示プロジェクトと教育プログラムの連動を通じてなされる。学部・研究系教育との連携の場となるのが「実験展示」である。展示担当を努める博物館教員が、学内のいずれかの学部・研究系の教員を兼担している場合には、「実験展示」は、博物館学芸員資格取得要件の一つに数えられる博物館実習に、カリキュラム上読み替えることができる。

図2・2　『真贋のはざま——デュシャンから遺伝子まで』展ポスター

博物館実習に読み替え可能な授業科目枠内で、総合研究博物館では教員が、学生・院生を巻き込みつつ、あるときは展覧会を企画し、あるときは単発的なイヴェントや中長期にわたるプロジェクトをおこなう。たとえば、二〇〇一年十月に開催された特別展示『真贋のはざま——デュシャンから遺伝子まで』は、二年度に跨る教育プログラムとその成果発表の場となった（図2・2）。通常、学部・大学院の授業は単年度で区切られているが、いざ展示をおこなう段になると、一年間の枠内では収まりきれぬ場合も出てくる。実際、その展覧会は二年度にわたるものとなり、延べ百五十名の学生・社会人が参加することになった。

白紙の状態から事業の終了まで、というのが展示教育プログラムの全サイクルである。事業の終了とは、来館者調査報告書の最終的な刊行まで、の意である。ここではくわしい中身について触れないが、展示において優美なデザインをどのように実現したらよいか、斬新なアイディアをどのように打ち出したらよいか、といった一般的な検討課題にはじまり、上記の展覧会の場合には、真と贋、本物と偽物、オリジナルとコピーをどのように対比させたらよいか、レプリカはどのような機能を有するか、放射性炭素年代測定、三次元形状計測、エックス線透過、化学組成分析などの解析技術を使って、何を、どのように、どこまで明らかにすることができるか、などの個別的な課題まで検討することになった。こうした議論を踏まえて展示を実現し、一般の観覧に供する。それをプログラム参加者たちとともに進めたのである。

こうした教育プログラムの場合には、展示図録の執筆・編集だけでなく、来館者調査報告書をまとめるなど、自己評価をおこなうことも大切である。展覧会の会期中、評価担当の学生たちは、会場につめて、書面アンケート調査、口頭インタビュー調査、トラッキング調査をおこなう。なかでも、この最後の調査は容易でない。来館者が会場でどのような行動をとったか、覆面調査員として追跡調査しなくてはならないからである。短い人で三十分、長い人になると三時間も会場に滞留する場合がある。そうした社会学的手法による調査から得られたデータの処理については、民間企業から統計処理の専門家を招き、分析の方法についてアドバイスを受けた。マスコミやメディアの反応も含め、こうした複数の調査データを複合し、社会が展覧会をどのように受け止めたのか調査する。サンプリングから集計解析までのプロセスだけでなく、編集やレイアウトまで含め、最終的な報告書の出版作業のすべてを評価担当のメンバーは経験することになった。

事例（二）『マーク・ダイオンの「驚異の部屋」』展

二〇〇二年一一月に開催された総合研究博物館小石川分館開館記念一周年特別展示『マーク・ダイオンの「驚異の部屋」』では、学内に放置されたままになっているモノ、廃棄されたモノなど、サイエンスの世界から投棄され、うち捨てられた状態にあったモノを、現代美術家とのコラボレーションを通じて、仮設アートの文脈で再生させる試みをおこなった（図2・3）。その「実験展示」に参加した学生・院生はゴミ捨て場や地下室など、学内の各所を調査し、そうした場所にうち捨てられたモノをポラロイド写真に撮り、採寸・記載・報告した。ゴミ集めというと、雑駁なものと受けとられかねないが、実際には方法として強固なものであり、動物や植物を対象とする分類学者、埋蔵文化財を扱う考古学者が、フィールドで標本を採集するの

図2・3 『マーク・ダイオンの「驚異の部屋」』展ポスター

と同じ科学的手法がデータ取得者に課せられた。ゴミだからといって、粗雑な扱いもさせず、展示品として然るべき扱いをするよう徹底したのである。そうして集められた雑多なモノのなかから、美術家のマーク・ダイオン氏と企画者が、展示に相応しい物品を選別し、会場内の組み立てを考えるという流れであった。

この展覧会の眼目は、国際的に活躍している美術家とのコラボレーションにあったが、また別な目論見もなくはなかった。文字による解説をいっさい展示会場に置かないとどうなるか、試してみようと考えたのである。文字を廃し、眼に訴えかけるだけでも、コミュニケーションできるのではないか、われわれのメッセージを伝えることができるのではないか、と。

とはいえ、それはあくまで展示による実験であった。ならば、当然、その成否が問われねばならない。このときもまた、二千人近い来館者から、インタビュー、アンケートなどの調査をおこなった。その結果、八割弱の人が説明文のない展示を新鮮なものと受け止めたことが判った。もちろん、ごく一部であったが、担当員が手抜きをしたのではないかと訝しむ意見もあった。われわれは、その結果を次のように解析した。すなわち、一般の人びとの感覚からして、どこの展覧会に行っても、作品のかたわらに解説文がある。しかも通り一遍の説明のあることが常態化している。しかし、すべての館がそれに従う必要はない。九十九館がそれをやるのなら、一館くらいそれをやらぬミュージアムがあってもよい。そうした発想こそが展示の個性演出につながるのではないか、と。

会場を訪れた人は、自分の眼で面白いモノを探し、自らの感官を使って、それは何かを考える。考えを押しつけるのでなく、考える余地を与える。見方を与えるのでなく、見せながら考えさせる。知識を獲得しようと思うなら、猟師が獲物を追うように、感官を駆使し、自ら探し出さねばならないというわけである。これは、あるコンテンツを他者に伝えるさいの方策の一つである。ばかりか、獲物を獲得する喜びという、生きるものの原初的な感覚を覚醒させる、高度にして洗練された戦略でもある。プロジェクト参加者は、メッセージの受け手の側に考える余地を残してやることの大切さを、身体的な経験として、統計的な数値を通して学ぶことになった。

この展覧会のもう一つの狙いは脱枠の実験であった。既存の学問分野枠に従うなら、たとえば、これは昆虫学であり、これは鉱物学であり、これは植物学であり、これは獣医学であり、これは考古学である、ということになる。しかし、そうした既存の枠組からひとたび脱却してみたらどうか。そうしたものを超えて、地上に生きる生き物、空中に展開する器物など、まったく別な視点から世界を眺め直してみたらどうか、というわけである。企画者の思いではそこに新しい地平が広がるはずであったが、美術家との話し合いのなかから立ち上がってきたのは、実際のところ、ヨーロッパ中世の世界観に近いものであった。動物標本も、植物標本も、医学標本も、すべて地上に生きている生命に関わるモノとして、ひと括りに扱うかたちで会場を構成していく。すると、医学標本も、人類学標本も、考古学標本も、人間存在と関わりのある事象ということで、どれもが等しく一衣帯水的世界の構成要素のように見えてくる。従来の学術の枠組を外し、新しい世界を構築する、その試みを「実験展示」の名を借りておこなったのである。

事例（三）『プロパガンダ 1904－1945——新聞紙・新聞誌・新聞史』展

二〇〇四年四月に開催された特別展示『プロパガンダ 1904－1945——新聞紙・新聞誌・新聞史』もまた、優れて挑戦的な企画であった（図2・4）。押し葉標本をつくるための乾燥紙として使われていた新聞紙がテーマとなった。新聞でなく、新聞「紙」であるというのが要点である。時代的な分布をいえば、明治初頭から戦前にかけて発行されたもの。これは、たまたまそうしたものの一部を、大学構内のゴミ廃棄場で見つけたことに端を発する。古い新聞紙を不要物として廃棄したのは資料部の植物部門であった。以来、不要物とされる新聞紙を、システマティックに回収

図2・4　『プロパガンダ 1904－1945――新聞紙・新聞誌・新聞史』展葉書

するようになり、分類整理された新聞史料は、いまや二万枚にも上る。

もとより当然のこととはいえ、展示事業は図録の出版を伴い、図録の出版は標本の整理と記載を前提とする。その自ずからなる帰結がアーカイブである。総合研究博物館では年間二万件のデータ蓄積を目標に掲げ、それを開館以来十四年にわたって続けてきた。そうした目標の達成は、教育と連動した展示プログラムなしには考え難い。事実、この展覧会においても、回収した二万点の新聞紙のなかから三千点ほどを選び、デジタルアーカイブ化し、高精細の画像を伴うデータベース構築が実現している。

多価的なモノとしての新聞「紙」に注目したこともあり、展示のなかに新聞紙を用いたインスタレーションを組み込むことになった。『時の柱』と命名されたものがそれである（図2・5）。一万枚の古い新聞紙を平らにして一枚一枚積み上げ、角柱状のガラスケースのなかに収めた。もちろん、いま古紙回収業者が集めるような、ただの古新聞の山ではない。利用可能な有用資源に限りがあると考えた戦前の日本人は、自分たちが「内地」と認識する地域の資源探査に熱を上げた。植物学者のフィールド調査もまた、その一環となった。そのシステマティックな学術調査のなかで、標本乾燥紙として用いられた新聞紙は、いまや歴史的遺産としての価値をもつ。地理的な分布域でいえば、北は樺太、西は満州から朝鮮半島全域、南はインドネシアまで、極東アジアから東南アジア一円に広がる。植物標本はそれらを乾燥させるため、現地で発行された新聞紙に挟まれるかたちで保存された。植物の収集保存は、同時に新聞の収集保存でもあったというわけである。結果として、蓄積された新聞は、それらに掲載された記事も含め、総体として他に例のない歴史的遺産となった。新聞紙一万枚の量と、それらに内包された歴史の重み。プロジェクト参加者は、新聞遺産を通して領土拡大にひた走った、戦前の日本の姿を体感したはずである。

図2・5 『時の柱』,『プロパガンダ 1904－1945――新聞紙・新聞誌・新聞史』展より

この「実験展示」は、ただ単に実物教育との連動という側面だけでなく、ある分野で廃棄されたモノを別の分野で役立てるという側面もあわせもっている。植物分野で不要物とされた紙を、人文歴史系分野の研究財に転用する。言葉を換えると、廃棄物の「博物資源化」という側面をもっている。展覧会が終わったあと、新聞研究を専らとする機関、新聞資料を蓄積している機関や博物館、さらには国立国会図書館など、国内各地の機関から、

図2・6　ケータリング・フードアート

回収された新聞紙を譲って欲しいという話が寄せられた。それはゴミが「博物資源化」されたことを証する端的な現象であった。

この展覧会での試みの一つに、ケータリング・フードアートがある（図2・6）。展覧会の内覧会などのさい、ケータリング・フードを依頼するのはいまや当たり前のこととなっているが、それを展覧会の中心テーマと連動させてみたらどうか、というわけである。展覧会はその企画の全体性が問われる。だとするなら、展覧会というイベントの構成要素の一つである内覧会も、その仕掛けの善し悪しが質せられねばならない。時代感覚との呼応性、テーマとの連動性、会場デザインとの通有性、そうしたものにまで神経を配りたいという話をプログラム参加者にしたところ、なかにフードと造形の関わりに興味をもつ調理師資格所持者がおり、ならば展覧会のテーマに適うケータリング・フードをつくろうということになった。お皿の代わりに使ったのは、グリーンガラスの板である。二枚の板ガラスのあいだに、プロパガンダ新聞をプリントしたフィルム・シートを挟み、それをお皿代わりに使って軽食を出した。その実験的な試みは、思いのほか好評を博し、女性雑誌をはじめとするメディアの取り上げるところとなった。フード担当の学生たちは、数人で会社を興し、いまや立派なプロとしてフードアートに取り組んでいる。「実験展示」から新しい実業が誕生した例の一つである。

事例（四）「アート&サイエンス」

「アート&サイエンス」をテーマとする連続企画の一つとして、「フォト&サイエンス」を謳った学術標本写真展もあった。二〇〇六年一一月に開催された特別展示『東京大学コレクション――写真家上田義彦のマニエリスム博物誌』がそれである。その展覧会は商業写真の第一人者とされる上田義彦氏との協働の場となった。図録とポスターは、「デザインのデザイン」の提唱者として知られる原研哉氏にお願いした。「サイエンス」の世界に、コマーシャル・フォト、グラフィック・デザイン、スペース・デザインの三者を近づけてみようと考えたのである。展示デザインの戦略は単純明快であった。構成をできるだけミニマルなものにする、すなわち、できるだけ要素を切り詰めた展示空間にするというもの。白と黒を基調とする会場構成で写真が際立つ。アイキャッチとなったのは、会場内の三カ所に置かれたビロード椅子のボルドーと、板ガラスの透過性のグリーンの二色であった。そうした色彩構成プログラムをあとに残すため、三百六十度のパノラマ写真で会場を記録した（図2・7）。この撮影技法による写真は、展示されているモノそのものでなく、展示デザインのアーカイブ化に適う。通常の写真より、会場での視覚体験に近いからである。これは展示デザインを評価し、社会化するさいの視点として、もっと活用されて然るべきなのではないか。

「フォト&サイエンス」に続いたのは「モード&サイエンス」である。二〇〇七年一二月に小石川分館で開催されたファッション・ショー『seeing』は、学生の担うパートが前者に較べ格段と大きなものとなった。服などつくった

図2・7　パノラマ写真による会場の記録

こともない学生たちに、そもそも服づくりとはいかなることかと語り始めてから、一年間でショーの実現にまでこぎ着けなければならない。もちろん、事は服づくりだけに限らなかった。モデルも、ヘアメイクも、音響も、演出も、大道具も、広報も、運営も、グラフィック資料づくりも、レセプションも、すべてこなさなくてはならなかったからである。学外からの人的資源はすべてボランティアで賄った。ヘアメイクとモデルは、専門学校の学生やインターンに依頼した。服づくりは多くがゼミ生たちであった。広報を担当した学生は、パンフレットやポスターの制作費を捻出するため、民間企業のオフィスに赴き、支援を依頼する役割もこなした。

ショーは三回のセッションからなり、来場者は四百人を超えた。モデル、ヘアメイク、制作など、バックヤードで働く者は百五十人に上った。わずか十分間のショーを実現するのに、それだけ多くの人びとが力を合わせたということ。来場したプロのデザイナーやバイヤーたちが、参加者の一人ひとりに激励の声をかける。そうした体験が、若い学生たちにとって、どれほど強い刺激になったことか。このプロジェクトはすでに四回を数え、現在もなお継続している。

ユニヴァーシティ・ミュージアムの展覧会に限らぬが、イベントの開催だけでなく、後々まで残るものをつくることもまた大切である。イベントを実行するとは、その会場をつくるだけに止まらない。ゼロから企画を始め、さまざまな段取りを経る。展覧会が閉場しても、イベントは終わらない。最後に報告書をまとめてはじめて、とはすなわち、展示図録と報告書が一本の線で結ばれてはじめてサイクルを閉じる。そうした教育プログラムを意識的につくっていかねばならない。

また、そのプロセスの各段階に、各自の活動域を確保してやることも大切である。たとえば、出版社志望の学生は、図録や報告書の編集業務に携わらせる。研究職の志望者には、作品や資料の調査をおこなわせ、小論や解説を書かせる。メディア関連の仕事を志す者は広報や渉外に当たらせる。デザインやグラフィックの道に関心のある者には、会場のデザイン構成や設営の手伝いを割り振る。参加者を一つのカリキュラムで縛ることをせず、彼らがおぼろげながら将来の進路と考えている職種に近い作業を揃えること。教育プログラムに多様な選択肢を用意すること、それもまた大切なのではないか。

5 モバイルミュージアム（MM: Mobilemuseum）

総合研究博物館は、巨大集中箱物型から分散圏域遊動型へという、ミュージアムの存在様態変換を図るべく、二〇〇六年秋に産学連携事業「モバイルミュージアム」を立ち上げ、それをいまも展開しつつある。このプロジェクトの眼目は、既存の概念・制度・建物のなかに自閉し、未来への展望をもち得ずにいるミュージアム事業に、内から外へ、集中備蓄からネットワーク遊動へ、施設建物から都市空間へという、より能動的で、より機動的で、より効率的な事業モデルのあり得ることを、社会に向かって提案することにある。

「モバイルミュージアム」とは、ミュージアム事業の一つのあり方を指し示す造語であり、携帯電話のように、あちこち自由に遊動する展示ユニットの意である。公開用展示コンテンツが縮体され、学校、住宅、企業、公共施設に、中長期にわたって貸し出される。それら、一般の通念から見て、ミュージアムと見なし難い日常的な空間に、「モバイルミュージアム」（ＭＭ）のロゴとともに仮設された展示ユニットは、周囲の空間をミュージアム空間に一変させる。それらの展示ユニットは一定の期間が過ぎると、他所に移設される。この流れをローテーション化する。すると「モバイルミュージアム」の遊動モードが、つねに現在進行形のかたちで維持されることになる。

展示ユニットのコンテンツは、与件（ＴＰＯ）に応じて、自由に組み替え可能である。そのため、既存の大型文化施設を使った催事のもち合わせぬ可動性、能動性、浸透性を有する。ばかりか、ミュージアム・コレクションを身近なものとすることで、感覚的美意識や学術的好奇心にも働きかける。結果として、日常空間は文化的な香りあるものに変容する。そうした狙いのものに実現される「モバイルミュージアム」は、既存のコレクションすなわち、ミュージアムの文化資本を流動化することで得られる付加価値を、幅広い社会層の享受できるものに変える。

この新規パイロット事業の眼目は、施設建物のなかへ自閉してきたこれまでの博物館事業に、内から外へ、ハコモノから生活空間へという新しい流れを生み出すこと、すなわち動態的な学芸事業モデルのプロトタイプを構築してみせることにある。縮体されたミュージアム・コレクションが、街中やオフィス空間に飛び出す。集中定住型から圏域遊動型へ、発想の転換を図ることで、ミュージアムの教育啓蒙活動域は飛躍的に拡大する。

そもそもミュージアムとは何かという問いに対し、大きなハコモノから小さなユニットへ、限定数の「動かぬ拠点」から無数の「移動する小核」へ、という大胆な発想転換を、ミュージアムの近未来は必要とする。周知の通り、日本国内では公立ミュージアムの整備事業がほぼ終わりかけているが、既存の大型ミュージアムをネットワーク・ハブとしたとき、それらのハブ施設を補完し、結節するための、軽便で知的な端末に相当するものがすでに必要とされている。「モバイルミュージアム」はその役割を担い得る文化的ツールなのである。

東京大学所蔵の学術標本のなかから展示価値の高いコレクションを精選し、企業のオフィス空間、都市の公共空間を使って、中長期にわたって展示をおこなう。オフィスビルの玄関口や企業の役員フロアには、装飾インテリアとして、絵画や彫刻の展示されることがあるが、「モバイルミュージアム」は、そうした常套的な手段とおよそ異なる発想に立っている。美術や工芸の、いわゆる「名品」と称するものの範疇に属さない、正真正銘の学術標本を日常空間に持ち込むからである。日常空間内に設置された自然誌標本や歴史文化財は、その空間をそれまでと違ったものに異化する。その触媒効果によってビジネスやショッピングの現場が、知的で文化的な香りのする空間へと一気に変容する。企業は社内に、都市は小広場に、ミュージアムの分室を有し、大学は大学で、企業内や公空間に収蔵展示型の展示スペースをもつことになる。「モバイルミュージアム」の実施にあたっては、当然のことながら、連携企業との相互理解が欠かせない。展示ユニットの開発、展示手法の研究など、大学と企業の緊密な協働関係を、プロジェクト期間中、つねに、しかも円満に、維持し続ける必要があるからである（図2・8）。

この産学連携事業は、そこに参加する博物館スタッフにとっても、さらには学生・院生・研究生・実習生・ボランティアにとっても、実践を伴う教育研究の最良の機会となる。そのため、連携企業は大学の教育研究を支援することで社会貢献をおこなうこととなり、社員が専門研究者や大学院生と交流をもつ機会も生まれる。そして事実、展示コンテンツの更新をおこなうたびに、大学から教員が連携先に赴き、社員に対しレクチャーをおこなう。あるいは展示物について、あるいは教育研究について、理解を深める努力をおこなうのである。これは企業などの関係者の、文化や学術に対する意識向上を図る上で、絶大なる効果をもつ。

「モバイルミュージアム」は、企業サイドから見ると、大学の豊富にして稀少な学術文化財を、定期的に入れ替え

図2・8　モバイルミュージアムとその設営風景（興和不動産赤坂インターシティーにて）

可能なプライベート・コレクションとして独占的に利用できる、というメリットがある。無味乾燥で、非文化的なものになりがちなオフィス空間に、学術研究の香り高い自然誌標本や、稀少な歴史文化財を抱き込む。そうすることによって、仕事や生活の場を、より知的で、より文化的な場に変えることができる。

何かにつけ社会的責任が問われる時代にあっては、大学も企業もつねに社会貢献に心を砕かねばならない。「モバイルミュージアム」事業は、大学にとってはストック資源の高度にして創造的なリサイクル活用の機会となり、企業にとっては事業経費を負担することで、学術研究と専門教育に対する支援をおこなうという意義がある。教育研究のメセナ役を担う企業は、ユニヴァーシティ・ミュージアムの分館を自社空間内に常在させる。コーポレート・ブランドの強化や、社会貢献のビジュアル化にそれらを役立てることができる。

実際の展開にあたっては、まず、パートナー企業のニーズに適う学術標本を選定する必要がある。企業内で仮設展示が可能な空間の特性を見極めたのち、基本的な展示デザインの設計に入る。そのさい、企業の関係者他、一般の人びとの出入りする公共空間であることを考慮し、免震構造など、安全設計には特段の注意を払わねばならない。また、展示物の盗難や破損や劣化のリスクに対し、保険に加入する必要が生じることもある。とくに展示物を受け入れる企業サイドから、そうした要望が出されるケースが多い。とはいえ、一般の美術品などと異なり、評価額を決め難いのが学術標本である。そのため、総合研究博物館の場合には、原則として保険システムを採用せず、受け入れ企業の自主性に委ねるようにしている。

「モバイルミュージアム」は、パートナー企業内の公共空間すなわち、ロビー空間やショールームなど公共性が高い空間に向いている。展示スペースには、必要に応じて情報端末や演出照明が配備され、一般社員や来訪者が気軽に立ち寄れる場となる。企業内の限定空間すなわち、役員フロアや社長室なども、「モバイルミュージアム」の展開の場になる。そうした場合には、観覧者が特定化されるため、ニーズに適った展示方法や展示物を別途検討することも考えられる。展示設計にあたっては、既存空間の特性を分析し、導入される展示コンテンツと展示デザインが、相乗的かつ美学的な効果をもたらすよう配慮する。なお、企業と関係する自社建物以外の空間、たとえば、企業が所有する貸しビル、企業が出展するイベント空間、社外の外部空間などで、「モバイルミュージアム」を展開する場合には、大学との産学連携プロジェクトであることを明示的に表すコーポレート・アイデンティティを付随させることが肝要であり、そのための統合的な展示戦略がいちだんと大きな比重をもつようになる。

いずれにせよ、パートナー企業の嗜好に適う展示デザインをおこなわねばならない。たとえば、学術的・教養的なコンテンツ提供を主眼とする、ある種のサイエンス・ミュージアム的な方向性もあり得る。それとは別に、学術標本のモノとしての美学的な特性を際立たせる、アート・ミュージアム的な戦略選択があってもよい。いずれであるにせよ、文字や図形による展示解説を前面に押し出す教育博物館的展示でなく、学術標本それ自体のフォルムや材質を効果的に引き出し、鑑賞者の身体的インタラクションに応じて必要な情報が追加提供されるような展示システムを採用すべきである。これらの方向性は必ずしも明確に峻別されるものではないが、パートナー企業の空間に新たな付加価値を創出するため、さまざまな可能性が探究されることになる。

6　複合教育プログラム

教育との連携については、初等・中等・高等学校教育への貢献を念頭に置いた「複合教育プログラム」もある。従来は、ミュージアムが学生を受け入れるにはどうしたらよいか、という視点での発想が大勢を占めていた。しかし、多くの資料を抱えているミュージアム、たとえば、総合研究博物館のように、収蔵庫はおろか、廊下にも標本の置場がないミュージアムの場合には、発想を逆転し、どのようにしたらミュージアムは学校教育施設へ入っていけるか、そのように考える必要もある。実際、現在の学校教育施設は学童数が激減し、教室の過剰現象に悩んでいる。そうした初等・中等・高等教育の施設に、大学の学術標本コレクションを持ち込めないか。

先述の通り、「博物館工学」は学術研究とデザインの統合を目指す。その試みの一つとして始めたのが「M3」プロジェクトである。これは「モバイルミュージアム」に、「モジュールユニット」と「ミドルヤード」の二つを加え、それら三つの頭文字「M」をとったものである。「モバイルミュージアム」の基本コンセプトは、ある場所から次の場所に、ユニット化された一つないし複数の展示コンテンツを次々に移動させていくというものであった。事業形態としては、ある種の入れ替えゲームに近い。これはコスト削減という、ミュージアムにとって喫緊の問題を解決する方法の一つとなる。もちろん、エネルギーや資材の負荷を低減させることにもなり、また展示の陳腐化も避けられる。要はシステム化を実現すること、それによって問題解決を図ろうという発想である。

また、時と場所を選ばない、一定の形態に縛られないという長所もある。与件（TPO）に応じて、可変的だからである。「モバイルミュージアム」をさらに小単元化すると、「モジュールユニット」になる。小さな展示ユニットで入れ替えゲームをおこなう。すると、毎回違ったコンテンツを提供することができ、多様性と一貫性、連鎖性と娯楽性を生み出すことができる。総合研究博物館では二〇〇八年に『ミュージアム・アラカルト』展のタイトルで、「モジュールユニット」の組み合わせからなる常設展が開催された。ストックされた組み立てキットを集めるだけですむため、経費がかからず、時間も少なくてすむ。これは博物館が、限られた予算枠内で常設を維持していく方策の一つである。

図2・9 オープンラボ

次は「ミドルヤード」である。これまでのミュージアム施設は、その公開性の有無に応じて、フロントヤードとバックヤードに大別されるのがふつうであった。ならば、その中間ゾーンに「ミドルヤード」を加えてみたらどうか。研究機能とワークショップ機能をあわせもつスペース概念で、それをどう生かすかという試みである。現在、総合研究博物館が進めているマクロ先端研究オープンラボ構想は、大学で推進されている高度な専門研究の現場と、それを基盤として支える学術標本の収蔵スペースに、専門研究者や学生・院生だけでなく、初等・中等・高等学校の生徒を誘い、複合教育プログラムを実践しようとする企てである。

二〇〇八年七月に開催された企画展示『UMUTオープンラボ――建築模型の博物都市』も、新しいミュージアム事業モデルを提唱しようとする、意義深い実験展示であった(図2・9)。展示予算なしという最悪の条件が課せられたため、学生の力を十全に活用することになった。建築を専攻する学内外の学生・院生たちに、世界の有名建築のマケットをつくらせ、それを展示するというプログラムである。準備に半年近くを費やしたが、当初用意できたマケットは百台にも満たないものであった。しかし、展示が始まってからも、会場の一角に「オープンラボ」が設えられ、そこに用意された作業台で制作作業が続けられた。会期終了時には百五十台ほどのマケットが仕上がり、それらで会場が埋め尽くされることになった。これは、展示をおこないつつコレクションの充実を図る、一石二鳥の試みとなった。

展覧会の会期中、学生たちが作業している「オープンラボ」に、土日を利用して親子連れの一般客が来場する。子供たちもマケットづくりに参加する。もちろん、子供たちのつくったマケットをそのまま展示したわけではない。とはいえ、一緒につくろうとの呼びかけは訴求力があった。大学生と子どもが、展示会場に設えられた「オープンラボ」で一緒に作業をする。そうした形式のワークショップを、われわれは「複合教育プログラム」と呼んでいる。教える側と教わる側が、役割の入れ替えゲームを演じることになるからである。「博物館工学」の展示プログラムに参加した者を被験者とするアンケートによると、子供に教えることで、大学生には学ぶことが多々あるという。小学校教員に大学院生が専門知識を伝えようとする。すると、学校の先生方が、そんな言い方じゃわからないでしょう、もっと簡単に言わないと、と応える。そのとき初めて大学院生は自分の使う用語が、いかに専門的で特殊なものか悟らされる。そうしたかたちで、教える側と教わる側の立場が入れ替わる。この入れ替えゲームの参加は、学童から小学校教員、大学生・院生、研究者、大学教員、ボランティア、一般社会人まで幅広い。「オープンラボ」は、年齢、履歴、スキル、専門の隔てを超えて、知識や技術がやり取りされる場である。それこそ、われわれが「複合教育プログラム」という言葉を使うゆえんなのである。ミュージアムは、そうした場を用意することができる。

7 「インターメディアテク」(IMT: Intermediatheque)

「複合教育プログラム」の本格的な実践の場として想定されているのが、二〇一二年秋、東京丸の内の旧東京中央郵便局舎の改修建物内に開館の予定されている「インターメディアテク」である。総合研究博物館と日本郵政グループの連携の基に運営される「インターメディアテク」の名称を、あえて日本語にするなら間メディア館とでもいうべきか。そのことから自ずと明らかな通り、建設途上にある新文化活動拠点は、各種表現メディアの先駆的・創発的な融合の場であり、そうした試みを続けるなかでミュージアム事業枠の拡大を目指す。ばかりか、その一義的な使命と別に、「統合的ミューゼオグラフィー」なる新たな表現コンセプトを、二十一世紀の総合的文化事業の可能なるあり方として例証してみせることもまた、その使命の一つに掲げている。ミュージアムを標榜しない実験的なミュージアムすなわち、施設建物を単なる保存、列品、公開の場としてでなく、各種メディアと教育プログラムの融合を促す、表現、創造、発信の場に転換しようとする企図の点で、この統合的文化創造実験館は、既存のミュージアムと一線を画する。

これまで、博物館、美術館、文書館、資料館など、広義の意味でミュージアムと見なされる公共的文化施設は、歴史や自然、芸術、科学、技術など、専門分野や個別領域で縦割りに分別されてきた。それら専門個別に特化された存在様態は、学術研究や展示活動など、施設の管理運営や人員の組織整備の面で、なるほど効率的ではあった。しかし、企画の構想や展示の手法が個々の領域内に自閉する傾向が強く、ミュージアム概念それ自体を陳腐化させる要因にもなっていた。「インターメディアテク」が従来のミュージアムと一線を画するゆえんは、常設展・企画展の実現、コレクションの収集・研究、鑑賞機会の提供を、学芸事業の究極的な到達目標とするのでなく、常設展や企画展の会場、あるいはコレクションの収蔵展示の空間を、多様な表現メディアが出合いを演じる舞台（プラットフォーム）ないし背景（ランドスケープ）として、そこでいったいどのような文化創造、文化発信、文化融合、文化統合が実現できるのかを問うための場として構想されているからである。

「インターメディアテク」は、多種多様な創造分野と教育プログラムを横断的に結び、さまざまな実験をくり返し試みることで、従前にない成果を獲得しようとする。「アート&サイエンス」を結ぶ、視覚的・造形的要素のデザインという切り口から、一般のミュージアムのおこない難い活動と取り組み、未開拓・未着手の文化分野に新たな道筋をつけるのが狙いである。「インターメディアテク」は、現行の国内法が歴史的な文化財を扱うと定めている博物館、あるいは美術に関する資料を扱うと定めている美術館の、いずれでもあり、またいずれでもない。そうした特異な位格を有する、いうならば「第三種」に属する社会教育施設概念を確立することによって、欧米先進国で緒から当然のこととされてきた、博物館・美術館間のコレクションの流動と、企画、運営、組織の相互乗り入れを促し、国内のミュージアム界の活性化に寄与すべく構想されている。

この新施設における「複合教育プログラム」については、いまだ詳細を公表する段階に至っていないが、大学における教育研究とミュージアムの社会教育を同時融合的に運営しようとするものであり、その実施にあたっては、それぞれに専門分野を有する大学教員に加え、音楽、映画、演劇、デザイン、服飾、舞踏、ダンス、建築など、国内外の専門家の参加が予定されている。

8　統合的スキルの育成のために

ユニヴァーシティ・ミュージアムの業務は多岐にわたる。しかし、そのつど、周囲に学生・院生の存在があるという点は不変である。彼らは現場で作業に参加すると同時に、事の進行を眼で追っている。見ること、あるいは見せること、さらには実習させることで知識や技術を伝える、そこにユニヴァーシティ・ミュージアムならではの教育がある。理論や技術を、文字を通して机上で、あるいは言葉を解して壇上から伝えることだけが能ではない。たしかに、ミュージアムの実践し得る教育は、学部や研究科のそれと異なる。しかし、学生たちが実社会に出て遭遇することのなかには、机上の学習を続けているだけでは対処しきれない事柄が少なくない。学芸員育成との関わりでいえば、教育研究プログラムの枠内において、統合的スキル育成を図れるのは、ユニヴァーシティ・ミュージアムをおいて他にないのではないかと考える。

第3章　文書館と史資料の活用

——運営者の視点と利用者の視点から

横山伊徳・吉見俊哉

文書館とは何か。これに答えることは簡単ではない。そもそも文書館なのか公文書館なのか、モンジョ館なのかブンショ館なのかという、一見大差ないように見えて実は根本的な問題から始まって、現在では文書のデジタル化という技術革新をふまえ、そのあり方自体もかなり変化してきている[1]。今日、広い意味での文書館の役割は拡大し続けており、公文書・私文書あるいは経営資料・研究資料から始まってさまざまな歴史資料までのアーカイブ化の必要性が急速に認識されてきている。こうした複雑で機能変化の激しい社会施設である文書館（アーカイブズ）に対して、ここでその全体を正面から論じていくことはできない。それは筆者らが必ずしもこの分野の専門家ではないことから由来する当然の限界でもある。しかしその一方で、大学におけるＭＬＡ連携研究の可能性を探る本書の企図に即せば、議論の焦点を大学文書館のあり方と史資料の活用システムに絞って論じることには発見的な価値があろうと判断する。以下では、前半の大学文書館に関する部分（1〜3節）の執筆を吉見が、後半の史資料の活用システムに関する部分（4〜6節）の執筆を横山が担当した。(2) 両人の文体には多少の違いがあるが、本書における基本的な方向は一致している。読者は本章を、本書の序章をはじめ、図書館や博物館についての他の章の論述と結びつけて理解してもらいたい。

日本の文書館の中枢を担う国立公文書館館長の高山正也は、「文書主義に基づく業務の執行が求められる公的機関としての国や自治体は言うまでも無く、私的な営利機関や学術研究機関を含め、組織や組織を構成する個人の経験を歴史や文化としての知識に変換し、利用することが、その組織の在り方や意思決定の質を高めてゆくために必要不可欠」との認識から、「組織がその情報や知識の蓄積を組織の記憶として保持する必要がある」と述べ、この「組織の知識」への変換と活用を可能にする仕組みが文書館＝アーカイビングなのだと論じている。(3) 文書館とは、組織が自らの経験を「知識化」し、未来に向けて生かしていくための認識の基盤であり、それは同時にアメリカの国立公文書館や大統領図書館の例が示すように、その組織や国家、政府が時々の状況でした意思決定が、はたして正当なものであったのかが歴史のなかで検証される、民主主義のきわめて有力な監視装置（歴史からの監視）の一つなのである。

これに関連して、二〇〇八年八月のアメリカ・アーキビスト協会ＳＡＡ（Society of American Archivists）の年次総会で米国国立公文書館館長アレン・ワインスタインの、次のような発言を引用しておきたい。「国立公文書館は、連邦政府の機関であり、その主目的は政府記録を公衆に利用できるようにする（make available to the public）ことにより、アメリカの民主主義をささえることである」。(4) こうした考え方に基づけば、文書館は社会システム的には記録を社会において利用できる形にする施設と考えられ、「公衆」（利用者）(5) と文書館との関係性というアプローチは、文書館を考える上で重要な視座を与えるものと考えられる。

歴史的にさかのぼるならば、近代日本におけるこうした意味での文書館の歴史はきわめて乏しいといわねばならない。文書記録の管理制度自体は、明治初年、太政官に文書行政を掌る「記録掛」が置かれたところから始まり、これは一八七一年に「記録局」となり、やがて八五年以降、内閣記録局となった。しかし、昭和初期、社会全体が総力戦体制へと再編されていくなかで、「記録局」は「記録課」へ、そして「記録」という言葉自体が消えて内閣官房総務課の機能の一つに吸収されていく。戦後、アメリカのモデルが導入されるなかで国立国会図書館が議会図書館に対応するものとして設立されたが、国立公文書館の設立には至らなかった。一九五九年、日本学術会議は、岸信介首相に公文書散逸防止についての勧告をしているが、日米安保条約の改定で頭がいっぱいだった岸からすれば、公文書の保存など眼中になかったのだろう。ひょっとすると、戦時体制の中核を担い、A級戦犯でもあった岸からすれば、公文書保存は自分にとって望ましくない制度と映ったかもしれない。いずれにせよ、日本で多くの関係者の努力により国立公文書館が設立されたのは、ようやく一九七一年のことである。

しかし現在、この国立公文書館をはじめとして各地における文書館のもつトータルな役割は、拡大の一途をたどっている。そこでは、史資料、それを扱うアーキビスト（あるいはその組織としての文書館）、そしてその利用者という三者の関係を前提として、さまざまな議論が組み立てられる必要があると考えられる。

1　収集・選別とそのガイドライン

文書館をその活動の諸局面に分けるなら、（1）収集（collection）と選別（selection）、（2）保存（preservation）

と整理（arrangement）、（3）公開（accessibility）と活用（reuse）、という三つの段階に大きく区別できる。まず、収集と選別の局面では、その文書館がどのような記録・資料のアーカイブであるのかが明確になっていなくてはならず、またそのことが広く社会的に周知されていなければならない。たとえば、大学文書館の場合、基本的に保存の対象は、①その大学の管理・運営に関わる保存期限切れの非現用文書、つまり各種の学内機関での決定に関する行政的な文書や運営の過程で残された資料、②学内の主要な刊行物や印刷ないしは複製された資料、③学内の主だった研究室などで実施されたプロジェクトの成果やその副産物として残された貴重資料、あるいはその大学を代表する歴代教員の関連資料、④大学内の非公的機関が発行した大学の歴史と深く関わる諸資料、の四つであろう。

第一の、組織の非現用文書の保存は、大学文書館に限らず、およそ公的機関の文書館が共通に備えていなければならない根本で、これについては二〇一一年春に施行されたばかりの公文書管理法に細かい規定がある。この法律は、もともと二〇〇七年に年金記録のずさんな管理が大きな社会問題となり、これを受けて当時の福田康夫首相が「行政文書の管理のあり方を基本から見直し、法制化を検討するとともに、国立公文書館制度の拡充を含め、公文書の保存に向けた体制を整備する」ことを宣言したことに由来している。以来、一連の政策決定過程を経て、二〇〇九年六月に国会で可決され、法律が成立した。これによって、適切な記録を残さないまま文書を倉庫に放置したり、指定された文書保存期間内なのに誤って文書を廃棄したりといった、これまで日本の行政組織で時に存在していた不適切な文書管理は徐々に解消されていくであろう。いま、大学で問われているのは、このような社会全体の動向のなかで、大学文書館をいかに整備し、新しい法的状況に対応できる機関に整備し直していくかという点である。

第二の、学内の主要刊行物や印刷された資料は、ある面では図書館機能と重なるものである。しかし、大学において出されたパンフレットや調査報告、会議の成果刊行物などのなかには、狭義の「図書」の概念には含まれないが、大学の組織的活動の記録としては貴重なものが多い。この点で、第四に挙げた大学内の非公的機関が発行した資料も同様で、同窓会や協同組合、学生組織、大学新聞などの発行物がこれに相当するであろう。これらの資料は、大学の活動をやや外からの目線で記録したものであり、公的な行政文書が示す歴史を相対化する可能性を有す。たとえば一九六八年から六九年の大学紛争は戦後の大学史にとって重要な事件であったが、この出来事を記録するには公的な資料だけではまったく不十分である。全共闘や各種の学生セクトによって出されたビラや声明、さまざまな周辺組織で残された記録が貴重である。大学文書館は、こうした大学を根底からゆるがした事件や出来事についての多面的な記録資料を保存し、アーカイブ化していくべきである。

第三の、学内の研究者の個人資料やスペシャルコレクションをどこまで文書館が扱うべきかは、大学により考え方の分かれるところだろう。狭義の公文書保存の観点からは、文書館が扱う対象は非現用の行政文書で、広げてもせいぜい組織運営に関連した刊行物までとの考え方も成り立つ。また、個人コレクションを扱うのは、文書館というよりも博物館の仕事だともいえる。しかしながら、大学の活動において「研究」や「教育」と「運営」は深く関わっており、個人資料や研究上のコレクションを一律に排除して非現用文書だけに限定したのでは、文書館は大学らしさを失った味気ない代物となろう。大学という組織の最大の特徴が、「研究」「教育」「運営」の三つの次元の緊密な結びつきにある以上、文書館の軸はあくまで「運営」次元の組織的な記録に置くとしても、研究者個人に関わる卓越したコレクションを視野に収めているべきであるように思う。

このような大学文書館の両義性は、その活動が大学の年史編纂と不可分に結びついているというもう一つの事情からさらに強められてもいる。もちろん、これはある程度、文書館全般に共有されており、国立公文書館の場合は、その国の歴史編纂の基盤を担うわけだし、各自治体の公文書館は、その地域の歴史編纂の基盤をなしている。大学文書館の場合も、この点では同じともいえるのだが、大学の歴史はある程度までそこで営まれてきた研究や教育の歴史でもあることが注意を要する点である。ここでは組織の歴史が学問の歴史と密接に結びついているのであり、大学の年史編纂は、本来、学問総体、つまり近代以降における知の歴史全体を展望する射程をもって初めてなすことができるものである。このようなわけだから、大学文書館は、大学が本質的に内包する二つの次元、すなわち「組織としての大学」と「研究・教育としての大学」を結びつけるような記録が重要となる。典型的には、たとえば歴代の学長や副学長、一時代を画したような大物教授のオーラルヒストリーを集めていく作業や、大学の研究教育コンテンツを長期的に蓄積していく作業がここに含まれよう。

以上の検討から、この収集・選別の段階で、収集の対象とその重要度、各カテゴリーについて保存するものと廃棄するものの境界線を明示したガイドラインがどうしても必要なことが明白となる。実際、どんな規模の大学でも、非現用文書の総量は莫大であり、保存期間が過ぎたすべての文書を半永久的に保存していくことなどできない。だから、どの文書を残し、何を捨てるのかが明確なガイドラインに基づいてなされなければならず、廃棄したものについては、何を廃棄したのかの記録が必須である。こうした作業を円滑に進めるには、これら一連の手続きを定めたガイドラインが必要であり、ガイドラインは大学全体の規模で共有され、遵守されるものでなければならない。それには煩雑さは禁物で、単純明快で周到なものでなければならない。ガイドラインが明快で周到なものになるためには、その組織の活動において、何が基軸的であり、どのような文書や資料を保存していくことが適正なのかの基本的な考え方についての合意が必要である。それには、資料の重要性、稀少性、利用可能性などいくつかの基準を明確にしていく必要があろう。そして、このような合意に基づいて構築されたガイドラインに基づいて、大学内の関係諸組織で、その構成員の記録管理についての意識を高める取り組みも必要となってくる。

2　保存・整理から公開・活用へ

文書館で資料が収集され、一定のガイドラインに従って受け入れると、次の保存・整理の局面では、これらの資料をできる限り長期的に保存する環境の整備が問題となる。資料には、紙媒体の文書から紙焼き写真、ネガフィルム、磁気テープなどまでさまざまな形態があり得るので一概にはいえないが、いずれにせよ、温湿度管理と脱酸処理、中性紙箱などでの保管が決定的に重要であるのはいうまでもない。資料保存の大敵は腐蝕と害虫であり、これらを蔓延させないためには湿度と温度の徹底した管理が必要である。強い酸性・アルカリ性が保存の大敵であることも周知の通りだ。さらに、いくつかの専門的な補修・修復に関する手続きや技術があるが、これについてここで十分な議論をすることができない。東京大学経済学部図書館でアジア近現代資料の保存・補修に取り組んだ小島浩之によれば、補修・修復には、①原形保存の原則（資料の元の形を維持すること）、②安全性の原則（資料が破壊されることなく、長期的に安定する材料を用いること）、③可逆性の原則（可逆的な方法・材料を用いること）、④記録の原則（施した処置を後世に見直すことができるようにすること）の四つの原則があるという。[(6)] 小島は基本的には図書館資料について論じているのだが、彼の議論はほぼそのまま文書館資料の保存にも有効であろう。

小島によれば、国際的に見て「保存＝プリザベーション」という概念には、こうして整った環境のなかで資料を保管するというだけでなく、そのような保管を可能にする職員の専門的教育や政策的配慮、財政面での基盤の充実も含まれるようである。つまり、「保存」は資料が文字通り保存書庫に置かれることだけでなく、組織的保存行為全体を指すという。そうだとするならば、「保存」には、資料の分類や目録作成、資料の現状についての調査、デジタル化やデータの構造化といった、ここでは「整理」と呼んでいるプロセスが含まれていることになる。実際、文書館が膨大な資料を保存管理していく上で欠かすことができないのが、受け入れた資料全体についての保存状態の調査である。そのためにはまず、資料全体が分類され、その数量や形態が全体的に把握されなければならないし、基本的な目録も作成されなければならない。その上で、あるいはそれと並行して、個々の資料の状態、つまりどの程度劣化が進んでいるのか、どのような材質の資料なのか、保存状態を向上させるにはどのような処理が必要なのかなどが調査されていく必要がある。劣化をどのように判定するか、また脱酸処理を含め、資料の補修や修復にどんな技術が用いられるかについての考察は筆者の力量を超える。文書館の運営という観点からするならば、この保存状態の調査と補修・修復の作業は、文書館の構成員と外部の専門業者が共同で進めるべきものである。

いずれにせよ、収蔵資料がこうして分類・目録化されると同時にその保存状態の調査がなされると、オリジナル資料の保存とそのデジタルデータの公開・活用を並行的に展開していく基礎が整う。そこで、資料は高精細のデジタルカメラで撮影され、メタデータが付与されてアーカイブ化されることになる。実際、歴史的な文書や資料、遺産の保存という観点から考えたとき、デジタル化がもたらした最大のインパクトは、現物資料の密室的な環境での長期保存と、そのデジタルデータの広範な社会的活用を同時並行で実現することを可能にした点にある。このことにより、現物資料に負担をかけずに文書館に集積された資料のコンテンツ総体に対する広範なアクセスに道が開かれたのである。もちろん、未解決の問題もまだ残っている。たとえば、文書、写真、動画、音声、モノ資料といったさまざまに異なる形態の資料に対し、どのように統合的なアーカイブ化の仕組みを構築するのか、あるいは、それぞれ異なるフォーマットで構築されたアーカイブを横断的に結びつけて全体を横断するメタアーカイブを構築していくには何をなすべきなのか。他方、デジタルカメラで撮影された膨大な文書資料からテキストデータを抽出するには、ＯＣＲによる読み取りの精度を大幅に上げる必要があるが、漢字、平仮名、片仮名、アルファベットが混在する複雑な日本語のテキストを、どうすればコンピュータが正確に読めるようになるのか。さらには、データのなかの画像や映像と諸々のテキストデータをどう構造的に結びつけていけるのか、等々の課題である。

このような技術的な諸課題を解決したところで、文書館の課題となってくるのは、開かれた技術的可能性を、どのような制度的仕組みによって有用なものにしていくのかであろう。それにはまず、「公開」の局面で、公開基準や公開の手続きが策定されていかなければならない。同時に公開に関する権利処理が必要となり、フローチャート化された手続きの仕組みが必要となろう。すでに国立公文書館のデジタルアーカイブやアジア歴史資料センターなどでは、ウェブ上の閲覧についてかなり積極的な取り組みがなされてきており、この流れは各地に広がりつつある。これに大学文書館がどの程度まで対応できるかが問題なのだが、最終的には、できるだけ多くの大学史関連の資料がウェブから利用できるようになるべきである。そうすれば、大学間の連携も容易になり、諸大学全体の文書や歴史的資料がネットのなかで結びあい、新たな知が生み出されていく基盤的なシステムが形成されていく。このような方向を、われわれはここで、大学間のアーカイブズ連携を通じた「知のリサイクル」と呼んでおきたい。

今日、グーグルなどのグローバル企業によってあらゆる形態のコンテンツが市場に組み込まれていくなかで、文書館が扱うような記録資料と図書館が扱う出版物、博物館に収蔵される文化遺産の境界線が溶解し始めている。学術書や各種文化資料、ドキュメンタリーなどの記録映像、写真、脚本、楽譜等々から大学のような学術組織が日々生み出している基礎的な資料まで、知的に貴重でも必ずしも商業的利益にはつながらないメディア資料の保存と活用についての公共的枠組はいかにあるべきなのかが問われている。この課題に応えていく際のキーワードは、「文化のサステナビリティ」という考え方である。今日の情報技術は、過去の多様な資料のコンテンツをデジタル形式で統合し、そのコンテンツ構造を可視化し、再利用可能なものにしている。つまり、デジタル技術が開いた技術的可能性のなかで、文化は大きくフロー型からストック型へ、さらに創造的なリサイクル型へと大きく転回しつつある。さまざまな異なる媒体形式のメディア文化財を十全な環境で保存しつつ、デジタル化を通じてその中身をリサイクルし、横断的に活用していくことができる。実際、「リサイクル」という環境系の用語が借用されるのは、われわれの社会全体が、成長型から成熟型へと質的に変化しており、そうしたなかでは、単に物質やエネルギーの循環だけでなく、文化的な創造と享受、循環についての長期的に持続可能な仕組みが構想されなければならないという認識からである。

3　知識創成の基盤としての文書館

さて、大学文書館に話を戻すならば、収集・選別され、保存・整理された資料は、最終的には大学の教育と研究、運営の仕組みのなかで生かされていくものにならなければならない。大学文書館がこれらの役割を果たしていく具体的な方向としてまず挙げられるのは、①年史編纂、②自校史教育、③アーキビスト教育のフィールドワーク、④事務組織における経験知の継承と専門職化の知識基盤、⑤広報活動および社会連携への活用の五つである。

第一の年史編纂は、多くの大学文書館が、もともとその大学の年史編纂事業の副産物として設置された経緯からして当然の活用法の一つである。国立大学における文書館の嚆矢は一九六三年、東北大学に設置された記念資料室であったが、これは同大学の五十年史の編纂に際して収集した資料の保存と活用を目的としたものであった。続いて一九八〇年代から九〇年代にかけては、東京大学史史料室、九州大学史史料室、名古屋大学史史料室などの設置が続くが、東京大学のそれは百年史編纂、九州大学のそれは七十五年史編纂、名古屋大学のそれは五十年史編纂を通じて設置されていくことになったものである。このような経緯は、多くの企業や自治体の文書館組織と同様のものと思われるが、当然ながら、一度文書館が設置された以上は、年史編纂が一度限りの大事業となるのではなく、むしろ継続的に大学の歴史が編集され、公開されていくサステナブルな仕組みが構築されていくべきである。残念ながら、いくつかの史料室では、年史編纂において収集された資料の保管庫以上の役割を果たしてこなかったケースもあり、大学文書館と年史編纂の関係は、前述した文化のサステナビリティの考え方に基づいて再検討されなければならない。

第二に、「活用」面で大学文書館が担っていくべき重要な役割に、自校史教育がある。九州大学史料室では一九九七年からこれがすでに実施されており、全学共通教育科目のなかで「九州大学の歴史」という授業を実施しているという。ただし、注意しなければならないのは、大学で自校史教育が必要なのは、必ずしも学生たちに自分が所属する大学への「愛校心」や「○○大生」としてのアイデンティティをもたせるためではないことだ。そうではなくて、自分たちが学んでいる大学という場所がどのような歴史的背景をもち、どのような困難や課題を抱えながら営まれている空間であるのかを批判的に自覚する、そのような機会が今日の大学生には必要だからである。そうした回路が存在しないと、学生たちは単なる教育サービスの受益者・消費者として自分たちを位置づけてしまいかねないし、大学を単なる就職のための中間的パスとしてしか見なさなくなるかもしれない。文書館に収蔵された豊富な資料を基礎とした自校史教育を通じ、学生一人ひとりが、自分が学んでいる大学という場所がどのような場所であり、そこが抱える諸課題を解決するには何が必要なのかを教師たちと一緒に考える知的主体になっていかなければならない。

第三に、文書館をアーキビスト養成のための実践的学習の場として活用することも重要である。冒頭でも触れたように、今日、デジタル化と公文書管理法などの法的整備、大学院重点化に伴う高学歴人材の供給過剰、そして何よりもＭＬＡ連携の加速といった諸々の動きのなかで、アーキビストの専門教育システムを日本でも確立することは、緊要な社会的課題となっている。これについては本書の他章でも論じているが、ここで強調しておきたいのは、大学文書館が、まさにそうしたアーキビスト教育にとっての格好の「実験的フィールド」となり得ることである。大学文書館は、国立公文書館などに比べればずっと規模も小さく、専門分化の度合いも低い。この特徴を逆に利用し、アーキビスト教育を受ける大学院レベルの学生たちが、大学文書館をフィールドに、資料の収集・選別から保存・補修・修復までの作業、そしてデジタル化やデータベース構築、デジタルデータを利用した新しい知識基盤の構築までを、それぞれの集団的個性を生かしながら専門家の講師の指導により統合的に学んでいくことができる。そのためにはそれぞれの大学において、MLA連携型の、つまり図書館学と博物館学、アーカイブ学、情報工学などの諸学を横断的に連携させていく副専攻的な教育プログラムが発達していくことが必要となろう。

第四に、文書館は、大学運営の実務においても経験知の継承と専門職養成の基盤として有用である。一般に、日本の組織の活力は、それぞれの部課の長の個人的な能力や経験知に依存する度合いが非常に高い。セクションを統括する管理職が有能ならば組織運営は円滑に進むが、これがそうでないと、停滞するか現場の職員が苦労をする。近年では、多くの大学が一定年限で職員の異動をさせているから、問題が長期化するケースは減っているだろうが、逆にいえば、経験を通じて蓄積された有用な知も、メンバーが代わってしまえば次世代には継承されにくい。実際、多くの場合、構成員が在職中に培った経験知は、後任への口伝えの「引き継ぎ」で連続性を保っているだけなのである。しかし、冒頭でも引用したように、個人の経験に過度に依存する継承のシステムを是正し、「組織や組織を構成する個人の経験を歴史や文化としての知識に変換し、利用することが、その組織のあり方や意思決定の質を高めてゆくために必要不可欠」である。そのためには、大学においても、個人的な経験知を組織の記録化された知に変換していくこと、またそれを大学組織全体で横断的に利用できるようにしていくことが決定的に重要なのだ。

最後に、社会連携や広報における大学文書館の活用も、大学の公共性を社会に広く理解してもらう上で欠かせぬ点である。大学の教育研究は社会のなかでの公共性を強く主張し、その点での広い支持を得ていくのでなくては成り立たない。だからこそ、多くの大学が受験生獲得や卒業生の雇用確保という実利的な目的だけでない社会連携活動や広報を展開しているのだが、大学の公共性を社会に訴えていく上で、その大学の歴史ほど強力な資源はないのである。実際、現時点での大学に強い関心をもつのは在校生や受験生、その父母に限られるかもしれないが、過去の歴史のなかで大学が歩んできた歴史は、各世代の卒業生の思い出と深く結びついている。そして、いくつかの歴史的な出来事、たとえば学徒動員や新制大学の誕生、大学紛争などは、卒業生のみならず社会の広い層の関心事である。その大学の歴代教授に日本の学問を形づくってきたような大学者がいる場合、その個人の大学での活動が、大学についてのより深い理解を広めていく一助ともなる。大学がその内部資料を可能な限り広く公開していくことは、大学という場が閉じられたものではなく、社会の公共性に向けて広く開かれたものであることをわかりやすく示すだろう。文書館における資料の公開・活用にあたっては、記録の公開性と知の世代を越えた共有こそが民主主義と大学をつなぐのだという認識を確立していかなければならない。

4　史資料の検索とアクセスをめぐって

このようなわけだから、文書館とその利用者の関係は、文書館にとっての根本である。網羅的・系統的な調査と研究を通じて史料集を編集している東京大学史料編纂所は、その史料調査先を年次的に公表しているが、その一九六〇年代と九〇年代とを比較してみると、調査先の顕著な増大とともに、博物館・図書館・文書館などのいわゆる史資料保存を一つの目的とする機関に保存されている史料へのアクセスの比率が高まっていることが指摘できる。こうした傾向は、歴史学研究一般に通ずるものであると考えられる。本章の以下に論じられる、文書館と利用者の関係性についての議論は、まさにこの点の確認から始まろう。歴史学研究が、さらには人びとの過去の出来事に対する関心が再生産される過程において、文書館（所蔵機関）の占める位置は大きい。では、利用者と文書館とその所蔵史料（文書、記録、資料などいろいろな呼称があり得るが、当面史資料としておく）とはどのように結ばれるのか。それを利用者の史資料へのアクセスと言い換えれば、それを実現する検索という機能が重要であることはいうまでもない。

史資料をどう整理し、検索手段 finding-aids（目録）を作成するか、という問題は、文書館の基本に関わると同時に、その史資料による実証を伴う科学にとっても本質的な問題である。安藤正人の整理(7)に拠れば、史資料についてどのような目録を作成すべきかについて、二通りの伝統があった。歴史的手稿の手法 Historical Manuscript Tradition と公的史資料の手法 Public Archives Tradition である。この両者の違いを、たとえば検索カードという場面で考えてみると、前者は、一点の文書からその文書に書かれた多くの情報を抽出し、それを一枚のカードに記入し、そのカードを編年順、主題順、文書名順などで配列したものから検索する。これに対して、後者は、もちろん一点の文書のもつ内容情報を無視するわけではないが、カード配列にあたっては、その文書が物理的にどのような全体的な秩序の中に存在するのか、という情報に従っておこなうということになる。歴史的には文書整理と目録化の方法としてまず前者の方法があり、これを批判する形で一九世紀から後者の方法が唱えられ、体系化が進んだという。

こうした二様の検索は、ある意味では、史資料のあり処とそれへの接近においても同様に考えることができる。現実には、すでに所蔵機関から発行されていた目録類を総合して作成された『国書総目録』があり、これをデータベース化しさらに増強した『日本古典籍総合目録』ともあわせて、史資料そのものの存在を検索した結果からその所蔵機関を探し出し、現物に辿り着くという、書誌から機関へ上昇するパターンがある。大学図書館における WebCat

と類似の検索手法である。[8] 史資料と「国書」は別の概念で、国書にふさわしい検索手法かどうか、という筋も成り立とうが、ここでは、まず部分を検索しその後全体を認識する、というプロセスに注目しておきたい。もちろん、このためには、部分が検索可能なかたちで全体に統合されていることが必要で、この点で、次に述べる機関ディレクトリーとは発想が異なっている。

他方は機関から史料へ下降するパターンである。これらの機関ディレクトリーとしては、地方史研究協議会『歴史資料保存機関総覧（増補改訂）』（一九九〇年）や国立史料館『近世・近代史料目録総覧』（一九九二年）[9] などがある。通常はこれらにより、その機関が作成する『史料目録』・『郷土文献目録』などの検索手段（一点一点の史料のロケーションを示す）を知り、そこからその書誌に辿り着く。「全体から部分へ」という指向においては、図書の十進分類に近い。この方法は、機関が所蔵する史資料についてどの程度検索手段を用意しているか、ということが、実際の史資料の所在を指し示す検索システムとして有効であるかどうか、を決めることとなる。ちなみに、国会図書館が二〇〇八年三月にまとめた『地域資料に関する調査研究』[10]（図書館調査レポート九号）によれば、この調査に回答した公立図書館四百九十館のうち、古文書・古記録を所蔵する図書館が百六十六館であり、抽出数から逆算すると、二百五十を超える公立図書館が古文書・古記録を所蔵すると推計されている。ただ、それらが整理ずみであるかどうかの割合は、設立の古い図書館で三十八・七％、新しい図書館で十二％という数字となっている。

こうした違いにもかかわらず、全国的な検索手段を念頭に置くと、個々の所蔵機関のカバーする範囲を超えた『総覧』や『総目録』が必要であることは明らかであろう。検索手段を全国規模で体系的に構築している例をイギリスに見てみよう。

イギリス国立公文書館ＴＮＡ（The National Archives）では、前者が Access to Archives（Ａ２Ａ）というシステ

ムで、後者がNRA/Archonというシステムで実現されている[11]。

Ａ２Ａのシステムは、Part of the UK Archives Networkとして位置づいている。その意味するところは、次に述べる制度としてのＮＲＡがイギリス全体を覆うのに対して、Ａ２Ａはthe UK Archives Networkの部分と位置づけられるということのようである。つまり、Ａ２Ａ以外にも、大学・研究機関についてはたとえばArchives Hub[12]という別の目録検索システムなども稼働しており、システム化の対象としているのがイギリスのすべての目録ではないという意味と解釈できる。その上で、「八世紀から現在に至るまでの、イングランドおよびウェールズにある記録の集積（アーカイブズ）についての情報を検索し閲覧することを可能にする。このＡ２Ａに収められたアーカイブズは、イングランドおよびウェールズ全域の地域記録館、大学、博物館や国立の専門機関において管理されている。すなわちそれらの諸機関でこれらのアーカイブズは公開されている」と説明されているように、目録記述を検索可能にしたシステムであることは確認できる。もっとも、この記述のレベルについては元の目録の記述レベルに依存しているので、一定ではない（一点目録もあれば、ファイルレベルの目録もあり、史料群の記述しかないものもある）というただし書きがついている。また、入力されている目録数は全体の三十％程度であり、三カ月ごとに更新されることが謳われている。

他方、全国史資料登録制度ＮＲＡ（the National Register of Archives）は、現在国立公文書館ＴＮＡが維持・運営している制度で、イギリスの史資料所蔵機関から、その目録の複製を集積する制度であり、これにより全英の史資料の性格と所在（nature and location）を集約する機能をもっている。その目録総数は、四万四千とされており、国立公文書館の一室で閲覧可能である。これらの目録から史料の性格と所在の情報を蓄積したものがオンラインデータベースとしてのＮＲＡ[13]である。Archonは、ＮＲＡに集約されている「大ブリテン島および海外の記録館（record offices）・図書館・その他の史資料所蔵機関の、詳細連絡先（contact details）を提供するものである」。たとえば、NRAで“Satow”を検索すれば、国立公文書館ほかオックスフォード大学などが関連史料を所蔵していることがわかるが、その機関案内をクリックすると、Archonからデータが呼び出されるというフローになっている。

イギリス国立公文書館のA2AとNRA/Archonは相互に役割を異にしながら、たとえば、A2Aには個々の所蔵機関に関する情報はなく、Archonを参照するというように、相互に依存する関係となっている。

ある主題をもつ利用者が、特定の史資料に辿り着く場合、その史資料をもつ文書館の存在は自明のことではない。とすれば、文書館とその史資料の関係についての考察の外にも、考えるべき問題が存在する。それは、くり返しになるが、『機関総覧』であったり、『総目録』であったりするわけで、そこに個々の所蔵館を超えた、何らかのsuper-repositoryな仕掛けを必要とする根拠がある。しかし、現在のネットワーク社会では、それは必ずしも組織的実体を伴う必要はない。この点について、次に少し考えてみよう。

5　目録標準について——ISAD（G）を再考する

いまから十三年前の一九九八年に米国国立公文書館記録管理庁（NARA）のウェブサイト（http://www.nara.gov）における館長挨拶は、次のように述べていた。「われわれの目標の一つは、米国中に広がった統合オンライン情報供給システムを構築する努力をすることです。このため、現在多くのプロジェクトがウェブ上で進行中です。その一つが、NARA Archival Information Locator（NAIL）であり、さまざまなNARAの所蔵史資料目録記述のパイロットデータベースです。このNAILは、われわれが計画している、米国中の所蔵史資料のすべてのオンライン目録を構築するという、より大規模なElectronic Access Projectの礎石であります」と。これは、現在NARAにおいては、ARC（Archival Research Catalog, the online catalog of NARA's nationwide holdings in the Washington, DC area, Regional Archives and Presidential Libraries）として実現している。このARCのデータは、基本的にNARAの作成したLifecycle Data Requirements Guide（LCDRG）によっている。二〇〇〇年十一月にこの第一版が作成されたときに、いわゆる史資料目録記述に関する標準を備えるものであったが、その作成過程で、他の外部機関による標準も参照された、という[14]。

一九九〇年代から十年を経て、こうした一国全体を覆うかたちでオンライン目録が蓄積してきたのは、史資料目録記述の標準化を目指した記録史料記述国際標準[15]ISAD（G）が国際文書館評議会ICA（International Council on Archives）で採択されたことの結果と見なすことができよう。ここではISAD（G）を本格的に論じることは他に譲り[16]、必要な限りで触れておく。筆者の考えでは、この標準には、二つの特徴がある。その一つは、「全体から部分へ」（Description from the General to the Specific）という考え方である。これは、「史料群（fonds）およびその各部分の階層構造や位置づけを表すため」とされており、史料群の各階層ごとにその階層についての記述をおこない、「もっとも広いところからより特定の部分へと展開する、全体＝部分の階層的連関のなかに、結果として得られる記述を表す」。つまり、史料群から細目（件名）へという記述順序（ツリー構造）を規定したことである（ちなみに、LCDRGでは、これらの全体＝部分の階層的連関をrecord group-series-file unit-itemと称している）。

ISAD（G）のもう一つの特徴は、各階層レベルにおける記述の要素（六エリア、二十六エレメント）を挙げたことである。たとえばその第一領域にIdentity Statement Areaが当てられ、各階層レベルの物理的属性の記述がおこなわれることになっている。同じくLCDRGの記述要素では、大別してArchival Materials Elements/Archival

Creator Elements/Digital Object Elements の三エリアからなる。以上の二特徴をデータベースで解釈すると、各階層レベルをテーブルと見なし、各テーブル間のリレーションシップと各テーブル内のレコードの構造＝フィールドを定義することになろう。つまり、ＩＳＡＤ（Ｇ）にせよ、ＬＣＤＲＧにせよ、目録データベースを fonds-series-file-item というツリー状のリレーションをもつ複数のテーブルから構成することを求めている、と理解するわけである。

つまり、ＩＳＡＤ（Ｇ）の制定後、少なくとも米英ではこうした全国オンライン目録の構築へと精力を傾けてきて、こうした構築のため、目録データの互換性を高めることそれ自体がＩＳＡＤオンライン（Ｇ）のような標準制定の目的だった、とすら位置づけることができる(17)。

翻って見るに、筆者自身も含めて、わが国においてはＩＳＡＤ（Ｇ）に代表される目録標準を史資料目録記述の方法と受け止める傾向が強かったように思う。そこではＩＳＡＤ（Ｇ）の日本の史料への適用（実験）というかたちで議論が進行した。日本の公文書館システムにおいて考慮しておかなければならないのは、日本独自の階層論が存在し、比較的広く利用されていることである。これは、簿冊（出納される物理的一冊）―件名（各冊に収められた、複数ないし単数の文書から構成される単位事項）という二レベルの階層をもつ。このような目録論の技法がどのような淵源をもつのかについては、ここでの課題ではないが、国立公文書館創設以来、いやもっと以前の行政制度のなかで、現実には、公文書について文書管理の手法としてこのような簿冊―件名目録が相当程度つくられてきた。そしてその経験に基づいて、日本の公文書館システムの多くはすでにこの簿冊―件名という階層構造をもつデータを蓄積してきている。これは考えようによっては、file-item と同じであるともいえるが、このようなかたちでシステムを運用した経験によれば、簿冊においては、年次が異なるだけでその他はまったく同じデータが続くことが多く（たとえば、『庶務課発信簿』というタイトルで、何十冊もの簿冊が存在する）、簿冊 file の上位概念である series を設定する必要があるという。結局、それはfonds以下の各レベルを設定する合理性を証明しているかのように思われる。

こうした目録作成におけるISAD(G)適用の議論自体は必要な過程であるが、一方、何を目指して標準化するか、という点での議論はあまり深まらなかったように思う。ISAD(G)は、一方で目録記述を平準化することで個別の所蔵機関でのオンライン目録の普及を促すとともに、他方で全国的(広域的)なオンライン目録の形成に結びつくことを目指していたことを確認する必要があるのではないだろうか。

6 文書館データシステムと知識

第一世代公文書館システム

一九九〇年代初めにいくつかの欧米文書館を利用者として利用してみると、そこでのシステムにいくつかの共通点を見いだすことができた。その第一の特徴は、所蔵史資料全体を覆っていることである。日本では当時、ある基本史料群については検索出納にあたってキーボードとディスプレイを利用することとなっていても、ある基本史料群については目録やカードを利用するということがままあった。しかしそこではそのようなことは少ない。しかし第二の特徴としては、目録検索機能は含まれていない、出納システムであった。その後のバックヤード見学などによる知見を総合すると、出納請求があると窓口担当者が書庫へ出納にいくのが常態である日本とは違い、出納業務と書庫管理との分業ということが徹底しているので、窓口担当者と書庫に常駐する書庫担当者との間の出納情報伝達手段として構築されていた、と見るべきであろう。どちらかといえば、物流システムという印象であった。イギリスの当時の公記録局（現ＴＮＡ）の書庫のなかを走る電動カートとコンベヤーのラインは、ＬＡＮケーブルの対極にある物流ネットワークだった。

このことは、国立公文書館レベルだからこそ実現した機能なのであろうか？　実はそうではない。こうしたシステムを実現するためには、前提として、所蔵史料群がどこの棚に何棚分収められているか、ということが管理されていなければならない。史料群の規模を表すのには、わが国において通例用いられる点数ではなく、占有棚延長が記述されていることと密接に関係していると思われる。やや横道にそれるが、所蔵施設の棚総延長と、所蔵史資料の占有棚延長の合計と、年間増加延長が算出されれば、その施設の限界は認識されるので、こうした、いわば物理的管理は、もっとも基本に置かれるべきことは了解されよう。

内容にわたる目録情報ではなく、このような史資料の物理的管理システムを仮に第一世代とすれば、この構築は電子計算機処理に適合的な一連の作業であり、一九八〇年代を通じてこうしたシステムが開発され普及していったことは、容易に推測できる。また、物理的管理を免れる所蔵史資料というのはほとんどあり得ないから、このシステムは、所蔵史資料全体を覆うこととなる。

第二世代公文書館システム

一九九〇年代になると、上記システムの更新を迎えた。ここで目指されるようになったのは、第一世代が備えていなかった目録検索機能をもつシステム、すなわち第二世代の公文書館システムにする、ということである。そもそも、この国際標準が提起された背景として、八〇年代欧米の文書館でそれぞれ独自におこなわれてきていた第一世代電算機システムを総括しようということがあったと思われる。そして九〇年代半ばになると、いわゆる「情報スーパーハイウェイ」が構想されるようになり、この検索機能にオンラインアクセス機能を付加することが求められるようになる。先の米国国立公文書館館長の挨拶は、このような背景のもとに理解することができる。

ただ、ここでは次のことに注目しておきたい。すでに述べたように、図書検索をコンピュータでおこなう場合、図書についての著者名や書名などのメタデータに対して、キーワードを与えて該当する図書に到達する手法がとられている。これと同じように、ＩＳＡＤ（Ｇ）などの標準化された史料のメタデータに対して、キーワードを与えて必要な史料に到達する、という手法が、この第二世代公文書館システムでは目指され、ウェブ検索の普及とともにおおむね社会的に定着してきたと考えられる。すでに述べた対比にしたがえば、歴史的手稿の手法が圧倒的に流布しているというのが結論であろう。

フォンドを超えて

しかし、本来の文書館の利用者による検索は、こうしたやり方とは異なる手法が採られていたはずである。知りたい事柄を示す史資料がどの組織で取り扱われていたか、それを判断して、その組織でつくられていた史資料のまとまり（fonds）の目録を検索する、というフローとなっている。したがって、どのような組織があり、その組織で何を扱っていたか?という組織歴（administrative history）が、利用者の検索にとって決定的に重要な意味をもつ。しかし、通例そのような情報は、史料を整理したアーキビストの頭の中に存在することが多く、それが参考業務にとって有用な情報となっていた。

文書館における目録記述とは、データテーブルに史資料に関する個々の必要事項（メタデータ）を入力するという作業と同時に、いわば、この組織歴を記述することだったはずである。実際、ＩＳＡＤ（Ｇ）には、組織歴・履歴の記述があり、「資料の周辺状況を明らかにしてその資料をよりよく理解するために、記述単位の作成者（たち）の組織歴、あるいは履歴上の詳細事項に関する情報を提供すること」と規定されている。イギリス公記録局（現TNA）では、この組織歴の記述を集積し、歴史的に再編成することによって『カレント・ガイド』を編集していた。利用者は、この『カレント・ガイド』の索引から知りたい事項を所管した組織のガイドを読み、その記述に示された目録の冊番号により、目録室にて当該組織の目録を検索し、出納すべきファイルの番号を知ることとなっていた。

今後の文書館システムは、以上のような利用者への検索サービスの流れで考えると、史資料のメタデータと組織歴とを有機的につなげたシステムとして構築される必要があるように思われる。前者はリレーショナル／XML系のシステムで構想できるであろうが、後者やあるいは両者をつなぐシステムはどう考えたらよいのであろうか？　筆者には、タグ付テキストとフルテキスト検索システムを組み合わせたものが、それに適合的なシステムを提供してくれるように思われる。『カレント・ガイド』をタグ付テキストで作成し、これをフルテキストシステムに搭載し、検索に対しては求める組織歴の全容がウェブで表現され、そこに埋め込まれた目録検索へのリンクを辿って、必要な目録情報を入手する、というようなフローが構想されるのである。

では、この組織歴はどのように構築されるであろうか？　たとえば、国会図書館の「旧幕引継史料」という史料群を考えてみると、それは江戸町奉行所などの組織歴を意味する、と考えられる。すると、そこで求められている「資料の周辺状況」の記述には、町奉行所などを超えた江戸時代の行政組織（上部組織としては幕府、下部組織としては町奉行所についていえば江戸住民組織）についての知識が求められることとなろう。そうした知識は、類似の組織である、たとえば長崎県歴史文化博物館に所蔵される長崎奉行所文書、北海道立文書館に所蔵される箱館奉行所文書などの組織歴を参照知識とするはずである。こうした史料ないしは史料を作成した主体（ここには個人を含む）に関する知識を、その作成された史資料のまとまり fonds を超えて相互に参照される知識として標準化すること、それは歴史知識学の一つの課題と位置づけることができよう。[18]

註

（1）文書館を論じた文献はとくに近年相当数出版されており、なかなか全体を覆うことはむずかしい（全国歴史資料保存利用機関連絡協議会関東部会編『文書館学文献目録』岩田書院、一九九五年）。そのなかで、国文学研究資料館史料館編『アーカイブズの科学』柏書房、二〇〇三年と、記録管理学会・日本アーカイブズ学会編『入門・アーカイブズの世界——記憶と記録を未来に』日外アソシエーツ、二〇〇六年、が参考されるべきものと考える。

（2）本章での横山の論旨は、同人の勤務する東京大学史料編纂所の業務方針とは何ら関係はなく、この点での文責はすべて横山にある。また、ほぼ二〇〇三年前後に横山の関心は他に移行したため、最新の議論については完全にカバーしているわけではない。くわしくは註（1）の諸文献を参照されたい。

（3）高山正也「日本における文書の保存と管理」『図書館・アーカイブズとは何か』別冊環、一五号、藤原書店、二〇〇八年、四三頁。

（4）http://www.archives.gov/about/speeches/2008/aug30-2008.html

（5）利用者といっても一様ではなく、政府系文書館においては、内部利用者（公務員などが公務のために利用する）と一般利用者を区別することがある。ここでは後者を念頭に置いている。

（6）小島浩之「資料保存の考え方——現状と課題」『情報の科学と技術』六〇巻二号、二〇一〇年、四四頁。

（7）安藤正人「史料整理と検索手段作成の理論と技法」『史料館研究紀要』一七巻、一九八五年。

（8）近藤成一「二一万通の古文書を集める　日本古文書ユニオンカタログプロジェクト」、横山伊徳・石川徹也編『歴史知識学ことはじめ』勉誠出版、二〇〇九年参照。

（9）公開データベースとしては「史料所在情報・検索」システム（国文学研究資料館）として利用に供されている。http://base1.nijl.ac.jp/~siryou/sindbad/sindbad_top.htm

（10）http://current.ndl.go.jp/files/report/no9/lis_rr_09_rev1.pdf　この数字の評価はここでの主題ではないが、これらの統計値自体が推計の域にとどまっていることに注意すべきである。

（11）Ａ２Ａについてはhttp://www.nationalarchives.gov.uk/a2a/about.aspx、http://www.nationalarchives.gov.uk/archon/aboutapps/archon/about.htm。なお、日本においてこのシステムに言及したものとして、科学研究費成果報告書「日本近代史料情報機関設立の具体化に関する研究」http://kins.jp/pdf/31kajita.pdf における梶田明宏氏の発言を参照されたい。

（12）http://www.archiveshub.ac.uk　Ａ２Ａは、日本でいえばWebcatのような統合型検索であり、Archives Hubは、横断型検索である。

（13）http://www.nationalarchives.gov.uk/nra/default.asp

（14）http://www.archives.gov/research/arc/about-arc.html

（15）http://www.archives.ca/ica/cds/isad(g)e.html

（16）アーカイブズ・インフォメーション研究会編訳『記録史料記述の国際標準』北海道大学図書刊行会、二〇〇一年。

（17）Amanda Hill, ‘From elements to elephants: a review of progress in providing online access to the United Kingdom's archival information’ DigiCULT.info 10, 2005（http://hillbraith.com/DigiCULT.pdf）には、「（Ａ２AやArchives Hubをとりまとめた）Archives Gatewayの成功は、検索のために利用されている検索手段の数とカバーする範囲の大きさに依存している。総目録の世界では、標準は決定的に重要で、ＩＳＡＤ（Ｇ）に対するイギリスの文書館界における受容のスピードは、特記す

べきものであった」と記されている。この点で、目録標準を共有化との関係で議論する国文学資料館アーカイブズ研究系『アーカイブズ情報の共有化に向けて』岩田書院、二〇一〇年は注目すべき動向である。

(18) 横山・石川編、前掲書。なお、横山執筆部分については、科学研究費補助金「史料デジタル収集の体系化に基づく歴史オントロジー構築の研究」(代表：林譲)での成果の一部である。

Ⅱ　MLA連携を考える

さまざまな分野でとりくまれているＭＬＡ連携に関わる具体的な事例を紹介する。第４章で、高句麗古墳壁画を事例に、模写資料の展示・公開を含め、歴史資料のデジタル化について述べる。第５章で、古地図を事例に、デジタルアーカイブの現状とあらたな可能性について概説する。第６章では、史料編纂所でおこなっている「歴史知識学」の研究を紹介し、知の構造化から考えるＭＬＡ連携の可能性について考察する。そして第７章で、第Ⅱ部のまとめとして、文化資源学の立場からＭＬＡ連携の課題について整理する。

第4章　高句麗古墳壁画の模写資料

早乙女雅博

朝鮮民主主義人民共和国（以後、朝鮮という）にある高句麗壁画古墳は、二〇〇四年六月二八日～七月七日に中国の蘇州で開催されたユネスコの第二十八回世界遺産委員会で、「Complex of Koguryo Tombs」（高句麗古墳群）という名称で世界文化遺産に登録された。登録基準の「（1）人類の創造的才能を表す傑作である。（2）ある期間、あるいは世界のある文化圏において、建築物、技術、記念碑、都市計画、景観設計の発展における人類の価値の重要な交流を示していること。（3）現存する、あるいはすでに消滅した文化的伝統や文明に関する独特な、あるいは稀な証拠を示していること。（4）人類の歴史の重要な段階を物語る建築様式、あるいは建築的または技術的な集合体または景観に関する優れた見本であること。」を満たし、合計六十三基の王、王侯、貴族の古墳が芸術的、歴史的価値を認められ登録された。そのなかには壁画がない古墳も含まれるが、六十三基の古墳のうち梅山里狩塚、双楹塚、江西大墓、江西中墓の四基の壁画の原寸大模写が東京大学大学院工学系研究科建築学専攻に所蔵されている。およそ百年前に制作された模写が、制作後すぐに東京大学の所蔵となり、展覧会への貸与以外は東京大学本郷キャンパス内で保管され続けた。大学ではこれらを学術標本あるいは標本資料と呼んでいる。日本国内では調査を担当した関野貞が所属した東京大学と、模写を担当した小場恒吉が所属した東京藝術大学にあり、教育・研究と普及に重要な役割を果たしている。さらに大学を超えて美術館・博物館の展覧会への貸与もおこなわれている。

本章では、これらの壁画模写がどのような経緯で東京大学に入ってきたのか、その背景も探りながら学術調査のなかで模写が果たす役割を考える。そして、模写が百年の間どのように保管され展示公開されてきたか、さらに時間の経過により朝鮮にある古墳壁画が劣化して絵画の色が退色したり、漆喰の剝落などにより百年前の姿とは変わってしまったものもあり、そのような古墳壁画自体の変化により、模写に制作当時とは異なるどのような新しい価値が生まれたかを考える。その価値を一般の人びとにも理解しやすいようにコンピュータグラフィックを使い石室内を再現したが、その再現にあたっては大学に同時に所蔵された図面などの資料が必要不可欠であった。これは、調査活動のなかで収集された各種の資料がそろっている大学の標本資料の特徴でもある。

以上の内容に沿って、高句麗古墳壁画の一つである双楹塚壁画の模写資料という大学がもつ一つの標本資料が、どのような経緯をたどって今日に至り、さらにデジタル技術によりどのような新しい公開方法が生み出されたかを述べる。

1　関野貞資料と壁画模写

朝鮮古蹟調査

韓国に置かれた統監府度支部の依嘱により、関野貞(1)（図4・1）、谷井済一(2)、栗山俊一(3)の三名で一九〇九年に建築調査がおこなわれ、翌一九一〇年に朝鮮総督府が設置されると、その調査は内務部地方局の遺蹟調査として引き継がれ、一九一一年以降は古蹟調査として一九一五年までおこなわれた。この期間の調査は、関野貞を中心として谷井済一と栗山俊一が助手として参加した朝鮮半島全土にわたる建築史、考古学、美術などの初めての総合的な文化財調査であり、年度ごとに「遺蹟一覧」と「遺蹟写真目録」が作成された。古蹟の総合目録を作成するとともに、重要な古蹟から順に甲、乙、丙、丁の四等級をつけて保護行政の資料とした。すなわち、甲・乙は特別保護の必要ある者、丙・丁（もっとも価値に乏しい）を特別保護の必要を認めざる者とした。ただし、丙については全体の調査が終了したのちに再評価して、乙に編入する可能性を残している者とした。同時に楽浪郡、高句麗、伽耶、新羅などの遺跡発掘調査もおこない、その年代や時代的特徴を明ら

図4・1　関野貞（東京大学大学院工学系研究科建築学専攻保管）

かにしていった。このときの正式報告は「略報告」であり発掘調査の詳細な報告はされておらず、それは関野貞による個別の論文に発表された。初期の高句麗壁画古墳の調査もこの時期におこなわれ、個別論文に発表された。

一九一五年十二月に京城（ソウル）に朝鮮総督府博物館が開館し、一九一六年に初めての文化財保護法である「古蹟及遺物保存規則」（総督府令）が制定されると、それにあわせて「古蹟調査委員会規程」を定め、(4)古蹟調査委員会、博物館協議会が設置された。これまでの古蹟調査は古蹟調査委員会に引き継がれ、総務局総務課に移管されて博物館がその事務を担当した。このとき委員に任命された関野貞、黒板勝美、今西龍、鳥居龍蔵をそれぞれ責任者として新たに五カ年計画が立てられ、年度ごとに「古蹟調査報告書」が出版された。

「古蹟及遺物保存規則」は、古蹟にはどういうものがあるかを定義し、価値ある古蹟を登録した。あわせて出された「古蹟及遺物ニ関スル件」（訓令）によれば、発見したときは朝鮮総督府に報告し、現状変更するときは認可を必要とした。これにより、総督府の許可が下りなければ発掘調査ができなくなり、実質的には考古学調査が総督府により独占されることになった。したがって、高句麗壁画古墳の発掘も総督府のもとで一貫しておこなわれた。

古蹟調査委員会は毎年京城で開催され、一九二五年五月一六日に開催された第二十一回の委員会の資料を見ると前年度の事務報告と新年度の計画案が出された。計画案では、（1）古蹟調査、（2）登録事務、（3）保存施設、（4）報告書出版の項目があり、（3）では一九一二、一九一三年に発掘調査された平壌（ピョンヤン）周辺の高句麗壁画古墳の入口扉や鉄条柵の取替えや修理、その他が上がっている。(5)調査後すぐに保存工事がおこなわれたが、その後にも損傷の修理を随時おこなっていたことがわかる。ただし、その修理は石室内には手をつけず壁画の面はそのままであった。

一九二一年に学務局のもとに設置された古蹟調査課に引き継がれ、一九三一年には財政難により外郭団体である朝鮮古蹟研究会が設置されるなど、組織が替わりつつも古蹟調査は継続して一九四五年まで続いた。その間、一九二六年には京城帝国大学が設置され藤田亮策が考古学を担当し、一九三三年には「朝鮮宝物古蹟名勝天然記念物保存令」（制令）が発布され、一二月に同保存会官制（勅令）と施行規則その他が定められ、新しい法律のもとでの文化財行政がスタートした。保存会委員には、日本側から関野貞、黒板勝美、浜田耕作、原田淑人、池内宏、梅原末治の他に藤島亥治郎、天沼俊一が、朝鮮側では藤田亮策、小田省吾、鮎貝房之進、小場恒吉、崔南善が選任された(6)。

模写の制作

一九〇九年から始まった古蹟調査のなかで、一九一二年に遇賢里にある江西大墓・中墓・小墓（壁画なし）の三基の古墳を発掘したのが古墳壁画の最初の学術的調査であった。

関野貞は一九〇九年の建築調査のときに平壌の白川正治より江西に三基の大きな古墳があることを知らされ、一九一一年の古蹟調査のときに現地に行き、地元の人からの聞き取りで壁画があることを知った。さらにこの年東京美術学校の学生であった太田福蔵(7)より江西の壁画のスケッチを見せられ、その重要性を認識した。そこで一九一二年の調査は、あらかじめ壁画模写の準備を整えてから始めた。すなわち、総督府とは別に李王家博物館に頼み、そこの予算で模写することとして小場恒吉(8)（図4・2）（当時、東京美術学校助手）と太田福蔵の派遣を依頼した。一九一二年には墓室内で模写作業をおこない、一九一三年には李王家博物館内で仕上げと調整作業をおこなった(9)。作成された模写は京城の博物館に納められたが、その下絵は日本に持ち帰られた(10)。一九一四年三月二五日に東京帝国大学工科大学建築学科に登録された江西の壁画がそれにあたる。石室内は暗く、模写はランプや反射鏡を使用して明かりをとった。それでも、「壁画の色は緑青が最も多いが、その色は焼けて赤黒い色になっている。最も立派に見えるのは朱色で、

図4・2 小場恒吉（佐々木栄孝『紋様学のパイオニア小場恒吉』明石ゆり発行, 2005年, 177頁）

鮮やかな色をしている。また、胡粉が使ってある。黄色も盛んに使われ、変色して何の色かわからなくなっているものもある」という観察をしている。[11]

一九一三年には、平壌付近の双楹塚、安城洞大塚、星塚、龕神塚、梅山里狩塚の壁画古墳の発掘調査がおこなわれ、梅山里狩塚はこの年に模写が制作され、双楹塚、安城洞大塚、星塚、龕神塚の模写は翌一九一四年に制作された。小場恒吉は、東京美術学校より学術研究のため朝鮮へ出張を命じられ、一九一四年九月七日に総督府で壁画模写と写真の打合せをしたあと、八日に平壌に到着し、双楹塚、安城洞大塚、龕神塚、星塚の模写をおこなった。一一月に入るとさすがに寒くなり、龕神塚の石室内でバケツに松葉を入れて火を起こし暖をとっている。一八日に星塚の南壁を模写してすべて終了した。双楹塚の壁画模写は複数制作され、現在、韓国国立中央博物館、東京大学、東京藝術大学に所蔵されていることがわかっている。一九一三年の小場恒吉の朝鮮出張が東京帝国大学の命によるものであったことから、この頃の壁画模写の制作は総督府ではなく他の機関の予算でおこなわれた。それにより、李王家博物館や東京帝国大学、東京美術学校に模写が納められたと考えられる。

一九三〇年に朝鮮総督府博物館は、かつて江西古墳の壁画模写が壁面全部に及ばなかったこと、三人により模写されたため全体の一致を欠くところがあるという理由で、古墳壁画の完全なる模写を計画した。その背景には、壁画が万一破損しても模写により永久の保存をはかることがあった。三カ年の計画を立て、第一回目を小場恒吉に依頼して五から七月の約三カ月間で江西中墓の模写をおこなった[12]。模写は一九一二年にもおこなったが、羨道が長く困難であったため全部に及ぶことができなかったので、今回は鏡の反射を利用して細部に及ぶ精密な模写をおこなった[13]。使用絵具は、胡粉、朱、丹、緑青、石黄、墨であり、地塗りはなくただちに絵具で描き、最後に濃い墨線で仕上げている。模写では、優良な日本絵具を使ったが、古色泥土の汚染を塗るときはニュートン製水彩絵具を膠に溶かして使用した[14]。その模写は表装したのち東京美術学校の文庫陳列館で一九三一年二月三日より十日まで陳列された。このときの模写は総督府博物館が所蔵し[15]、現在は韓国国立中央博物館に引き継がれている。

一九三六年一〇月初旬より約四十日をかけて、京城帝国大学法文学部美学研究室は江西大墓と中墓の写真撮影をおこなった。電柱から古墳内に電灯線を引き、赤外線撮影と実大撮影を実施した。使用した乾板は三、四百枚に達し、原色印刷できるよう三色の乾板を使用した。翌年ようやく実大写真の焼付が完成し、四神図は掛幅とし天井持送は横巻物とした[16]。

その後も小場恒吉は模写の制作を続け、平壌付近の内里一号墳、高山里九号墳、中国吉林省集安の通溝十二号墳、通溝四神塚の壁画模写をおこなった[17]。さらに一九四一年には平壌南方の真坡里一号、四号の壁画模写をおこなったが、政局の変動により途中で中止となった。

関野貞資料

関野貞は建築学者であるが、一八九〇年代から一九三〇年代にかけて日本および朝鮮半島の古蹟調査とその修理保存に活躍した人物である。彼の調査は精密な観察と記録をとることを基本とし、それに基づく様式論を展開し古建築物・古蹟・遺物の年代と系譜を求めた。その成果は、総督府の文化財保護行政の基礎資料として活用された。そして、これらの調査の過程で収集・作成したり、本人が直接記録した資料が日本国内に残っており、これを「関野貞資料」と呼んでいる。その内容は、焼付写真（プリント）、ガラス乾板、拓本、図面、模写、調査記録、フィールドカード、遺物、印刷版下原稿、講演草稿、書籍、手紙など多種類に及ぶ。地域で見ると、日本列島以外に朝鮮半島、中国大陸、東南アジア、中央アジア、ヨーロッパと多方面にわたるが、日本、朝鮮、中国の資料が中心をなしている。

これらの資料は現在、東京大学大学院工学系研究科建築学専攻、東京大学総合研究博物館（二〇〇三年度に東京大学生産技術研究所から移管された資料）、奈良文化財研究所（二〇〇〇年一月に関野貞の長男の関野克から寄贈された資料、主に平城京関係）[18]に保管されている。筆者らは、一九九七年から東京大学大学院工学系研究科建築学専攻保管の資料の整理を始め、朝鮮半島に関しては、第一回目として二〇〇〇年に拓本（石碑など）、模写（高句麗古墳壁画など）、図面（古建築、石塔など）の目録を作成した[19]。一九一二、一九一三年制作の江西大墓、江西中墓、一九一三年制作の梅山里狩塚、一九一四年制作の双楹塚の四基の古墳壁画模写が含まれる。第二回目として、二〇〇二年にガラス乾板の目録とそれからのプリント（朝鮮半島のみ）を作成した[20]。目録には建築学専攻が保管する壁画模写の複写も含まれている他、関野貞以外に建築学科の教授で、朝鮮半島の建築調査をおこなった藤島亥治郎などが収集・作成した標本資料も含まれる。

その後、二〇〇四年に東京大学総合研究博物館保管のフィールドカード五千三十四枚（日本、朝鮮、中国、その他の地域すべて）の目録を作成し一つの区切りをつけた[21]。このフィールドカードはすべて関野貞の収集・作成した標本資料である。その後、二〇〇五年には学史に残る関野貞の業績を再認識する展覧会を開催した[22]。

高句麗古墳壁画模写を含む朝鮮半島の標本資料は、総督府から委嘱された古蹟調査の過程で主に収集されたものであるが、建築学専攻と総合研究博物館に保管されているものでは性格が異なる。建築学専攻標本資料は収集と同時に大学に所蔵され、多くは旧台帳に記載されていて、それをもとにつくられた教材も含まれており、大学の教育、研究の資料として収集された公的性格の強い資料である。それに対して、総合研究博物館標本資料は関野貞が個人で所蔵していたもので、個人の研究資料や文化財行政資料が多く私的性格の強い資料である。後者に属するフィールドカードは、調査前の下調べ、調査時の記録やスケッチ、調査後の講演や論文の草稿が含まれる。二つの異なる性格の資料が存在することにより、その比較により標本資料の収集背景がわかり学術的、資料的価値の評価をすることができる。

2　高句麗と壁画古墳

高句麗は、中国の東北地区（主に遼寧省、吉林省）から朝鮮半島北半部にかけて栄えた古代国家で、およそ紀元前後から六六八年まで続いた。日本でいえば、弥生時代中期から古墳時代、飛鳥時代を経て大化の改新（六四五年）、天智天皇の時代にあたる。中国では、漢・魏・晋・南北朝を経て隋・唐時代にあたる。高句麗は王都を二度移しており、三つの王都がある。最初は渾河流域の中国遼寧省桓仁県に置かれたと推定され、三世紀初めに現在の中国と朝鮮の国境となっている鴨緑江流域の中国吉林省集安市に移り、四二七年には朝鮮の大同江流域の平壌に移り、六六八年に新羅と唐の連合軍により滅ぼされた。王都には王、王族や貴族の墓が営まれ、壁画古墳もそのなかに含まれる。

最初の王都には自然の丘陵を利用した五女山城や高力墓子古墳群などの初期の積石塚が多く見られる。また、十キロメートルほど離れた米倉溝古墳群には壁一面に蓮華文を数多く描いた壁画古墳の将軍墓があるが、その年代は五世紀に下り、すでに王都が集安に移ったあとの古墳である。王都が遷都したあともなお重要な地であったことを示している。

第二の王都である集安には三十二の古墳群あわせて一万二千三百五十八基の古墳が分布している。古墳には石を階段状に積み上げた積石塚と土を盛った封土墳の二種類がある。積石塚には王陵と考えられる西大塚や太王陵、千秋塚、将軍塚などがあり、墓の上から軒丸瓦が出土し周辺に広い墓域をもっている。封土墳の横穴式石室内には壁画が描かれている古墳があり、約三十基の壁画古墳が知られている。集安に王都があった期間に営まれた壁画古墳もあれば、平壌に王都が移った後に営まれた古墳もあり、王都であった期間と壁画古墳の造営時期は必ずしも一致しない。六基は戦前に発見・調査され、小場恒吉により一部が模写された。通溝四神塚もそのうちの一基であるが、模写は『朝鮮古文化綜鑑』第四巻に原色で載り、調査を担当した梅原末治が解説している。

高句麗は集安の地域から南進政策を進めて、三一三年には平壌にあった楽浪郡とその南方の帯方郡を滅ぼした。楽浪郡は紀元前一〇八年に漢の武帝が朝鮮半島に置いた四郡の一つで、郡の長官である太守は中国本土から派遣されて漢の支配下にあった。そこには多くの漢人が住み、高句麗とは異なる漢の墓制である木槨墓や塼室墓が築かれた。帯方郡は三世紀の初めに楽浪郡の南半部を割いて置かれたが、両郡滅亡後も四世紀中頃まで漢の伝統を引き継いだ塼室墳がつくられているので、漢人は平壌の地に残っていたと考えられる。この頃の中国は戦乱の世であり、華北では五胡十六国の時代が始まった。そして、混乱を逃れて中国の華北や遼東から多くの人が楽浪の故地である平壌周辺に移ってきた。高句麗で最初の壁画古墳である安岳三号墳の被葬者「冬寿」もその一人であり、平壌の高句麗壁画古墳の源流を中国の遼東の古墳に求める考えが強い。三七二年には前秦から僧の順道が仏教を伝え、都には肖門寺や伊弗蘭寺が建てられたと記録されている。広開土王（在位三九一—四一二年）はさらに南進政策を進め、集安に建てられた石碑（広開土王碑）には四〇〇年頃に「新羅城」や「任那加羅」、すなわち慶州や釜山あたりまで兵を進めたことが記される。この南進を契機として日本にも騎馬文化が伝わり、古墳から馬具が出土するようになる。次の長寿王

（在位四一三―四九一年）の時代の四二七年には王都が平壌に移った。高句麗壁画古墳の多くが平壌王都の時期につくられ、双楹塚も五世紀後半頃につくられた。

中国では五胡十六国の混乱の華北を統一したのが北魏で、長寿王は四三五年に朝貢して冊封を受けた。北魏（三九八年平城（大同）に遷都、四三九年華北統一～五三四年）では仏教文化が栄え、雲岡石窟寺院や仏像などがつくられ、仏教と関係した北魏の蓮華文様や忍冬文様は高句麗の瓦当文様や古墳壁画にも影響を及ぼした。そして、高句麗壁画古墳である江西大墓や江西中墓に描かれた蓮華文様や忍冬文様は、日本の法隆寺の仏像光背やそこで使用された瓦の文様に影響を与えた。ピョンヤン周辺では、これまでに約七十基の壁画古墳が発見、調査されたが、今後も新しく発見される可能性がある。

3　壁画模写の公開と展示

模写の展示

一九一三年一月、日本考古学会例会で高句麗時代の古墳について関野貞が講話したのが、日本での初めての紹介であった。その年の東京帝国大学文科大学の卒業証書授与式をおこなった際に伏見宮博恭王殿下が臨席され、李王家博物館より借り入れた壁画模写を御覧に供し関野貞が説明した。そして、翌一一日には同好の士に観覧を許した(23)。この模写は正式模写で、その後も李王家博物館が所蔵した。

一九一四年四月八日から一〇日まで東京帝国大学工科大学建築学科で建築学科が収集した標本を展示する第五回展

図4・3　建築学科第５回展覧会（早乙女雅博・藤井恵介・角田真弓「朝鮮建築・考古基礎資料集成（二）」『朝鮮文化研究』第９号，2002年，57頁，56706番．東京大学大学院工学系研究科建築学専攻所蔵）

覧会が開催され、一九一二年と一九一三年に制作された江西大墓、江西中墓の壁画模写が展示された[24]。大きな教室の壁を利用して、四神図（玄武・朱雀・青龍・白虎）を張り、壁上部には持送天井に描かれた蓮華忍冬文や雲気文を横長に張り、天井には天井頂石の龍文を張りつけた（図４・３）。三日間という短い期間ではあったが二千二百八十九名の見学者があった。

以上の二回の展示は、一九一二年発掘の江西大墓と江西中墓の壁画模写であり、このときはまだ双楹塚の模写は制作されていない。

壁画古墳がある平壌でも、平壌府立博物館が一九三三年一〇月七日に新しく開館し、一九三四年六月には小泉顕夫が館長に赴任した。ここの高句麗古墳室では、江西大墓の四壁と天井各面の実大模写（小場恒吉氏筆）を展示し[25]、あわせて江西古墳の模型も展示した[26]。一九三〇年から制作された精密模写を京城の総督府博物館で陳列するようになり、これまで展示していた一九一三年の正式模写を平壌府立博物館へ移して陳列したと考えられる。そのことは江西大墓の天井模写からの比較で実証された。現在、韓国の国立中央博物館に所蔵されているのは天井修理後の模写であり、一九一三年の東京大学所蔵模写は天井の修理前の模写であり、同時に制作された正式模写も修理前のはずである。国立中央博物館が引き継いだ総督府博物館の模写は一九三〇年に制作された精密模写である。(27)

東京大学が所蔵する模写の展示については、戦前の記録では一九一四年の展覧会以外には見られない。戦後の記録も手元にある資料から見ると次のようである。

一九七八年一〇月七日から一一月一二日まで、新潟県上越市立総合博物館で関野貞の展覧会が開催され、その出品目録によると江西大墓と双楹塚の模写が展示された。(28)

一九八〇年一一月二〇日から一九八一年九月三〇日まで、東京大学総合研究資料館(総合研究博物館の前身)で「先駆者の業績　坪井正五郎・関野貞・原田淑人」と題して、関野貞が収集した資料を展示した。(29)

一九八五年五月八日から七月一二日まで、東京大学駒場キャンパスにある美術博物館で双楹塚壁画模写が陳列された。(30) 続いて一九八五年一〇月二三日から一二月一三日まで(一〇月二三日から一一月一五日が第一期、一一月二〇日から一二月一三日が第二期)、同美術博物館で江西大墓、江西中墓、梅山里狩塚の壁画模写が陳列された。(31) 建築学科が所蔵する四基の古墳の壁画模写がすべてにわたり展示されたのは、これが初めてであろう。

一九九六年三月には、東京国立博物館東洋館第八室で「高句麗・広開土王碑拓本展」が開催され、東京国立博物館が所蔵する酒匂本拓本と国立歴史民俗博物館が所蔵する水谷本拓本とともに、高句麗の古墳壁画の代表として双楹塚の壁画模写が展示された。(32) 第八室は通常は中国美術の展示室であるが、長さ五・五メートルという拓本を展示するには高い壁が必要で、臨時にこの展示室を使用した。広開土王碑が建立されたのは四一四年で、これにもっとも近い年代の確実な古墳は徳興里古墳（朝鮮平安南道南浦市）で、前室と後室の二室からなり墓誌が壁に墨で書かれていた。その年代は四〇八年である。この古墳を中心として半径十キロメートル内外の西側と南側には、水山里古墳、薬水里古墳、肝城里蓮華塚、双楹塚、安城洞大塚などの壁画古墳が分布している。東京大学がもつ四基の古墳の壁画模写のうち、双楹塚が年代的には広開土王碑に近い。

一九九七年東京大学創立一二〇周年を記念した展覧会「精神のエクスペディシオン展」が開催され、総合研究博物館で戦前における東京大学教官の海外学術調査の軌跡と成果が公開された。関野貞もその教官の一人として彼の仕事が明らかにされるなかで、高句麗壁画古墳に関する業績の一つとして江西中墓の壁画模写が展示された。江西中墓の石室の構造は他と比べて単純で天井が二段の平行持送であることから、ベニヤ板を用いて平天井の石室内をつくり、四壁と天井にそれぞれ壁画模写を張りつけて展示した。ガラスをつけずそのままで見られるようにしたが、見学者は入口から中を覗く程度で近くで見ることはできなかった。これも展示の一方法で、画像よりも石室内の雰囲気を知ってもらいたいという考えからであった。その後も研究者の調査希望に応じたり、大学の授業で学生とともに模写を見学したが、保存のことを考慮して年に一回ないし二回ほどに制限した。

壁画模写を収集した関野貞の研究とその資料を収集・整理することに一つの区切りがついた段階で展覧会を計画した。二〇〇五年六月四日から九月四日まで東京大学大学院工学系研究科建築学専攻と総合研究博物館の主催により「関野貞アジア踏査展――平等院・法隆寺から高句麗古墳壁画へ」が東京大学総合研究博物館で開催された。ちょうど前年に共同通信社が朝鮮のピョンヤンに行って古墳壁画を直接撮影してきたので、その写真を提供してもらい、並べて比較展示した。大学からは、双楹塚、江西大墓、江西中墓の模写が展示された（図4・4）。これにあわせて七月二三日にシンポジウム「関野貞の実像」を東京大学工学部一号館十五号講義室でおこなった。展示では、標本保護

図4・4　関野貞アジア踏査展陳列室（筆者撮影）

のため七月二五日に以下のような展示替えをおこない、江西大墓の天井の麒麟模写（標本番号五一二〇八）、江西中墓の天井の忍冬文（標本番号五一二一二）の二巻は展示画面を替えた。

双楹塚後室北壁墓主夫妻模写（標本番号五一三〇四）→双楹塚奥室東壁葬列模写（標本番号五一三〇一）

江西大墓北壁玄武模写（標本番号五一二〇四）→江西大墓東壁青龍模写（標本番号五一二〇一）

江西中墓東壁青龍模写（標本番号五一一〇二）→江西中墓西壁白虎模写（標本番号五一一〇四）

模写を見てわかるのは一枚の壁の絵、天井の一段の絵といった模写に切り取られた平面的な画像である。実際に石室内に入ったことのない人には、石室内に描かれた三次元空間での姿を想像することは難しい。そこで展覧会の新しい演出として、デジタル画像を利用して石室内の壁画の姿を三次元空間の中で再現した。

同じ年の二〇〇五年八月には、二〇〇四年に共同通信社が現地で撮影した写真をもとに、国際交流基金フォーラム（東京・六本木）で共同通信社主催の「高句麗壁画古墳展」を開催し、東京大学からも双楹塚、江西大墓、江西中墓の壁画模写を出陳した。準備と撤収には標本の点検も含めて大学教員が立ち会った。

日本の古墳壁画はこの頃保存問題をめぐって大きな議論が起こっていた。一九八三年に石室内に壁画が発見されたキトラ古墳は、その後のカビ発生や剥離がひどく、二〇〇四年に壁画の剥ぎ取り保存の方針が決定し、白虎と青龍が剥ぎ取られ、二〇〇五年には玄武が剥ぎ取られて、奈良文化財研究所で保存修理がおこなわれた。剥ぎ取られた壁画は一時的な修復がおこなわれ、二年後に飛鳥資料館で展示された。その際に比較資料として東京大学所蔵の高句麗の壁画模写も展示された。

二〇〇六年四月一四日から六月二五日まで奈良文化財研究所の飛鳥資料館で開催された「キトラ古墳と発掘された壁画たち展」でキトラ古墳の白虎が五月一二日から五月二八日まで展示された[33]。その比較として江西大墓の東壁青龍模写と南壁朱雀模写が展示されたが期間は限定した。翌年の二〇〇七年四月二〇日から六月二四日にも飛鳥資料館で開催された「キトラ古墳壁画四神玄武展」で、キトラ古墳の玄武が五月一一日から二七日までの限られた期間に展示されたが、その間に五万人を超える入場者があり、国民的関心が高いことが知られる。このときは江西中墓の北壁玄武模写が陳列されたが、四月二七日から五月二七日までと陳列期間は限定した[34]。そのカタログのなかで加藤真二は、玄武を構成する亀と蛇の配置がキトラ古墳と江西大墓が類似すると指摘しつつも、亀の形状に大きな違いがあり、キトラの玄武の系譜を中国の唐時代の壁画に求めた[35]。

韓国でも国立中央博物館がソウルの龍山地区に移転したのに伴い、高句麗壁画展示室を設けて中央博所蔵の模写を展示し始めた。これらは、すべて一九四五年以前に描かれた模写である。二〇〇五年一一月六日に見学したときには、江西大墓の南壁・東壁・北壁・西壁の四面の模写が展示され、二〇〇七年六月の見学時では、双楹塚後室南壁、梅山里狩塚南壁、江西中墓南壁、真坡里一号墳南壁の模写の四点を展示していた。

模写の印刷物

古墳壁画の写真が初めて出版されたのは、『朝鮮古蹟図譜』第二冊（朝鮮総督府、一九一五年）である。『朝鮮古蹟図譜』は総督府の発行となっているが、実際の制作は関野貞による。一九一五年に最初の三冊が刊行され一九三五年六月に最後となった第十五冊目（朝鮮時代）が刊行された。その間、一九一七年にはフランス学士院からこの書籍に対してスタニス・ラス・ジュリアン賞を受けた。壁画は調査時に撮影された白黒写真で掲載されたが、小場恒吉と太田福蔵により制作された模写は一部のみであるがカラー印刷で載った。翌一九一六年には李王職により模写の大判カラー印刷の『朝鮮古墳壁画集』が刊行された。初期に平壌付近で調査された高句麗壁画古墳は、この二冊の印刷物が基礎資料となり研究がおこなわれた。とくに壁画の彩色については模写に頼るしかなかった。

石室内に入ってカラー撮影された写真の印刷物は、日本では『高句麗古墳壁画』（朝鮮新報社出版部編、一九八五年）が最初であった。双楹塚の後室内には、一九一三年にはなかった小さな石碑が新たに立てられているのが写っている。一九九八年には新たに撮影した壁画が載る『世界美術大全集東洋編一〇　高句麗・百済・新羅・高麗』（菊竹淳一・吉田宏志編、小学館、一九九八年）が出版され、二〇〇五年には共同通信社の六〇周年記念として、二〇〇四年秋に現地で撮影された江西大墓、江西中墓、双楹塚、安岳三号墳、徳興里古墳、湖南里四神塚の壁画カラー写真を数多く掲載した『高句麗壁画古墳』（平山郁夫総監修・早乙女雅博監修、共同通信社、二〇〇五年）が出版された。ここには、東京大学と東京藝術大学が所蔵する高句麗壁画模写全点もあわせて載せた。全点の掲載は初めてのことであり、一般の人も印刷物ではあるが広く目にすることができるようになった。また、研究者にとっても手軽に利用できる一冊である。同じ年には東京大学総合研究博物館で開催した展覧会の図録『関野貞アジア踏査』（藤井恵介・早乙女雅博・角田真弓・西秋良宏編、二〇〇五年）にも東京大学が所蔵する模写を掲載したが一部にとどまった。

東京大学所蔵の壁画模写は、一九九七年と一九九九年の二回に分けて四×五判のカラーポジ撮影をし、その後フィルムからスキャニングしたデジタル画像を制作した。二〇〇五年の印刷物はこのデジタル画像を使用した。これにより、カラーポジフィルム、デジタル画像、カラー印刷物の三種により模写の画像が保存されることになった。

韓国でも総督府博物館を引き継いだ国立中央博物館が二〇〇四年に館蔵の高句麗壁画模写の展覧会をおこない、ソウルの他忠清南道の公州にも巡回した[36]。このときの図録で初めて韓国側が所蔵している壁画の目録が公開された。さらに二〇〇六年には模写全点を掲載した『高句麗古墳壁画――国立中央博物館所蔵模写図』（原文ハングル）（国立中央博物館、二〇〇六年）が刊行された。双楹塚の模写は、東京大学、東京藝術大学、韓国国立中央博物館で所蔵されるが、いずれも一九一四年の制作であると考えられる。

4　双楹塚壁画模写からの3D復元

二〇〇五年の展覧会で東京大学所蔵の四基の古墳の壁画模写のうち双楹塚を再現の対象に選んだのは、

① 模写の枚数がもっとも多くある（全画面七十一面の内、五十二面の模写がある）。

② 前室、後室、それを繋ぐ通路に二つの柱があるなど石室構造が複雑である。

③ 九十年の時間的経過のなかで彩色の褪色が激しい部分がある。

という三つの理由からであるが、演出効果から見ると①の理由がもっとも大きい。

再現にあたり、実物大の石室模型をつくって模写の写真を張りつけるか、コンピュータ画像にするかの二つの方法を考えた。一九九七年に前者の方法で江西中墓を再現したが、そのときは実物の模写を壁に張りつけた。この墓は天井が二段の平行持送の上に頂石が載る比較的単調な天井構造であったので、平行持送は省略して頂石のみの模写を天井に張りつけた。それに対して双楹塚の天井構造は、三段の平行持送の上にさらに二段の三角持送がのる複雑な構造で、それがこの古墳の特徴でもあるので省略することはできない。しかも天井の高さは実測図から測ると四・四四メートルあり、石室平面の全長も九・八七メートル（後室奥壁から残存羨道まで）となり、長さと高さから見てもかなり大きな模型となる。石室の中の雰囲気を体験できるということではかなりの演出効果があるが、博物館の展示室で大きな場所をとることと、終了後の解体保管を考えたときにかなりの困難を伴うことから、後者のコンピュータ画像による再現を選んだ。

その再現を可能にしたのは、以下に挙げる双楹塚の各種の資料が残っていたからである。

① 図面

●東京大学建築学専攻所蔵実測図（縮尺十分の一、一九一三年作成）：平面図、天井伏図（図4・5）、西縦断面図（図4・6）、東縦断面図、後室北壁図（図4・7右）、前室北壁図（八角石柱を見通す）（図4・7中）、羨道北壁図（図4・7左）、後室南壁図、前室南壁図

●後室北から後室天井・前壁・東壁、八角石柱を遠近法で描いた石室見取図[37]（図4・8）

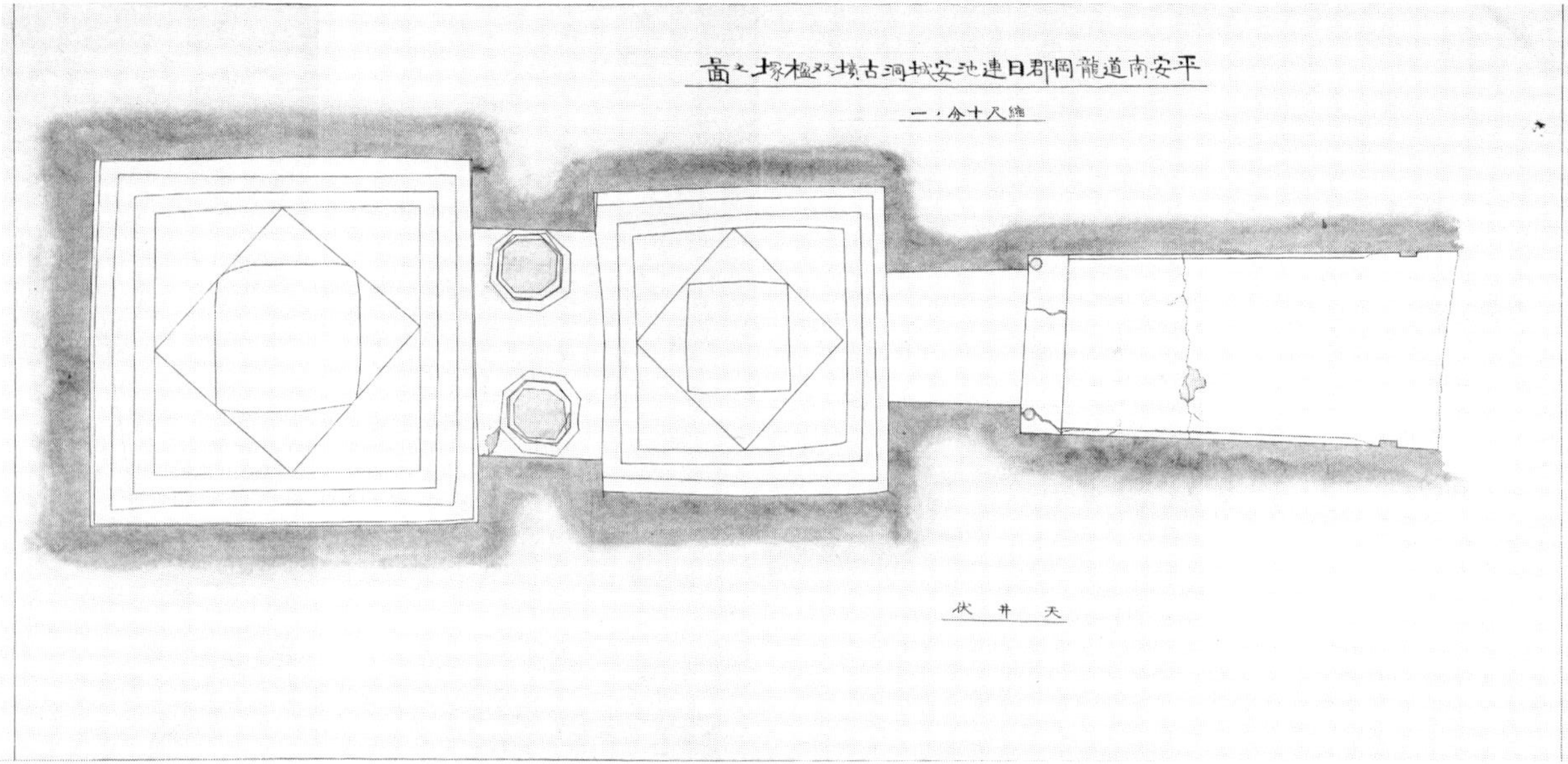

図 4・5 双楹塚天井伏図（早乙女雅博・藤井恵介「朝鮮建築・考古基礎資料集成（一）」『朝鮮文化研究』第 7 号，東京大学文学部付属文化交流研究施設朝鮮文化部門，2000 年，164 頁，10302 番．東京大学大学院工学系研究科建築学専攻所蔵）

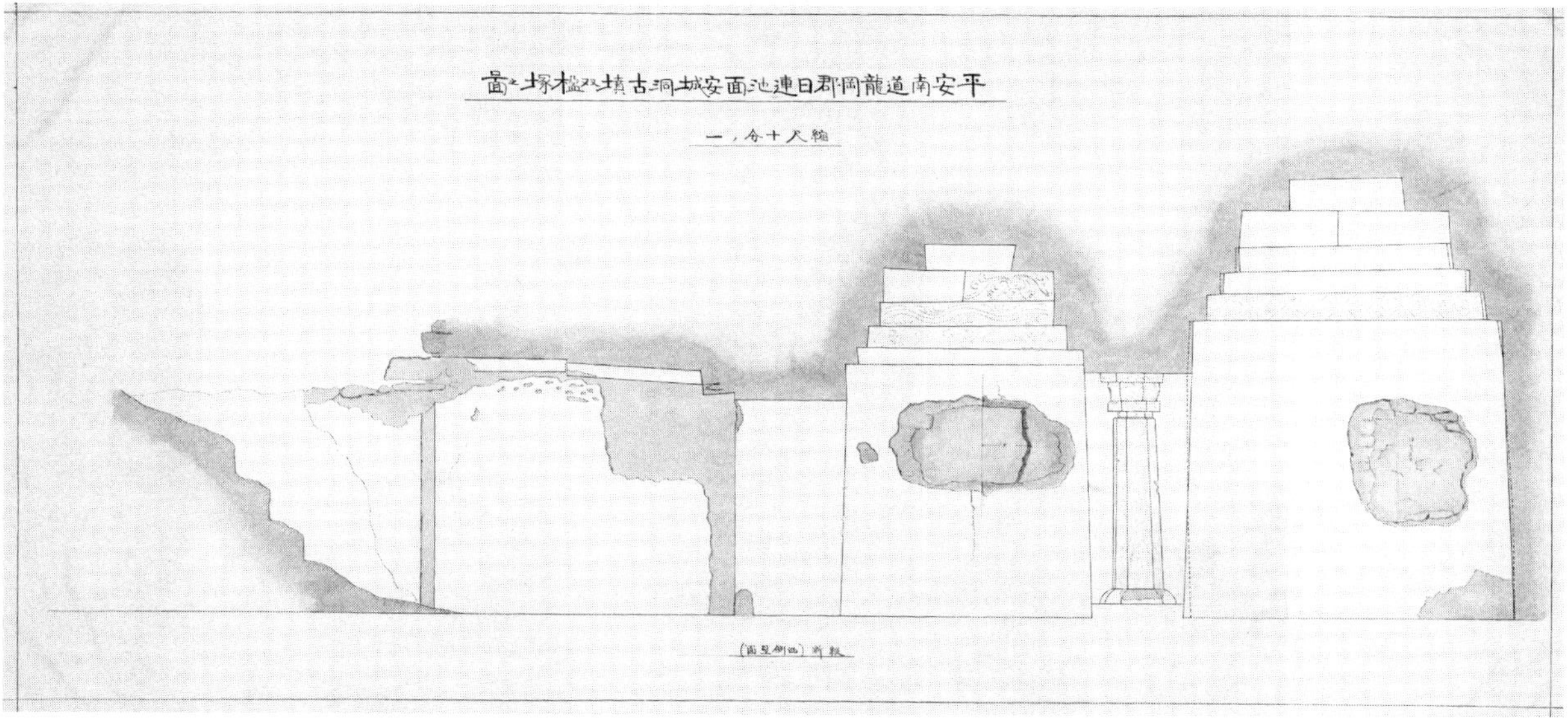

図 4・6 双楹塚西縦断面図（早乙女雅博・藤井恵介「朝鮮建築・考古基礎資料集成（一）」『朝鮮文化研究』第 7 号，2000 年，164 頁，10301 番．東京大学大学院工学系研究科建築学専攻所蔵）

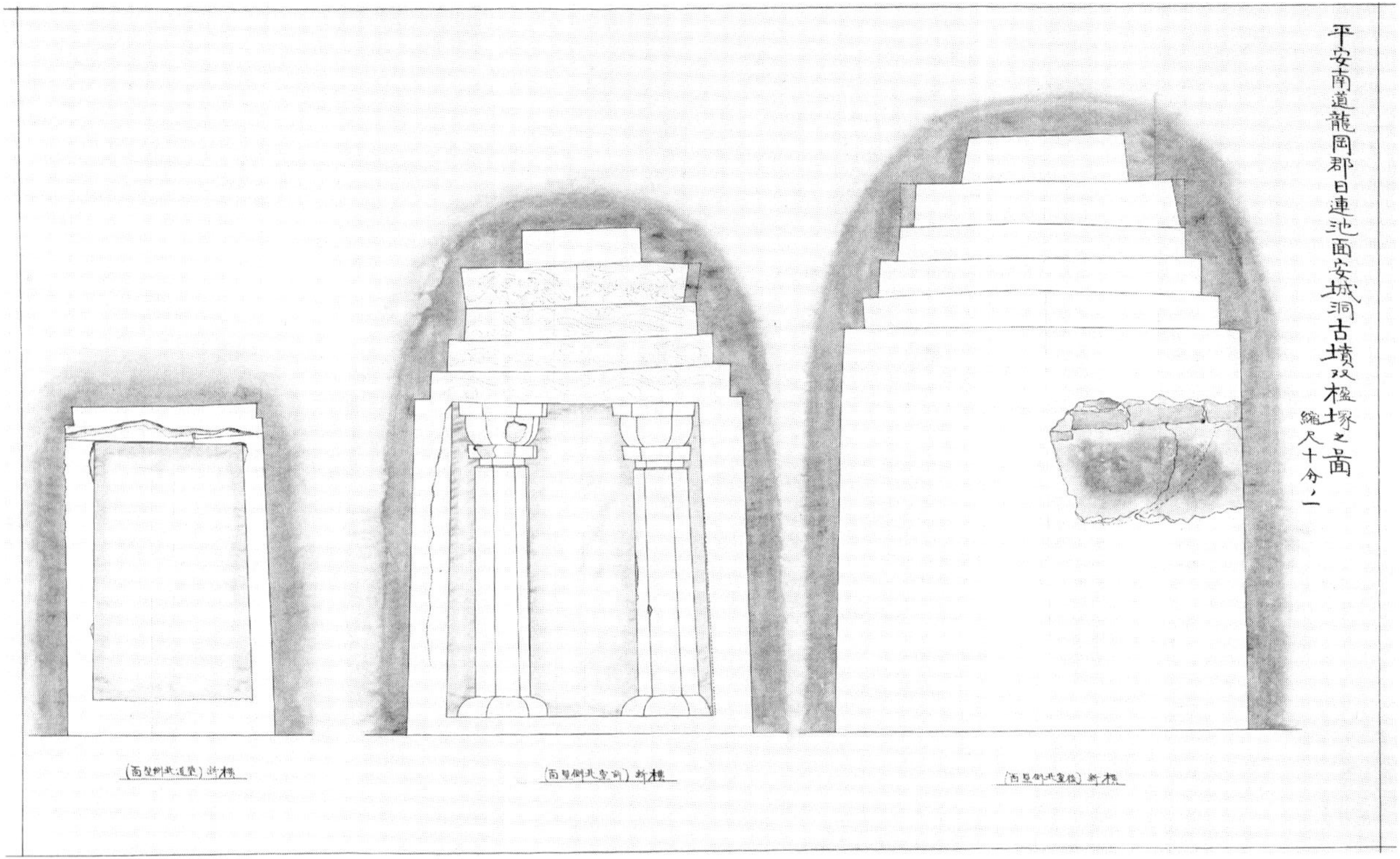

図4・7　双楹塚羨道：前室・後室北壁図（早乙女雅博・藤井恵介「朝鮮建築・考古基礎資料集成（一）」『朝鮮文化研究』第7号，2000年，10307番．東京大学大学院工学系研究科建築学専攻所蔵）

図4・8　双楹塚後室見取図（朝鮮総督府『朝鮮古蹟図譜』第2冊，1915年，164頁，538図）

② 模写

東京大学建築学専攻保管模写五十二面（一九一四年作成、一九一五年三月二五日・一一月三〇日登録）：東京帝国大学に入ったのちすべて軸装され、「朝鮮平安南道真池洞双楹塚壁画」と書かれている（図4・9、10）。

東京藝術大学所蔵模写二十八面（内四面は部分図）（一九一四年作成、一九一五年一一月九日買入）：目録の東洋画模本——四〇九四—四一〇七では、古墳名を双柱塚としている。(38) 天井の持送は組み合わせて一枚の図としているため、面数と件数は合わない。四〇九八は百分の一の実測図があるが、それには「平安南道龍江郡池雲面安城洞古墳略図今双柱塚ト仮称ス」と注記がある。東京大学建築学専攻にない模写が

図4・9　軸装された双楹塚模写（筆者撮影）

図4・10　双楹塚後室東壁模写（早乙女雅博・藤井恵介「朝鮮建築・考古基礎資料集成（一）」『朝鮮文化研究』第7号，2000年，119頁，51301番．東京大学大学院工学系研究科建築学専攻所蔵）

二面ある。

韓国国立中央博物館所蔵模写二十九面：模写の画面から見て、東京大学建築学専攻保管模写と同一時期に制作されたと推定される。二十九面はすべて東京大学建築学専攻保管模写と重複する。この博物館では、騎馬人物を描いた羨道西壁の壁画断片を所蔵している。

③　白黒写真

『朝鮮古蹟図譜』第二冊、五二七図―五八一図（朝鮮総督府、一九一五年）のうち三十枚で、墳丘正面、墳丘西側面、羨道東壁・西壁、前室南壁・西壁・天井、後室北壁・東壁・西壁・天井などがある。

④　カラー写真

『高句麗古墳壁画』（朝鮮新報社出版部編、一九八五年）。

『世界美術大全集東洋編一〇　高句麗・百済・新羅・高麗』（小学館、一九九八年）。

『高句麗壁画古墳』（共同通信社、二〇〇五年）。

いずれも本の出版のために独自に撮影したもので、撮影当時の姿を知ることができる。

⑤　関野貞フィールドカード八枚

東京大学所蔵で大正二年九月二八日の日付が書かれる。後室東壁僧侶衣文、後室北壁斗栱、後室北壁斗栱（図4・11）、前室入口力士のもつ環頭大刀、文様スケッチ、平面図、メモなど。

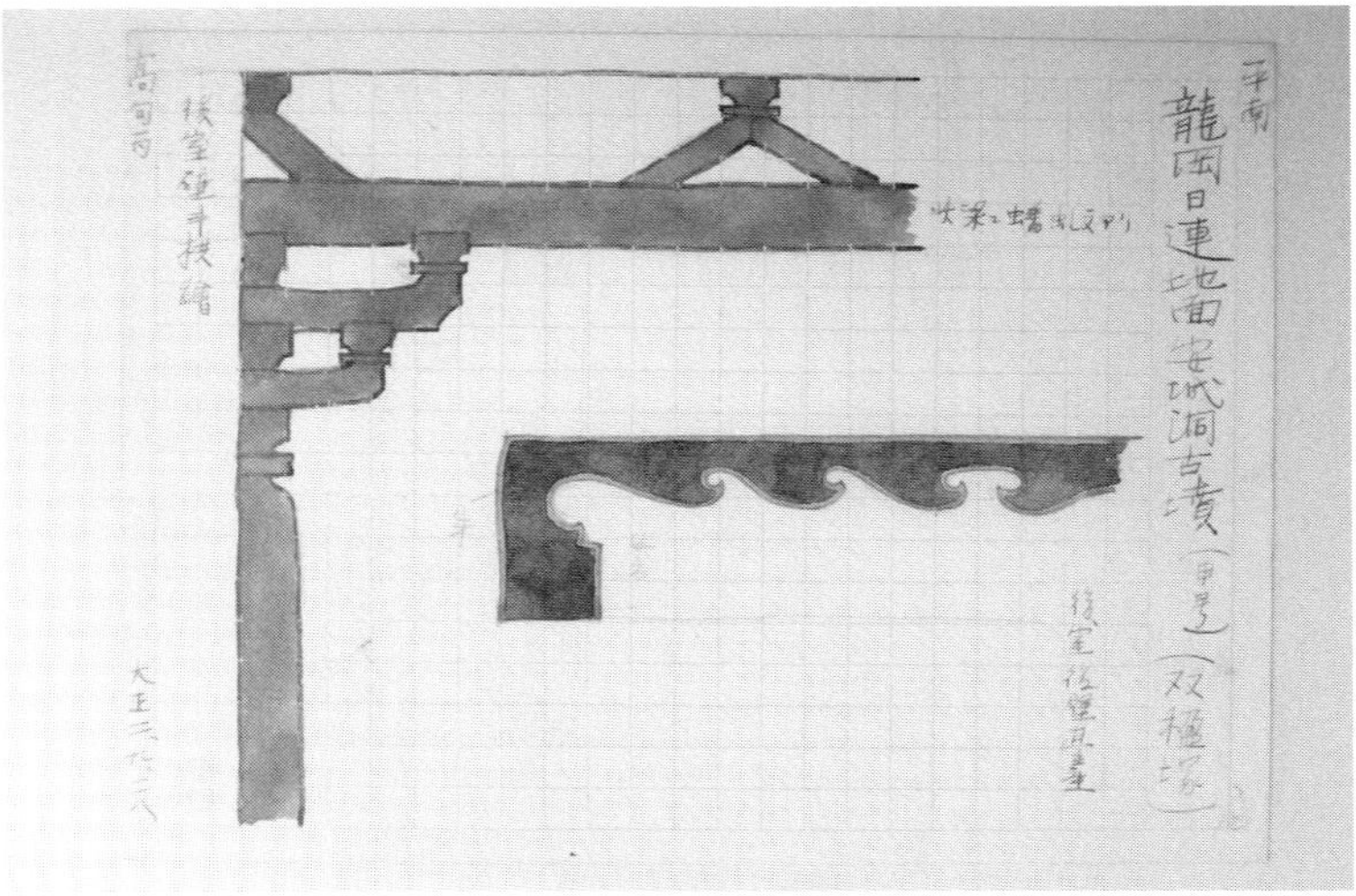

図 4・11　双楹塚後室建築壁画（藤井恵介・早乙女雅博・角田真弓・李明善『東京大学総合研究博物館所蔵　関野貞コレクション　フィールドカード目録』東京大学総合研究博物館，2004 年，12 頁，04-071 番．東京大学大学院工学系研究科建築学専攻所蔵）

再現ではまず①の図面から羨道、前室、通路、後室と続く石室構造を三次元で復元した。その後、各壁面を描いた模写画像を三次元復元の壁に張りつけていく作業をおこなった。その際、どの模写をどの壁に、天井のどの箇所に張りつけるかを決めるために、④と⑤の各方向から撮影された写真を利用した。壁面は、壁に塗られた漆喰の剝離範囲が図面にも記入され、報告文にも画題が書かれているので容易に判断することができた。天井部の三段の平行持送と二段の三角持送は、側面の四方の文様が各段でほとんど同じなので、天井を見上げた写真から判断した。この作業がもっとも困難であった。再現の第一段階はここまでとし、模写がとられていない部分は白い空白としてそのまま残した（図4・12）。それを見ると壁面の模写はすべて制作されていたにもかかわらず、天井部の模写に欠けているところがあった（図4・13）。とくに、後室天井の一段目の平行持送と一段目と二段目の三角持送の東側側面の模写がない。また、平行持送の下面の模写が

図 4・12 「双楹塚再現」(早乙女雅博監修，(株) 堀内カラー制作，協力 東京大学大学院工学系研究科・(財) 文化財保護・芸術研究助成財団)

まったくないが、これはこの部分に壁画が描かれていないので模写を制作しなかったと思われる。第一段階では、模写のみで壁面と天井部を再現したので空白部は白色となりやや見づらいが、どの箇所の模写があるかは一目でわかる。

基礎データが作成された後、次にどのようにして石室内を見るかを検討した。壁画の細部は模写の実物や写真で見ることができるので、それでは表現できない石室内のイメージ再現に重点を置いた。

その流れは次のようである。入口から入り、羨道左右の力士を見て前室内を遠く望む。前室内からは後室との間にある通路の左右に立つ八角石柱を見るが、その際石柱を回転させて各面の獣文がよく見えるようにした。東壁の青龍、西壁の白虎の全体像からアップへと画面が移り、体部の鱗文様や縞文様がよく見える。そこから視線は上へ移動し、天井の持送構造を立体的に見る。天井を回転させながら見上げるので、その構造がよくわかる。通路から後室を望み、北壁の墓主夫

図4・13 「双楹塚再現」(早乙女雅博監修，(株) 堀内カラー制作，協力 東京大学大学院工学系研究科・(財) 文化財保護・芸術研究助成財団)

妻像とそのアップを見て、東壁の供養図の行列を一人ひとりアップで見て、天井を見上げる。それから後室奥壁から前室を見て(図4・14)、もう一度復習するかのようにして前室、羨道へと戻り、約十分間の映像として完成させた。

第二段階の再現では、空白部の白色をなくすために、そこに④の二〇〇四年一一月五日に現地で撮影した写真を張りつけることにした。この写真は共同通信社からの提供を受けた。したがって、模写の部分は一九一四年の絵画であり、その他の部分は二〇〇四年の絵画となり、二つの時代が混在した姿の再現となった。これは、画像を見たときに違和感なく石室内のイメージが得られるようにするためにおこなった。

5　模写の新たな資源化

高句麗壁画古墳は、現在でも現地に存在している。これを一次資料とする。石室構造を見ると築造当時の

図4・14 「双楹塚再現」（早乙女雅博監修，（株）堀内カラー制作，協力東京大学大学院工学系研究科・（財）文化財保護・芸術研究助成財団）

五、六世紀の姿をほぼそのまま残しているものもあれば、天井が壊され壁のみ残るもの、あるいはほとんど破壊されてしまっているものなどさまざまである。本章で扱った双楹塚は入口部が一部壊されているものの石室構造は保存がよい。しかし、一九一三年当時、後室北壁、東壁、西壁のそれぞれが円形に漆喰が剝がされ、前室の東壁、西壁も大きく円形に漆喰が剝がされ、漆喰裏面の石積が一部見えるとともにその箇所の補修もおこなわれている。この状態はいまもほとんど変わることはない。大きな変化は壁画に見られる。色彩の劣化や汚泥など一九一三年当時の絵画とは異なっている。その差異がわかるのも模写が制作され、それが今日まで残っていたからである。この模写を二次資料とする。一次資料の保存はそれがある朝鮮と中国が責任をもっておこなうものであるが、国際的な協力も必要である。

調査と同時に作成された二次資料は、現在、東京大学が所蔵している。記録として作成されたが、模写に写しとられた絵画は現在の一次資料にはそのまま残ってはいない。すなわち時間の経過による一次資料の変質によって、二次資料に新たな価値が生まれた。紙に描かれた模写は軸装して保管されてきたが、カビの発生や画面のヒビ割れなどが一部に見られ、模写自体の修復も必要になってきたが、一度におこなうことはできない。そこで模写に写しとられた絵画を別の形で残すために、カラーポジ、印刷物、デジタル画像などで複数の資料を作成した。これを三次資料とする。カラーポジ、印刷物は変質して色彩の変化が生じないように保管するのがよいが、現在の科学の力ではその保証がない。デジタル画像は電磁的な影響や記録媒体の物理的劣化がない限り画像の劣化はなく、異なる種類の記録媒体に保存しておけばより危険度は低い。さらに、その画像を加工しても元データはそのまま残すことができる。そこで、『関野貞アジア踏査展』を契機として立体的な一次資料に近づくために、デジタルデータを3D加工して石室内を再現した。

実際の石室内と比較した場合、壁に塗られた漆喰の質感や壁面の微妙な曲線は再現できず、色彩もどのような明るさにすれば一次資料に近づけるのか、あるいは石室内の大きさが実感できないなど解決できない限界もある。その限界をわかった上での活用が望まれる。

保存問題、現地までの距離、国際的な関係などさまざまな理由により一次資料を見ることが困難な高句麗古墳壁画を、約百年前の調査で作成された資料をもとに今日新たな形で提供することができた一例を提示した。

註

（1） 一八六八年生まれ、一八九五年東京帝国大学工科大学造家学科（のち建築学科）卒、一八九七年奈良県技師、一九〇一年

東京帝国大学助教授、一九〇二年韓国建築調査、一九〇九年より韓国古蹟調査に従事、一九一八—一九二〇年中国、インド、ヨーロッパ諸国に留学、一九二八年東京帝国大学退官、一九三五年急性骨髄性白血病で永眠。

（2）一八八〇年生まれ、一九〇七年東京帝国大学文科大学史学科卒後、京都帝国大学大学院入学、関野貞の助手として朝鮮総督府の古蹟調査に参加、一九一六年より朝鮮総督府博物館、一九二一年郷里和歌山に帰国、一九五九年永眠。

（3）一八八八年生まれ、一九〇九年東京帝国大学工科大学建築学科卒、関野貞の助手として朝鮮総督府の古蹟調査に参加、一九一九年より台湾総督府営繕課の技師。

（4）藤田亮策「朝鮮に於ける古蹟の調査及び保存の沿革」『朝鮮』第一九九号、朝鮮総督府、一九三一年、八六—一一二頁。

（5）関野貞資料。

（6）植民地期の古蹟調査については、早乙女雅博「慶州考古学一〇〇年の研究」『朝鮮史研究会論文集』第三九集、二〇〇一年、五三—一〇六頁を参照。

（7）一八八四年生まれ、一九〇一年度に東京美術学校日本画選科の一学年に在籍していたが、一九〇五年満洲に出征、のち朝鮮守備隊に編入され江西に滞在した。そのとき、遇賢里に三つの古墳があることを聞き、発掘を試みスケッチをとった。再び一九〇八年に日本画選科の試験に合格し一九一三年三月に日本画科を卒業、一九四六年永眠。

（8）一八七八年秋田市生まれ、一九〇八年東京美術学校図案科助手、一九一二年同助教授、この間に平等院鳳凰堂、法隆寺などで模写に従事、一九四九年日本芸術院恩賜賞第一回受賞、一九四九年永眠。

（9）佐々木栄孝『紋様学のパイオニア小場恒吉』明石ゆり発行、二〇〇五年。

（10）関野貞「江西に於ける高句麗時代の古墳」『考古学雑誌』第三巻第八号、日本考古学会、一九一三年、二一—一七頁。

（11）太田天洋「朝鮮古墳壁画の発見に就て」『美術新報』第一二巻第四号、畫報社、一九一三年、一六—一八頁。

（12）「昭和五年度の古蹟調査」『朝鮮』第一九七号、一九三一年、一三一—一四二頁。

(13) 中村栄孝「古蹟調査の近況」『青丘学叢』第一号、青丘学会、一九三〇年、一六一—一六二頁。
(14) 小場恒吉「再び江西古墳壁画模写に就て」『交友会月報』第二九巻第八号、東京美術学校々友会、一九三一年、三—七頁。
(15) 朝鮮総督府博物館『博物館陳列品図鑒』第六輯、一九三四年。
(16) 中吉功「高句麗古墳壁画撮影と其展観」『青丘学叢』第二八号、一九三七年、一六二—一六三頁。
(17) 梅原末治『朝鮮古文化綜鑑』第四巻、一九六六年、図版一九、二〇に通溝四神塚の玄室と羨道の模写が載る。
(18) 吉川聰「関野貞関係資料」『奈良文化財研究所紀要』奈良文化財研究所、二〇〇三年、四二—四五頁。
(19) 早乙女雅博・藤井恵介「朝鮮建築・考古基礎資料集成（一）」『朝鮮文化研究』第七号、東京大学大学院人文社会系研究科・文学部朝鮮文化研究室、二〇〇〇年、一一六—一六六頁。
(20) 早乙女雅博・藤井恵介・角田真弓「朝鮮建築・考古基礎資料集成（二）」『朝鮮文化研究』第九号、二〇〇二年、六一—一三〇頁。
(21) 藤井恵介・早乙女雅博・角田真弓・李明善『東京大学総合研究博物館所蔵　関野貞コレクション　フィールドカード目録』東京大学総合研究博物館、二〇〇四年。
(22) 藤井恵介・早乙女雅博・角田真弓・西秋良宏『関野貞アジア踏査——平等院・法隆寺から高句麗壁画古墳』東京大学総合研究博物館、二〇〇五年。
(23) 「彙報　朝鮮江西古墳壁画模写の御覧」『考古学雑誌』第三巻第一二号、一九一三年、四九—五〇頁。
(24) 「雑記　工科大学建築学科第五回展覧会」『建築雑誌』第三二八号、建築学会、一九一四年、二五—三七頁。
(25) 小泉顕夫「平壌博物館の最後」『朝鮮古代遺跡の遍歴』六興出版、一九八六年、三六九—三八三頁。
(26) 編輯部「朝鮮の博物館と陳列館（其一）」『朝鮮』第二七七号、一九三八年、九〇—一〇一頁。
(27) 崔章烈「日帝強占期江西古墳の調査と壁画模写」『高句麗古墳壁画——国立中央博物館所蔵模写図』国立中央博物館、二

〇〇六年、二三二―二四一頁（原文ハングル）。

(28) 上越市立総合博物館『郷土生人シリーズ（三）日本・東洋建築・美術史の先駆的研究者　関野貞展』一九七八年。

(29) 稲垣栄三「関野　貞」『先駆者の業績　坪井正五郎・関野貞・原田淑人』東京大学総合研究資料館、一九八〇年、四―六頁。

(30) 「朝鮮双楹塚古墳の壁画」展」『美術博物館ニュース』第一集第二一号、東京大学教養学部美術博物館、一九八五年、四頁。

稲垣栄三「双楹塚古墳の壁画と関野貞」『高句麗の壁画展―朝鮮平安南道竜岡郡真池洞双楹塚の壁画』一九八五年、二―六頁。

(31) 横山正「江西大・中墓と狩猟塚の壁画」『高句麗の壁画展Ⅱ―江西大・中墓と狩猟塚の壁画』一九八五年、二―四頁。

(32) 東京国立博物館『高句麗　広開土王碑拓本』一九九六年。

(33) 飛鳥資料館『キトラ古墳と発掘された壁画たち』二〇〇六年。

(34) 飛鳥資料館『キトラ古墳壁画四神玄武』二〇〇七年。

(35) 加藤真二「玄武がたどってきた長い道のり」『キトラ古墳壁画四神玄武』飛鳥資料館、二〇〇七年、一五―二三頁。

(36) 国立公州博物館『高句麗古墳壁画模写図』（原文ハングル）、二〇〇四年。

(37) 朝鮮総督府『朝鮮古蹟図譜』第二冊、一九一五年、五三八図。

(38) 東京藝術大学芸術資料館『所蔵目録　東洋画模本Ⅴ』一九九九年。

第5章　デジタルアーカイブから知識化複合体へ
——三基盤からとらえるデジタルアーカイブとその深化

馬場　章・研谷紀夫

1　デジタルアーカイブの現状とその可能性

デジタルアーカイブの現状

東京大学情報学環馬場研究室では、史料編纂所、大学院情報学環を通じて、約十年間、デジタルアーカイブについて考え、その構築を実践してきた。本章では、研究室において考察してきた内容と、近年開発をおこなってきたデジタルアーカイブシステムなどについて解説する。

「アーカイブ」は、基本的には「非現用の公文書をとりまとめて整理したもの」と理解されているが、「デジタル

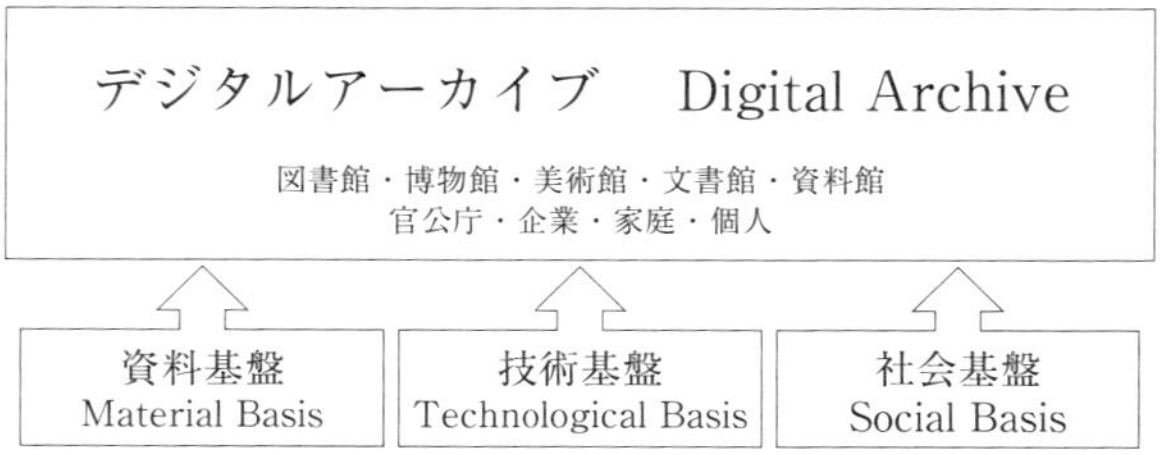

図5・1　デジタルアーカイブと三つの基盤

アーカイブ」となると、その対象は公文書に限らず、さまざまなものがアーカイブの対象となっている。その理由は、デジタル技術を使用することによって、実際の紙をベースとしたアーカイブよりもデジタルアーカイブのほうが、はるかに利便性が高くなる可能性があるからである。むろんデジタル技術にはメリットとデメリットがあり、デジタルアーカイブを考える際にはデメリットを考慮する必要がある。

またもう一つの可能性として、デジタル技術によって図書館・博物館や本来のアーカイブを構築してきた文書館などの横断的な連携が現出しつつあることも指摘できよう。それは、この三機関だけではなく、官公庁・自治体、大学・研究機関、さらには家庭・個人のレベルにいたるまで、デジタル技術を軸にして、そこで構築されるアーカイブが、さまざまなレベルやレイヤーで結合されていく可能性が含まれている。

このようなデジタルアーカイブには、それらを支える三つの基盤があると考えている。それらの基盤は、資料基盤、技術基盤、さらに社会基盤で構成されている（図5・1）。また、今日的なテーマからいえば、人的資源基盤がこの三つの基盤を支えるとみることもできる。そういう意味では、三基盤ではなくて四つの基盤としたほうが適切であるかもしれない。ただし、そのなかでも資料基盤、技術基盤、社会基盤がデジタルアーカイブを直接的に支えていることは間違いない。

デジタルアーカイブの三基盤

デジタルアーカイブの三基盤のうち、対象となる資料の調査、あるいはその記録の記述法などを資料基盤と称する。さらに技術基盤とは、デジタルアーカイブを構築する際に用いられるデジタル化の技術を指し示す。とくに現在では、この技術基盤の標準化が、緊急の課題として存在している。

これまでの日本におけるデジタルアーカイブ構築のガイドラインとして、デジタルアーカイブ推進協議会が発行した白書や関連書籍などを挙げることができる。デジタルアーカイブ白書[1]や、その内容をまとめた笠羽晴天の著作では、デジタルアーカイブに関する技術動向、構築事例、契約や著作権管理などを取り上げ、デジタルアーカイブ構築に関する基本情報を網羅的に提供している[2]。そこではデジタルアーカイブの構築を、「現物層」「計画層」などの層に分けて構築に関する基本的なプロセスを整理して示している。これらの情報は、デジタルアーカイブの概要を把握する上で、有益な指針になると考えられよう。

また、国内で発行されているその他のガイドラインとして、国立国会図書館が作成した『国立国会図書館　資料デジタル化の手引き[3]』などが挙げられる。これは国立国会図書館関西館が中心となって作成したもので、同図書館において電子化の対象となった資料、電子化の手順、電子化技術などを、ガイドラインとしてまとめている。これらは、実際の作業をおこなう際に、主に技術情報を得る観点から有益なガイドラインになっている。さらに、国際的なガイドラインとして、ヨーロッパにおける文化資源電子化に関するコンソーシアム Minerva Project[4] が発行した *Technical Guidelines for Digital Cultural Content Creation Programmes*[5] が挙げられる。

Minerva Project は文化資源の電子化に関する各種の情報の共有や技術協力などをおこなう目的で、ヨーロッパの主要図書館や大学などの組織によって設立されたコンソーシアムである。このガイドラインでは電子化をおこなう各フェーズにおいて標準的な技術規格などを紹介している。

また、イギリスのＪＩＳＣ（Joint Information Systems Committee）が、さまざまな図像情報のデジタル化に関する情報を集約したサイトであるＴＡＳＩ（JISC Digital Media）[6]を公開して、イメージのデジタル化に関するガイドラインを提示している。さらに、カナダのブリティッシュ・コロンビア大学のInterPARES 2 Projectでは、文化資源の電子化の主要な指針を示した‘Preserver Guidelines’および‘Creator Guidelines’を発行している。この他にも、さまざまな機関からガイドラインやハンドブックが発行されている。

しかしこれらのガイドラインでは、デジタルアーカイブの各フェーズが、どのような基盤と関係し、どういう問題があるのかについて触れられていない。文化資源のデジタル化に関しては、より根本的な背景や基盤をとらえた上で、デジタルアーカイブ構築のフェーズの内容を考察し、そのガイドラインを策定する必要がある。

これらに対して私たちは、デジタルアーカイブ構築のプロセスを主要な基盤に対応させてとらえた上で、複数かつパラレルなフェーズによって構成し、それぞれのフェーズで、どのような作業や情報が必要かを明確にしながらデジタルアーカイブの構築モデルを作成した。その具体的な姿が、図５・２のモデルである。

最初のフェーズは「調査」フェーズである。ここでは原資料の所在の調査、原資料概要の確定、そしてデジタル化あるいはデジタルアーカイブをつくるための「制作」仕様の策定をおこなう。言うなれば、プリプロダクション段階の調査のフェーズである。

次は「制作」のフェーズである。これは、原資料のデジタル化、あるいはデジタルデータを加工するという段階にあたる。そして、私たちのモデルの特徴は「制作」のフェーズと併行して「保存」のフェーズを設定しているところにある。「保存」のフェーズは、これまでのデジタルアーカイブのプロセス・モデルでは必ずしも重視されてこなかった。このフェーズは、原資料に対する保護処置あるいは保存処置を加える段階である。

最後の「活用」のフェーズは、データを公開し、利活用するプロセスである。私たちの研究室ではデジタルアーカイブをリサイクルシステムのなかでとらえることを考えており、これはいわばポストプロダクションの段階ということができる。これらのフェーズは、前述の三つの基盤に対応しており、図5・2における左の部分が資料基盤、中央の部分が技術基盤、そして右の部分が社会基盤に該当する。

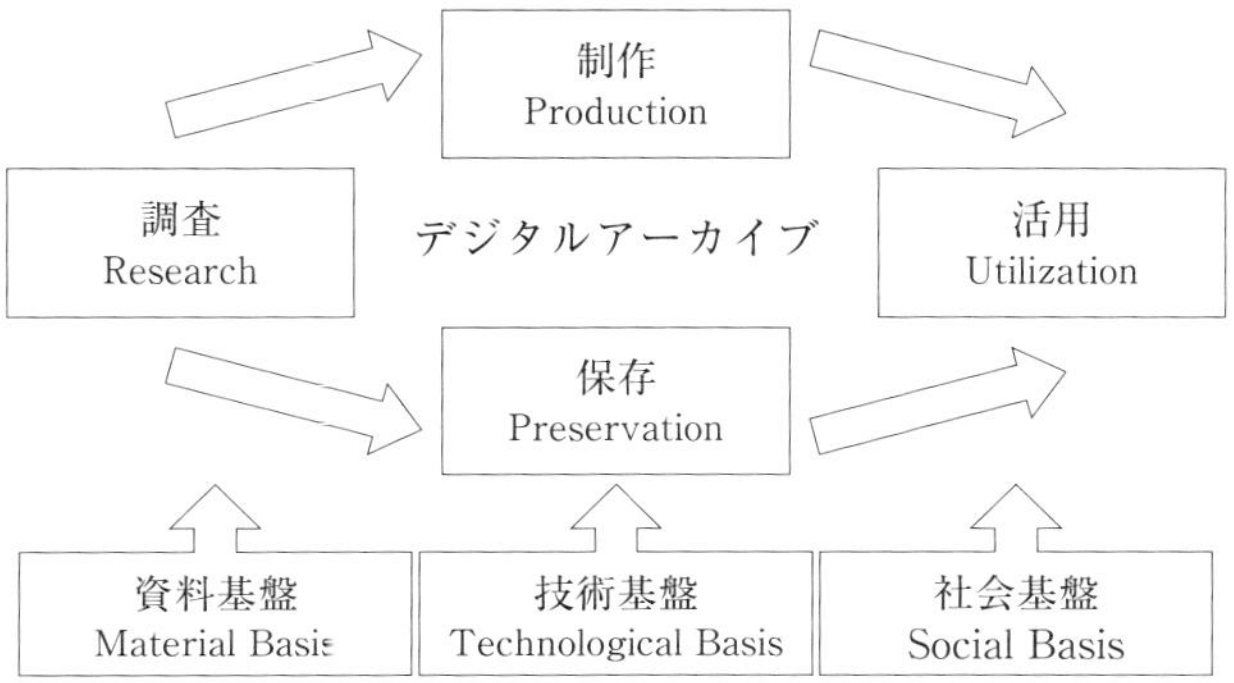

図5・2 基盤とデジタルアーカイブ

よく知られているように、「デジタルアーカイブ」という用語は一九九〇年代から使われ始め実践されてきた。その結果、現在のデジタルアーカイブは、さまざまな技術、さまざまな仕様が、個別・分散して存在している。そして、それらのデジタルアーカイブは必ずしも有効に使われていないという問題があるのではないかと考えている。デジタルアーカイブを有効に使うための一つの方法は、デジタル化技術を中心とするアーカイブの技術の標準化を進めることであろう。それが、一つ目の資料基盤と二つ目の技術基盤の確立につながる。

三つ目の社会基盤はデジタルアーカイブを構築・利用する環境をどのように整備するのかという課題を有している。三基盤はデジタルアーカイブを構築・利用していく際のそれぞれのフェーズ、段階に応じてとくに重要な役割を担っていく特徴をもつ。これまでのデジタルアーカイブでは、資料の調査をお

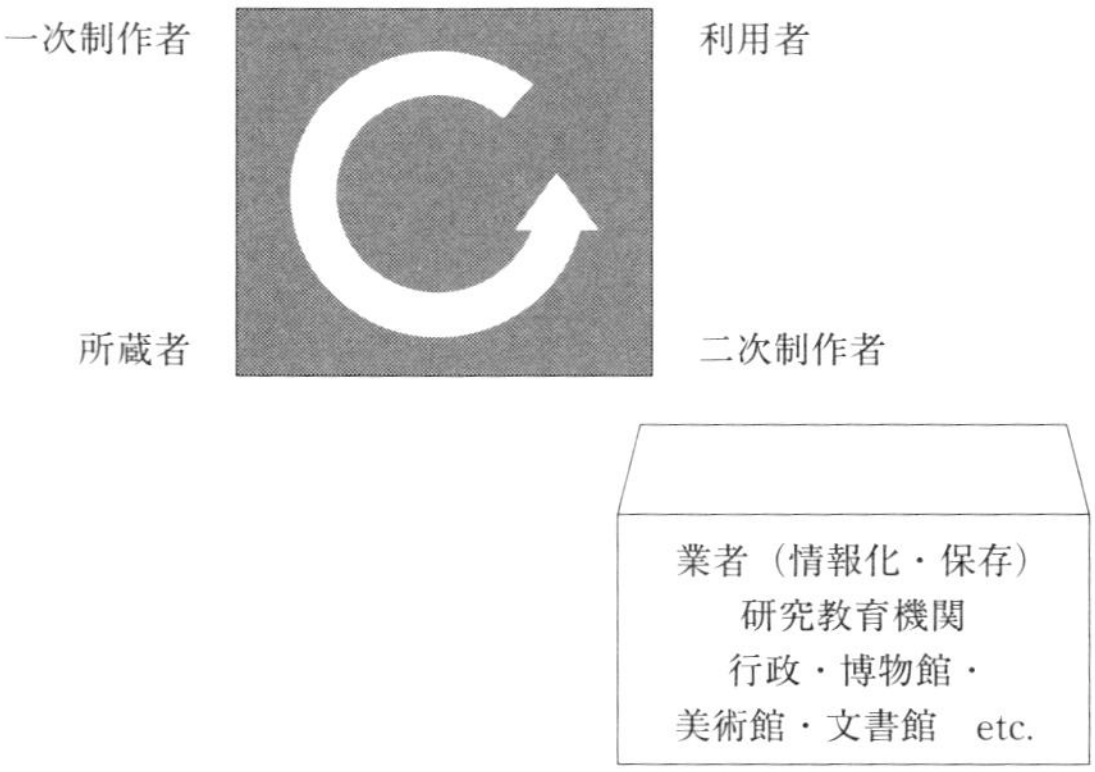

図5・3　デジタルアーカイブのステークホルダー

こない、デジタル化し、それを活用するというプロセスが重視されてきた。

しかし、より重要なのは、「制作」のフェーズと併行して、デジタル化する歴史資料あるいは文化資源の現物そのものの保存をどうするかを検討し実行することである。そのためには史料保存科学の知見を十分に活用すべきことから、「制作」のフェーズと併行して「保存」のフェーズを設定している。技術基盤がそして、それらのフェーズを支えると考えている。

デジタルアーカイブのステークホルダー

これらの基盤に共通して関係する要素として、デジタルアーカイブのステークホルダーについて検討する必要があろう。デジタルアーカイブのステークホルダーには、一次制作者、所蔵者、二次制作者、利用者という、少なくとも四者が存在している。

一次制作者は元々の資料を制作した者であり、所蔵者はそれを所蔵している者を指し示すが、一次制作者と所蔵者が同じ場合もあれば違う場合もある。また、二次制作者とはデジタルアーカイブを構築する者、すなわち私たちのことである。そして、重要なのは、利用者もデジタルアーカイブのステークホルダーの一つであるという点である。

二次制作者は私たちのような研究教育機関だけではなく、博物館・美術館・文書館・図書館なども当てはまる。また、デジタルアーカイブはすでにビジネスとして確立しているので、保存やデジタル化の技術をもっている民間業者や、国や地方自治体などがこれに当たる場合もある。これらの関係を示した図が図5・3である。図中の矢印は、デジタルアーカイブがくり返される循環型であることをイメージしている。

私たち大学の役割は、本来、教育と研究が二本柱の機関だとよくいわれる。デジタルアーカイブにおいても大学は、この二本柱を実践していくべきと考えられ、教育という点では、デジタルアーキビストの養成、研究という点ではデジタルアーカイブの対象となる文化資源の研究やデジタル化技術の研究が重要である。

大学によるデジタルアーキビスト養成を考えるとき、当然ではあるが、デジタルアーキビストとはどういう身分か、どういう職業、あるいはどういう知見や技能や知識が求められるのかということが問題になる。そもそもデジタルアーキビストという独立した概念、独立した身分は必要なく、司書や学芸員というすでに確立した身分のなかにデジタルアーキビストとしての素養を求めていくことになろう。デジタルアーカイブの事業と、それを担う人材によって、図書館・博物館・美術館・文書館は横に連結していくと考えられる。

2 デジタルアーカイブの構築

安田善一郎銀板写真のデジタル復元

三つの基盤と四つのステークホルダーの相互関係性を前提に、これまで私たちの研究室においてどのようなアーカイブを構築してきたか、代表的な実践例を解説し、今後の課題を明確にする。

最初に解説するデジタルアーカイブプロジェクトは「安田善一郎銀板写真のデジタル復元」である。安田善一郎（一八二四–？）は、一八六〇（万延元）年に日米修好通商条約の批准書の交換のために、江戸幕府からワシントンに派遣された遣米使節団の従者としてワシントンに渡った人物である。このプロジェクトでは、彼が銀板写真家として有名だったC・D・フレドリクス（Charles De Forest Fredricks, 一八二三–一九四）のニューヨークの写真館で撮影した写真が主要な対象となった。

この銀板写真は東京大学史料編纂所から発見されたものであるが、発見当時、銀板写真の表面の劣化が進行しており、画像の多くの部分が認識できない状態であった。銀板写真はもっとも古い写真技法の一つであるが、日本人が写った銀板写真はこれまで十四点しか発見されていない。歴史資料として非常に貴重であったにもかかわらず、画像が十分に認識できなかったので、デジタル技術を使って復元をおこなった。

大山寺縁起絵巻のデジタル復元

次に「大山寺縁起絵巻のデジタル復元」をおこなった。これも東京大学史料編纂所時代のプロジェクトの一つである。大山寺は現在の鳥取県にあたる、伯耆国に奈良時代に創建された古刹であり、その縁起絵巻が室町時代初期に制作された。しかし、残念ながら一九二八（昭和三）年、原本が焼失したため、史料編纂所が所蔵しているガラス乾板の画像が、現在私たちが直接見ることのできる大山寺縁起絵巻の画像のひとつになってしまった。

この絵巻は、戦前は重要美術品に指定されているほどの貴重な作品であった。そこで、モノクロのガラス乾板の画像データに対して、統計学的な処理によって元の色を推定し、デジタル技術を使って復元をおこなった。

このガラス乾板のデジタル復元も前出の銀板写真の復元と同様に、一点の資料に日数と経費をかけるという意味で、いわば一点豪華主義的なデジタルアーカイブである。しかしながら、史料編纂所には他にもさまざまな理由で原本が失われてしまった資料のガラス乾板が存在している。私たちはそのうちとくに重要と思われる資料六十一点についてもデジタル化をおこなった。なかには割れてしまったもの、あるいは乳剤が剥れかかっているものもあったので、やはり復元の作業を加えている。それが私たちが第三番目に取り組んだ「ガラス乾板のデジタルアーカイブ」である。これは一点豪華主義ではなく、点数は必ずしも多くはないが、複数の資料を対象としたデジタルアーカイブのプロジェクトである。

古地図のデジタルアーカイブ

プロジェクト全体の概要　次に、江戸時代に制作された古地図を対象とするふたつのデジタルアーカイブを紹介する。歴史地理学において古地図研究は重要な課題であり、古地図研究によって明らかにされる事柄は多い。たとえば、古地図に描かれた意匠を解読して当時の人びとの地誌的・地理的観念を解明することが可能になる。しかし、研究の対象となる地図が一点だけの場合は、それほどの困難は生じないかもしれないが、複数の地図を調査して相互に比較しようとする場合には、多くの障害が存在する。すなわち、同一の所蔵者や所蔵機関に所蔵されている地図であっても、横に並べて比較したのでは場所をとるし、誤差が発生しやすい。だからといって、地図を重ねて比較することは資料保存の観点から好ましくない。さらに、異なる所蔵者や機関に所蔵されている地図を比較しようとする場合には、原資料どうしを比較することはほとんど不可能で、ペーパープリントやコピーなどを付き合わせることになり、正確性が一層失われる。古地図の比較研究にはこのような研究上の困難さが伴って、研究の大きな障害となっている。

古地図研究の障害を克服するために有効な方法がデジタルアーカイブである。各地に現存する古地図を撮影してデジタル化すれば、パーソナルコンピュータを利用して画像ファイルを容易に再生し、比較研究することができる。現状では、研究に基づいて一定程度評価の定まった地図を改めて撮影し直して高精細デジタル画像を取得することが多いが、研究の最初の段階である所在調査や現地調査の時点からデジタル化を視野に入れておけば、古地図研究も容易に進むと思われる。とくに、研究利用を目的とする場合のデジタルアーカイブは、研究のプロセスとデジタルアーカイブ制作のプロセスを併行して進めることが重要である。また、調査・研究をおこなう研究者とデジタルアーカイブを制作する技術者、資料の所蔵者や所蔵機関が協力して一連の研究・作業をおこなうことも、より重要になってくる。

なお、ここで注意しなければならないのは、デジタルアーカイブの品質である。研究利用を目的としたデジタルアーカイブの場合は、ウェブサイトでの公開などの目的よりも解像度の高い高精細デジタルデータが要求される。しかし、高精細という言葉が意味する品質の実態は必ずしも明確ではない。また、人文科学の研究目的や方法は個別的で、標準的な方法が存在しない。とくに、デジタルアーカイブを利用した研究は初発の段階にあり、研究者の間でも試行錯誤がくり返されているのが実態である。

したがって、デジタルアーカイブの品質や仕様を決定する際には、資料に精通した研究者と、技術に精通した技術者との協力が不可欠である。研究者の側から研究に必要な品質を提案し、技術者がそれを実現するための技術開発を進めるという協力関係である。反対に、技術者が研究者の研究目的をヒアリングして技術仕様を提案することもあるだろう。

国絵図デジタルアーカイブプロジェクト　私たちの研究室では、古地図研究における前述のような諸課題を解決するデジタルアーカイブの構築に取り組んだ。対象とした古地図は、いずれも江戸時代に作成された「南葵文庫国絵図」と

「赤水図」である。

国絵図とは、江戸時代に幕府の命に基づいて諸大名らによって作成された一国ごとの地図である。旧紀伊藩主徳川頼倫が東京大学附属図書館に寄贈した南葵文庫のなかには、国絵図が三十七点所蔵されている。東京大学の附属図書館は一九二三（大正一二）年の関東大震災で焼失したが、その復興のために全国から図書が集められ、その一つに、紀州徳川家の厚意によって東京大学に寄贈されたのである。

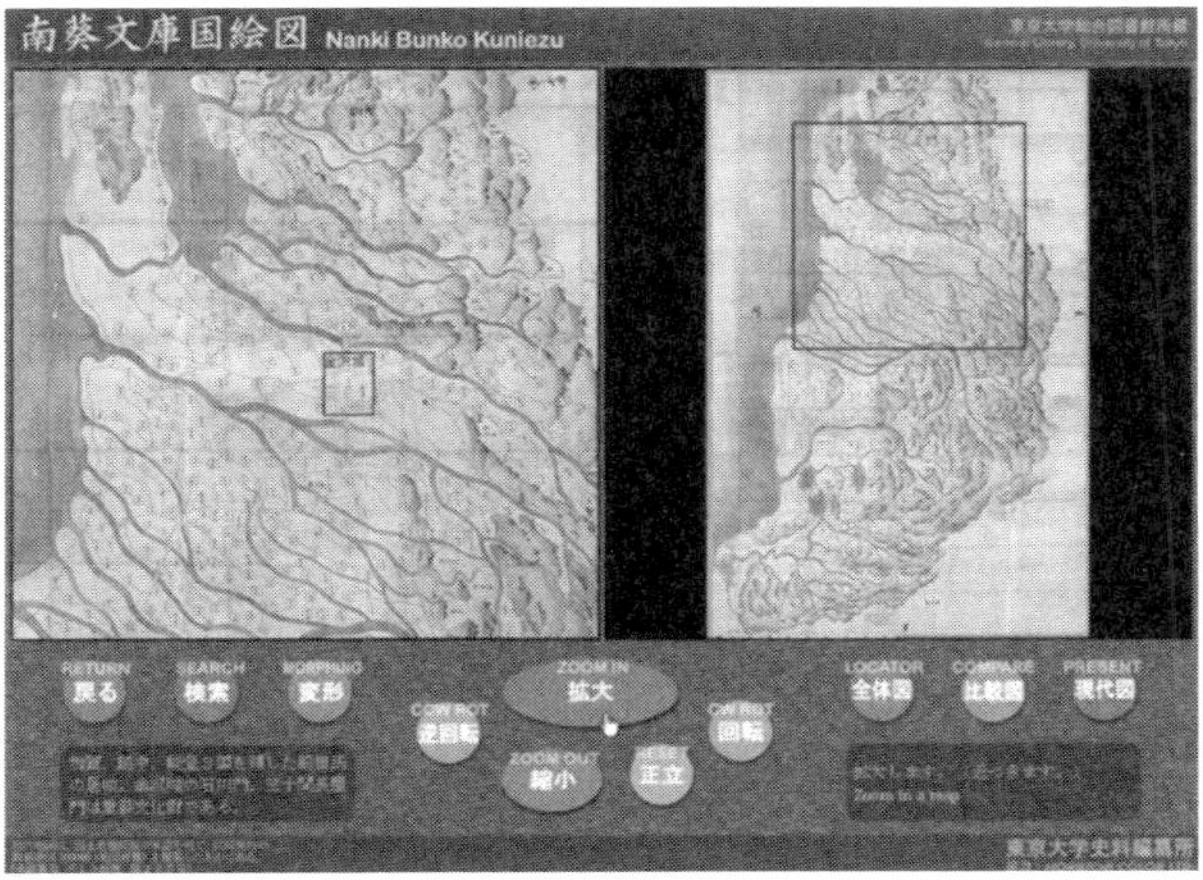

図5・4　南葵文庫国絵図デジタルアーカイブ

この国絵図は非常に大きなもので、なかには一辺が約十メートルに及ぶものもある。それを銀塩カメラで撮影し、さらにデジタル化をおこなった。なお、このプロジェクトでは、単にデジタル化で終わらせるのではなく、それを閲覧するためのビュワーの開発、アプリケーションの開発も同時におこなっている（図5・4）。

南葵文庫国絵図のデジタル化は資料から直接にスキャニングするのではなく、銀塩フィルムで撮影して、そのフィルムをスキャニングした。近年では機材の性能が向上し、資料を直接スキャニングすることや、デジタルカメラによる撮影も珍しくはなくなった。他方、デジタル技術の進歩は日進月歩であるので、デジタルデータの精度が陳腐化するスピードは加速している。

当時もそして現在でも、実は、デジタルデータの保存性も実地に証明されているわけではない。そこで、当時は、メディアとしての安定が保証された高精度な銀塩フィルムで撮影し、フィルムをスキャニングしてデジタル化すべきであると考えたのである。

また、私たちのプロジェクトはデジタルデータに対する画像処理を最低限にとどめるために、撮影の段階でできるかぎり正確な撮影をすることを目標とした。デジタル画像処理に依存しすぎると、原資料の風合が失われてしまう。私たちは地図の大きさと撮影の精度に鑑みて、8×10インチサイズの大型カメラによって撮影をおこなった。国絵図を撮影したフィルムは、のべ九十四枚にのぼり、デジタル化はフィルムスキャナーを用いて入力解像度2000 dpiでスキャンした。

なお、私たちのプロジェクトは、歴史学や地理学研究で使用することを目的としていたので、完成したデジタルデータを利用するために、iPalletnexusという研究支援ツールを開発している。私たちは、フリーで使用することが可能で、技術仕様がオープンで、かつ研究に必要な機能を十分に備えた汎用性のあるツールの開発を目指した。歴史学や地理学研究の目的や方法もまた個別的であり、機能が固定された既存のビュワーでは、個別の研究に対応することが難しい。したがって、研究者が自己の研究目的に応じて、容易にカスタマイズ可能なツールであることが重要である。そのため私たちは、JavaとXMLとJPEGを技術のキーワードとして、研究者の要望を汲みとったツールを開発しようとした。

iPalletnexusには、画像データの拡大・縮小・移動・回転という、ビュワーとしてもっとも基本的な機能が備わっている。さらに、あらゆる研究に共通して必要な比較の機能と書き込みの機能を備えた。すなわち、比較の機能としては複数の画像データを並置して表示し、連動して基本機能が使用できるようにした。また、書き込みの機能としては、電子付箋機能を搭載した。

この電子付箋機能を利用して、国絵図に表記されている主要な地名、山川河沼名、建造物名とその解説をデータベース化し、展示専用のインターフェイスを用意して、東京国立博物館で開催した特別展「時を超えて語るもの」の第三部デジタルミュージアム（二〇〇一年一二月一一日－〇二年一月二七日）、ならびに東京大学総合研究博物館で開催した「デジタルミュージアムⅢ」（二〇〇二年一月二二日－二月二四日）において展示した。このプロジェクトの成果は、日本全図のデジタルアーカイブのプロジェクトに引き継がれ、より高度な機能をもつビュワーアプリケーションの開発につながった。

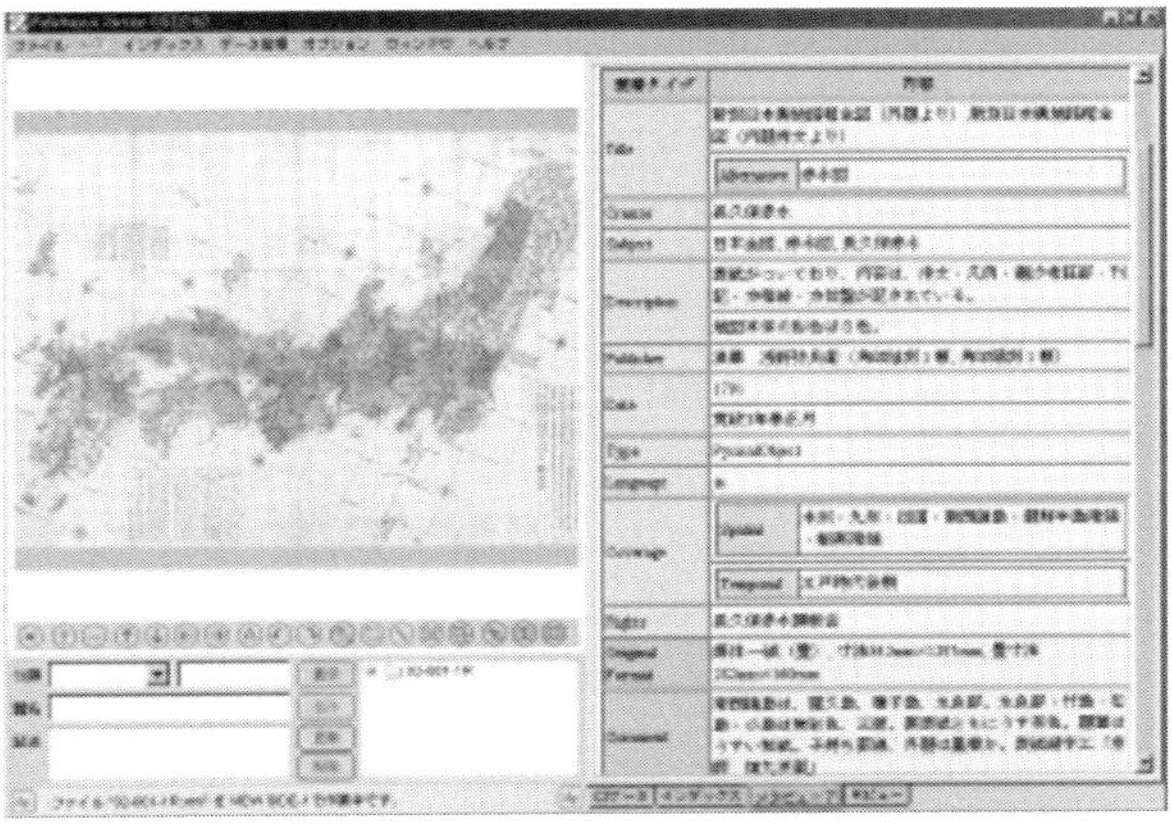

図5・5　赤水図デジタルアーカイブ

赤水図デジタルアーカイブプロジェクト　国絵図のデジタルアーカイブで得た知見や技術は、次の赤水図デジタルアーカイブプロジェクトに引き継がれた（図5・5）。赤水図（『改正日本輿地路程全図』）とは、江戸時代の地理学者である長久保赤水（一七一七－一八〇一）が作成した地図で、江戸時代には日本領土でなかった、現在の北海道と沖縄を除く日本全体を対象にした地図（日本全図）である。日本全図としては、伊能忠敬が作成した伊能図（『大日本輿地全図』）が有名であるが、伊能図は幕府に納められ、一般の人々が見ることのできない秘図であったのに対して、赤水図は市井の書肆で売られ、明治初期まで一般の人々に使用された地図であった。

赤水図は、一七七九（安永八）年に初版が刊行されて以来、幕末までに多くの版を重ね、さらに赤水図を原図とする模倣版や正規の出版手続きをふまない海賊版など、赤水図の関連図とみなすことが可能な多数の種類の地図が作成・販売されている。それらの系統を明らかにするためには、国内各地に現存する赤水図とその関連図を相互に比較検討する必要があるが、赤水図は国内ばかりでなく海外にも流出し、また、個人や機関などに分散して所蔵されているので、すべての赤水図を一カ所に集めて比較検討することは到底不可能である。

そこで、従来の研究では、地図の刊行年や取り扱い書肆などを記した刊記の有無や内容を比較して、赤水図の系統を追究する作業がおこなわれてきた。その結果、赤水図の正規版は、初版から第五版まで刊行された他、栗山信充(一七九四－一八七〇)が著した『兵家紀聞』(一八四六(弘化三)年刊)の付録としても収録されていることがわかった(7)。また、海賊版の地図には刊記が見られず、さらに、地図に記載されている地名の比較から、模倣版を前期と後期に分類しうることもわかっている。

しかしながら、刊記の有無や記載内容の比較、あるいは掲載地名の比較は地図研究本来の比較方法とはいえない。なぜならば、日本全図である赤水図のもっとも重要な情報は地図の本体、すなわち地形や地勢にあるはずだからである。

したがって、多様な赤水図を比較するためには地形や地勢そのものを比較しなければならない。地形の正確な比較が可能になれば、版数に基づく分類ではなく、摺り数をも視野に入れた系統化が可能になるはずである。そこで、地形や地勢の違いを明らかにするためのツールとしてデジタルアーカイブの構築をおこなった。

赤水図の撮影作業は、二〇〇二年一〇月と二〇〇三年一〇月におこなわれた。一般にデジタルアーカイブ作成の際の撮影データは公開されないことが多いが、とりわけ研究利用を目的とするデジタルアーカイブの信頼性を担保するためには、撮影データの公開が望ましい。なぜなら、撮影データをもとに、研究者はデジタルアーカイブの正確性を確認して、利用の範囲を見極めることができるからである。なお、本プロジェクトでは国絵図のプロジェクトと同様、8×10インチサイズのカメラを用いて撮影をおこなった(8)。

なお、二〇〇三年には、赤水図の原図の撮影もおこなった。この原図は顔料で地名や地形が塗抹され、その上に何度も書き直されているので、近赤外線撮影もおこなっている(9)。そして、撮影に引き続いて8×10インチのフィルムをスキャニングしてデジタル化した。

デジタル化された資料の閲覧のために、国絵図のプロジェクトで開発したiPalletnexusをさらに改良して用いることとした。赤水図のデジタルアーカイブに際しては、iPalletnexusに、(1)透過機能の追加、(2)メタデータの表示・編集機能、(3)大量付箋対応、(4)ネットワーク対応、(5)インターフェイスの改良などをおこなった。

まず、透過とは、複数の地図の画像を重ねて表示する機能で、透過度をパラメータで表示して調節可能とした。これは地図の地形や地勢の比較に不可欠な機能である。また、次節で述べるように、地図の画像データに添付するメタデータにダブリンコア(Dublin Core)(10)を採用し、その編集機能も付加した。そして、従来の電子付箋機能を拡充して、大量の付箋にも対応しうるように、付箋をディレクトリ構造で整理しやすくしている。さらに、研究資源の共有化のためにiPalletnexusをネットワークに対応させて、同時に、閲覧する画像を見やすくするためにインターフェイスも改良した。

これらの機能のうち、とくに透過機能の追加は古地図の比較研究には必須の機能である。前節で述べたような改良をおこなったのちに、画像データと書誌データをiPalletnexusに格納した。その際、書誌データにメタデータを付与することとし、ダブリンコアのエレメントセットを採用した。ダブリンコアは原則としてウェブサイトでの利用を念頭に置いて設計されている。したがって、古地図に適用する際の各エレメントの解釈記述内容などを詳細に検討をした上で、書誌フォーマットとして採用することとした。

しかし、ダブリンコアの基本項目を単純に適用しただけでは、研究に必要となる詳細な情報を記述することはできない。また、デジタルアーカイブの書誌データには、原資料に関する情報以外にも、デジタルデータの制作者、日時、権利関係などの情報の記述が求められる。つまり、書誌データの記述には、①ダブリンコア、②現資料詳細情報、③デジタルデータに関する情報が必要となる。そこで、書誌データもこの三つのパートから構成することとした。具体的な記述にはXMLを使用し、ネームスペースを①②③の三つに分けて各々情報を記述した。このような方法によって、①のスペースに、ダブリンコアの規定に忠実な書誌データを記載し、②と③のスペースに、①では記入しきれない現資料とデジタルデータに関する詳細な情報を記載し、①から③までを全体としてデジタルアーカイブに必要な書誌データとして格納した。

赤水図デジタルアーカイブを利用して、赤水図に描かれた地形や地勢を相互に比較してみると、従来の刊記の記載内容や地名の有無と、それらの記載方法の比較ではわからなかった重要な異同が判明するにいたった。

このように「安田善一郎銀板写真のデジタル復元」から「赤水図デジタルアーカイブ」までの過程で、私たちは、人文学研究におけるデジタルアーカイブのあり方、デジタルアーカイブ構築のプロセスのモデル化、研究と展示の両面で活用できるビュワーアプリケーションの開発、そして、標準的なメタデータの採用など、さまざまな課題に直面し、解決してきた。

他方で、ここまでのデジタルアーカイブは、資料の形態や資料群ごとに別々に構築されてきたという問題がある。本来、さまざまな形態の資料をデジタルデータとして横断的に扱える点にデジタルアーカイブの特長があるので、デジタルアーカイブでは、時代や形態、内容やジャンルなどを越えて統合的に資料を扱えることが望ましい。この課題を解決するため、次に、資料を統合的に扱うことの可能なデジタルアーカイブの構築に取り組んだ。

3 文化資源統合デジタルアーカイブ

文化資源統合デジタルアーカイブの概要

資料を統合的に格納するアーカイブを実現する目的で、研究室では二〇〇六年頃より、21世紀ＣＯＥ「次世代ユビキタス情報社会基盤の形成」(リーダー 坂村健教授)の一環として、新しいデジタルアーカイブシステムの構築をおこなった。このシステムのキーワードは「統合」である。私たちはこのシステムを「文化資源統合デジタルアーカイブシステム」と名づけることにした。共通アーカイブあるいは横断的アーカイブは、すでに言葉として存在しているが、私たちはあえて「統合」という言葉を使用した。ここで課題になるのは、誰が何をどのように統合するのかという問題である。

「誰が」に対しては「大学」といいたいが、大学が単独でシステムを構築するだけの、十分な自信がまだない段階である。ただ、私たちは大学だけではなく、循環型のデジタルアーカイブ、すなわち、「みんなでつくるデジタルアーカイブ」である。

次に「何を」統合するのかという問題を解決しなければならない。それは、仕様が異なる多様なデジタルアーカイブそのものやデータフォーマットのデータを一つにまとめることが考えられよう。たとえば、二次元、三次元の異なるフォーマットのデータを一つにする。あるいは、音声・静止画・動画など異なったデータフォーマットを一つにするということである。簡単に言えば、「ばらばらにつくられた分散的なデジタルアーカイブを一つにする」ということである。

また、デジタルアーカイブに格納された資料は、これまで、資料の一覧を基に、あるいは文字検索などによって探索されるのが一般的であった。しかし、歴史資料などの場合、資料に関連する時代・人物・社会組織・歴史的出来事など、さまざまな事物の関係性をとらえながら資料を探索できることが理想的である。

さらに、資料に付与されるメタデータは、公開後にデータ内容の修正や追加をおこなう必要性が生じる。したがって、アーカイブを構築する側だけではなく、それを利用するユーザなどによって、多様な観点からメタデータ情報の確認などがおこなわれ、正確さを担保することが望ましい。また、さまざまな資料を使用して多角的な分析をおこなう画像資料などは、ユーザから新しい事実や解釈の付与がおこなわれる場合がある。ゆえに、ユーザの資料に関する意見や指摘をフィードバックできる機能を設けるべきである。このような機能を設けることにより、資料に関する記述をより精度の高いものとすることが可能になると考えられる。

以上のような理由から文化資源統合デジタルアーカイブは、①さまざまな形態・内容の資料群を一つのデジタルアーカイブに統合的に格納する、②資料に関係する時代・場所・人・組織・物などの事物の関係性を把握しながら、それらに関係する資料を選択できるようにする、③資料やそのメタデータなどに対してユーザが情報提供や情報交換をおこなえるツールを付け加える、という三つの課題を満たすシステムの構築を目標とした。

文化資源統合デジタルアーカイブの対象資料

本デジタルアーカイブで対象とする資料は、(1)幕末から明治にかけて長崎で写真師として活躍した上野彦馬(一八三八―一九〇四)が撮影した歴史写真(古写真)を中心とした「歴史写真資料」[11]、(2)弥生式土器の発見者の一人で、明治期に人類学者・考古学者として活躍した坪井正五郎(一八六三―一九一三)に関する「坪井正五郎資料」[12]、(3)そして坪井正五郎の子息で岩石学者として著名な坪井誠太郎が建設した大正期の文化住宅である「坪井邸建築資料」、さらに、(4)江戸時代に地理学者として活躍した長久保赤水が作成した前出の日本全図「赤水図資料」[13]の四つの資料群である。これらの資料群はこれまで別々のデジタルアーカイブとして構築されてきたが、このプロジェクトではこれらを統合して一つのデジタルアーカイブを構築することにした。

デジタルアーカイブの全体構成

文化資源統合デジタルアーカイブの構築にあたり、まず統合性を実現する全体構成と基本機能のデザインをおこなった。デジタルアーカイブの基本機能として、「資料一覧」「事物・つながり検索」「地図・年表検索」「文字検索」「談話室」という五つの機能を設けることにした。まず、「資料一覧」にはすべての資料を一覧できる機能を設け、各資料群や資料の形態にかかわらずすべての資料を一覧できるようにした。また、画像資料の閲覧には前述のiPalletnexusの拡張版とし開発されたiPallet/Lime[14]を使用することとした。次の「事物・つながり検索」では、多様な事物の関係性を把握した上で、必要な資料を探索できる機能を設けることにした。さまざまな事物は主に、資料と関係する人・組織・時間・空間・物体・抽象概念などによって構成され、それぞれの関わりが可視化されたチャートなどを確認しながら、それの事物と関連する資料などを選択する機能を設けた。また、「地図・年表検索」でも、同じように資料の形態や資料群の違いを越えて、資料を地図や年表上でマッピングする機能を設けた。これらにより、異なる形態や異なる資料群の資料でも地理的・時間遠近などの新たな視点からグルーピング化をおこなえるようにした。また次の「文字検索」では、四つの資料群のすべてを横断的に検索できるようにするとともに、関連する事物に関する情報も表示できるようにした。最後に、「談話室」では、資料群全体や各資料、あるいは事物に関する解説などについて私たちと登録されているユーザがコメントを入力することや、資料に関する議論をおこなえる機能を実装した。

メタデータのデザイン

資料を統合して格納するもっとも重要な要素は、すべての資料に対して汎用性のあるメタデータを設計することである。文化資源統合デジタルアーカイブで対象とする資料は、資料群が異なる上に、格納する資料も、写真、絵地図・絵画、文字資料（書簡・書籍・メモ・ノート・原稿）、立体物、映像、音声など多種多様な資料が格納されている。したがって、これら多種多様な資料に共通して適用できる汎用的なメタデータエレメントの設定が必要である。

資料群ごとに構成される個別のデジタルアーカイブでは、従来アーカイブ内における資料群ごとの多様性と将来的な統合を想定して、より汎用性のあるダブリンコアを中心としたメタデータを付与してきた[15]–[18]。そこで、本アーカイブでもこれらの方法を継承して、ダブリンコアの十五項目を中心としたメタデータエレメントを構築することにより、異なるアーカイブを効率的に統合することが可能となった。さらに、これらに加えて物理的な形態や管理情報を掲載する項目として、「技法」「形態・形式情報」「掲載雑誌名」「資料群名」「入力物」「入力日」「読上」「所有者」「保存区分」「保存構造」「寸法・容量」「展示・掲載履歴」などのエレメントを加えている。これらにより、基本機能の一つである「資料一覧」では、形態や資料群の違いに関わりなく、すべての資料を一つのビュワーで閲覧できるようにした。また「文字検索」の機能ではすべての資料を同時に対象とする検索を可能とした。

オントロジのアーカイブへの活用

オントロジとデジタルアーカイブへ　文化資源デジタルアーカイブ、各資料に関しては関連する人・組織・時間・空間・物体・抽象概念などについてのさまざまな事物が記載され、それぞれが個別に結びついている。その結びつき方をシステム上に明示化するために、オントロジを採用した。歴史的事物の体系化にオントロジを用いた先行事例は世界的にきわめて少ないが、近似の例として、メリーランド大学でオーラルヒストリーなどを集積したデータベースの知識理解ツールとして、物語に登場する人物や土地との関係性をオントロジで表現する試みをおこなっている[19]。また、HEML（The Historical Event Markup and Linking Project）[20]においては、世界のさまざまな歴史イベントを独自のXMLで記述している。

前者は、特定の地域の歴史の事像のみを対象とし、後者は広範囲の世界史的な記述まで踏み込んでいる。文化資源統合デジタルアーカイブではこれらの事例をふまえながらも、対象を特定の歴史資料だけではなく日本の近世・近代期の資料に適用し、なおかつ、歴史的な出来事だけではなく、いかなる資料の内容にもおおむね適応できるように、学問・思想などの抽象概念、物体、行為・作用、社会組織なども含めた広範囲な事物に対する体系化をおこなうこととした。

なお、一般的なオントロジにおいては、固有名詞や実在した人物などを含めず一般概念レベルのみで完結するが、

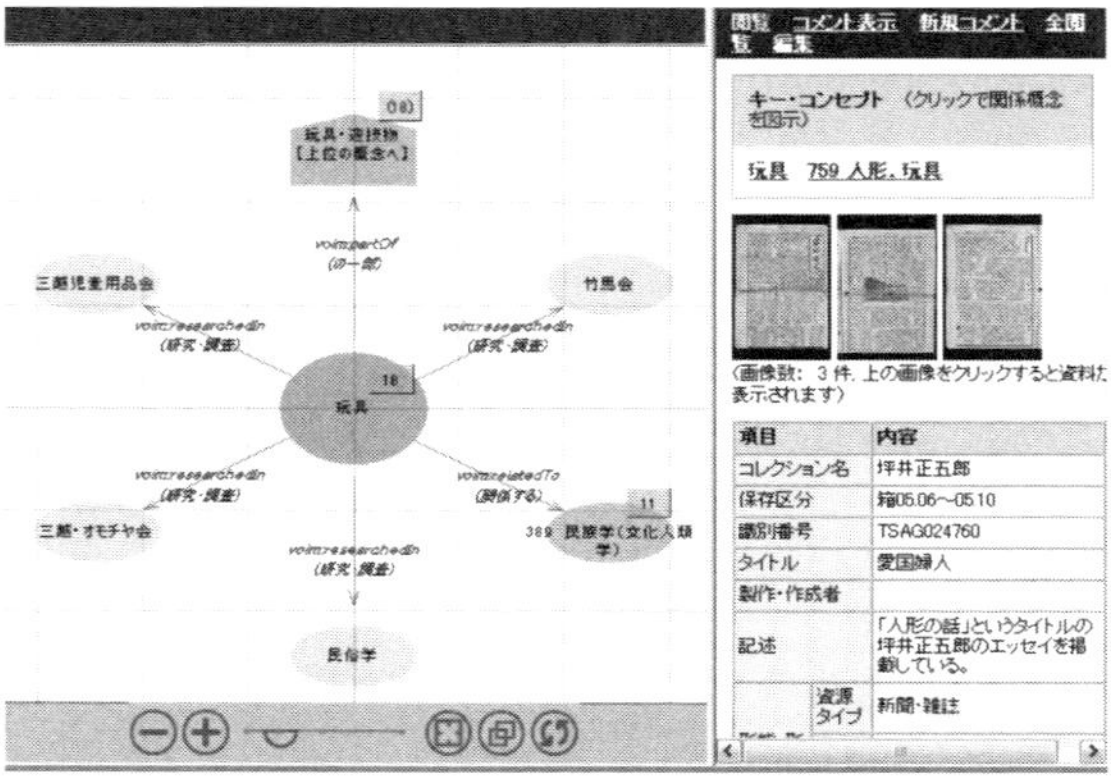

図５・６　キーコンセプトと相関図

本デジタルアーカイブにおいては、一般概念の下に歴史上に実在した人物・組織・地名など歴史的に「存在」したインスタンスの一つとして結びつけるいわば拡張型のオントロジを構築することとした。

オントロジの全体構成　文化資源統合デジタルアーカイブにおいて、さまざまな事物を体系化する基礎として、哲学的な議論の上に構築されたニコラ・グアリーノ（Nicola Guarino）が提唱した上位オントロジ体系を援用することとした。上位オントロジとは、前述したように世界に存在する多くの事物の概念を「基底（時空間）」「具体物（物・プロセス）」「抽象物」「質」「量」「ロール（役割）」「関係」などさまざまな要素に分けて体系化した概念体系であり、それぞれの概念同士は“is a”や“part of”などの関係子によって構成されている。本デジタルアーカイブでも、既存の上位オントロジを基礎として、資料に関係する概念を中心に、主として「A：場所空間」「B：時間」「C：具体物」「D：抽象物」「E：属性」「F：量」「G：ロール（役割）」「H：事」「I：表現形態」「J：行為・作用」「K：社会」「L：現象」を軸に、資料世界に存在するさまざまな概念と事物の定義をおこなう体系を形成した。そして、各概念同士のつながりに対しては、必要な関係子を新たに設定して概念構成をおこなった。その結果、資料に関係する時間・空間・人物・組織・有形物・抽象概念などさまざまな事物相互の関係性の構築が実現した。

四つの資料に関する主要な人物の居住地域や行動範囲、生没年、社会組織や歴史的な出来事との関わりを結びつけた。

オントロジのデジタルアーカイブへの活用　構築されたオントロジは、iPallet/KUMU(21)のシステムをベースとするXMLデータベースに格納され、図5・6のようにその事物同士の関係が可視化されたチャートグラフで表示される。

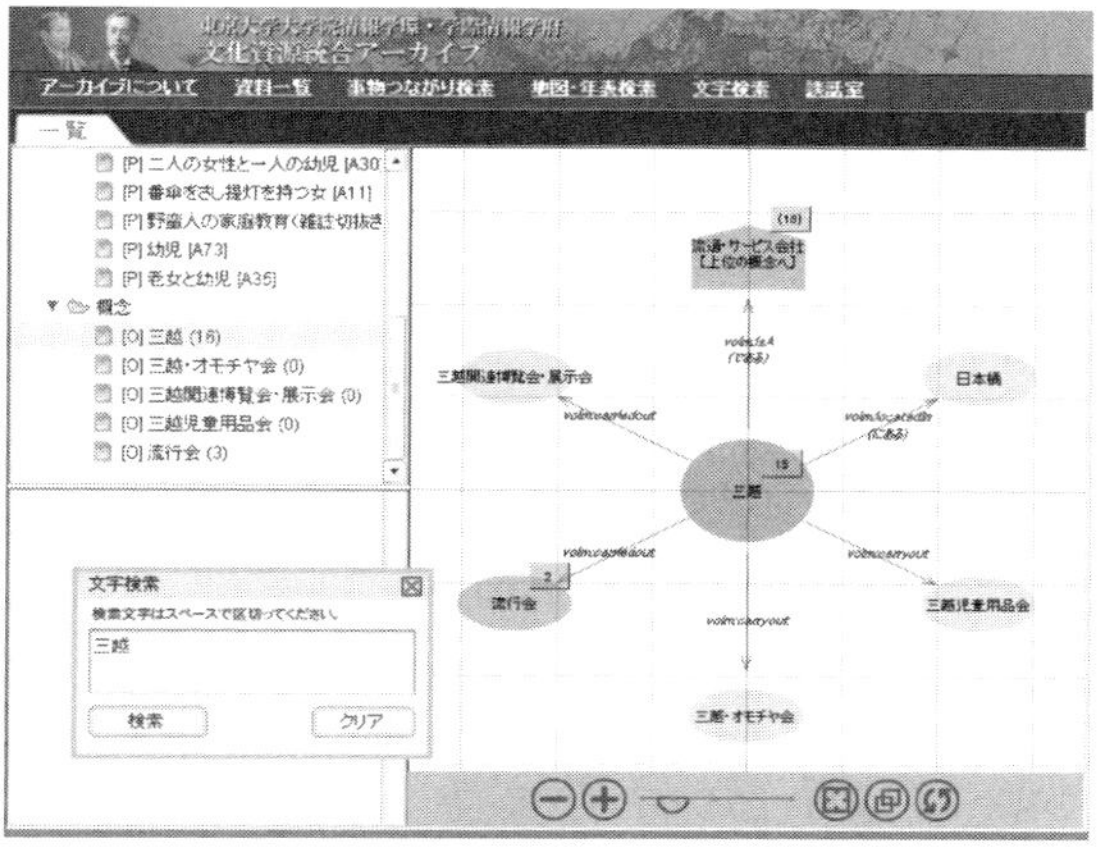

図5・7　検索結果で表示される相関図

そして、各事物と関連する資料はグラフ上に表示され、それをクリックすると資料が表示されるようにした。このように、さまざまな事物との関連性を把握しながら、デジタルアーカイブの資料を閲覧することが可能となったのである。そして、本来は違う資料群に属していた坪井正五郎資料と歴史写真資料をたとえば、共通の人物によって結びつけることが可能となった。

また、個別の資料を表示したときには、図5・6で示すように各メタデータ上に「キーコンセプト」欄を設け、資料と事物に関する語を表示させた。これらの語をクリックすると、相関図が表示され、その他の関連事物との関わりの有無や遠近を把握できるようにした。

また、検索の際も図5・7が示すように検索した語と、関連するさまざまな事物を相関図の形態で表示させることにより、入力語だけではなく、それと関連するさまざまな事物と、それらと関連する資料などへもアクセスできるようになった。そして、各事物相互のつながりを把握しつつ、さまざまな資料の探索をおこなえるようにした。以上により、資料に関するさまざまな事物相互の関係化とそれらと資料を連携させることが可能となった。

コミュニティ機能の構築

文化資源デジタルアーカイブでは、オントロジ上に格納した各事物やメタデータに関する内容に誤りや追加すべき事項などがある場合は、登録制のコミュニティを通じて情報を交換する機能をもたせた。この機能によく似た事例としては、アメリカの The Drexel Digital Museum Project などがある[22]。このプロジェクトでは、服飾などのイメージを格納したアーカイブにコミュニティ機能を加え、各資料に対してコメントを書くことができる。このような機能を備えたデジタルアーカイブは、世界的にまだ類例が少ない。

しかし、一次資料のなかでも絵画や写真資料などの場合は、事後に新たな情報や修正すべき事実が発見される場合が多い。また文字資料でも、翻刻の間違いなどが事後に確認される場合がある。そこで、メタデータに関する情報の信頼性を高める目的で、コミュニティにおけるフィードバック機能を付与することとした。

コミュニティ機能として、「談話室」と名づけた、各ユーザによって書き込みがおこなえる掲示板と、各資料上にコメントを付与できる電子付箋機能の二つを設けた。「談話室」では、格納されている資料全体に関わる話題、各資料に関わる話題、そしてオントロジに関するコメントという三つのカテゴリーに分けた。また、電子付箋機能は、各資料上のメモを残したい箇所を選択すると、記入フォームが現れ、そこにコメントを書き込んで保存できる機能である。これらのコメントは、他の登録メンバーも閲覧することが可能なので、付箋に記入された内容に対して「談話室」において議論することも可能である。

「談話室」と電子付箋の機能をもたせることによってユーザ間に活発な議論がおこなわれ、後述する実証実験期間中に、三百件近くのコメントが寄せられた。一部のメタデータやオントロジに関しては、この「談話室」の議論がもとになって、修正された。

このように、デジタルアーカイブに格納された知識情報の活用は、今後のデジタルアーカイブ構築において重要な課題である。ゆえに、今後も実証を重ねて、デジタルアーカイブの理念をはじめとして、よりよい技術や方法論を確立していくことが必要である。

私たちは、文化資源統合デジタルアーカイブシステムが、将来「知識化複合体」に発展していくと考えている。その頃には、「デジタルアーカイブ」という言葉はなくなり、新たなコンテンツとシステムに変貌しているであろうという期待をもっている。

4　デジタルアーカイブの課題と展望

研究室のデジタルアーカイブの概要

私たちの研究室では、二〇〇〇年頃から現在にいたる十年余の間にわたって安田善一郎銀板写真のデジタル復元から文化資源統合デジタルアーカイブまで、さまざまなデジタルアーカイブを開発してきた。その特徴は、以下の六点に要約されよう。

まず第一に、初期は一点だけの原資料に時間と経費をかける、いわゆる一点豪華主義であったが、その後一度に複数の原資料を扱うようになった。つまり、当初はより高精細なデジタルデータの取得と、それを利用した復元研究に主眼が置かれていたのである。

第二に、当初は資料のデジタル化が中心であったが、のちに閲覧ソフトiPalletnexusシリーズの開発をおこなうようになった、すなわち、デジタルデータの取得だけでなく、その有効利用も視野に入れるようになったのである。

第三に、研究目的のバージョンと公開のバージョンという二つの目的に基づくデジタルアーカイブ、あるいはソフトウエアの開発をおこなってきた。研究目的のデジタルアーカイブには、そのときどきの最高の品質が求められる。デジタルアーカイブに基づく研究成果とともに、デジタルアーカイブの解像度を運用レベルまで下げて公開用とした。

第四に、本稿では、ソフトウエアの技術仕様には触れなかったので、十分に論じることができなかったが、スタンドアローンで使うソフトウエアから、ネットワーク対応のソフトウエアに発展させた。

第五に、インデックス用のメタデータに工夫を加えて、汎用的なメタデータと個別的なメタデータの両立を可能とした。つまり、汎用的なメタデータであるダブリンコアを基本としつつも、さらにそれを拡張して新たなメタデータのエレメントを設定した。

そして第六は、第一から第五までを通じて、デジタルアーカイブ学の構築、あるいは専門的な人材の養成を目指してきた。

デジタルアーカイブの残された課題

しかし、これまでの十年余の間に、私たちのデジタルアーカイブ構築の試みが順調に推移したかというと、必ずしもそうではない。デジタルアーカイブの「歩み」はイコール、デジタルアーカイブの「悩み」であった。その悩みとは、次の七点におよぶ課題である。

第一は、デジタルアーカイブのプロセスで原資料の保存が軽視されてしまう。デジタルアーカイブの構築例は多いが、それらが現資料の保存や管理の向上や修復などに必ずしも結びついていない現状がある。

第二は、デジタルアーカイブがさまざまなところで構築される一方で、それが有効に利用されず、分散して存在し、非効率である。近年では、文化遺産オンライン[23]や国立国会図書館デジタルアーカイブポータル[24]などデジタルアーカイブをより横断的に閲覧・参照する試みが続けられている。これらのプラットフォームを拡充し、積極的に活用して、デジタルアーカイブの横断的利用を促進すべきである。

第三は、デジタルアーカイブは非常に費用がかかるので、費用対効果の非効率性を挙げることができる。情報技術は日進月歩の速さで進化する。したがって、デジタル化とその公開などに必要な使用機器やアプリケーションは、さらに高性能化した製品が次々と出現し、そのコストが低減しない傾向にある。しかし、デジタルアーカイブのような公共的な文化情報資源に対しては、より多くの組織が取り組めるように、コストの低減化に図らなければならない。

第四は、デジタルデータの陳腐化の加速である。これは、デジタル技術が急速に進歩していけば当然であるが、デジタル化した当時は最高級の高精彩画像が、一年後、二年後には、すでに陳腐化してしまう。また、特定の技術や環境に依存すると、それらの開発やサポートが中止された後は、デジタル化された文化資源が活用されなくなる。

第五は技術的な仕様の開示と標準化である。多くのデジタルアーカイブでは、それらがどのような仕様に基づき、どのような機器やアプリケーションを使用して開発されたものであるか、十分な情報を開示していない。また、デジタルデータを格納するシステムの仕様が標準化されていないため、それぞれが分散した規格で作成しているという問題がある。たとえば、画像ファイルは単純なほうなので、汎用的なファイル形式が存在している。それでさえ、すべての画像ファイルがすべてのソフトウエアで使えるわけではない。

第六はデータの信頼性である。私たちはデジタルアーカイブの見栄えや、出来栄えのよさに目を奪われることが多い。本当にそれが原資料を忠実に再現しているかという信頼性がなくては、学術研究に用いることが難しい。ゆえに、色や形状などに関して、原資料とどのような相違があるかを、数値化された複数の基準を設けて評価をおこなうことが求められる。

第七は技術の進歩への非対応である。これは私たち自身に向けた言葉でもある。つまり、デジタルデータは理論上劣化しなくとも、それを取り扱う人間は劣化するので、ひとりの研究者や技術者が永久に新しい技術を取得していくことはできない。したがって、新しい技術に対応する人材をつねに育成する教育体制や、専門教育を受けた人材を活用していくシステムを整備しなくてはならない。

デジタルアーカイブの対象となる文化資源であれば西洋史、東洋史、日本史、さらに考古学や美術史などの専門家が存在する。他方、機関では、図書館の司書あるいは博物館・美術館の学芸員、さらに身分的にはあまり確立されていない公文書館のアーキビストなどの専門職が存在する。しかしながら、デジタルアーカイブには存在していない。別な見方をすれば、デジタルアーカイブは、それらの専門的な人材に対してデジタル化の共通の知識や技能を求めているとも考えられる。そういう専門的人材が再教育を受ける場を用意することも必要である。

最後に、本章で述べてきたことを四点に要約しておく。第一は、デジタルアーカイブには図書館・博物館・美術館・文書館を横断する可能性が存在し、それへの対応がいま私たちに求められている。第二は、デジタルアーカイブには資料基盤、技術基盤、社会基盤という三つの基盤が必要であり、それぞれの標準化と整備が求められる。さらに、第三は、個別化・分散化しているデジタルアーカイブが統合され、利用に供する段階に到達していくのではないだろうか。その場合、統合に際して三つの基盤が密接に関連していることが重要である。

第四は人材育成にかかわることである。私たち高等教育機関には司書・学芸員養成と共同・連携して、デジタルアーキビスト養成とデジタルアーカイブ研究の可能性が存在する点である。私たちは、本章で示したデジタルアーカイブ構築の標準的なモデルが、現実のデジタルアーカイブ構築に活用されるだけでなく、それを実践するデジタルアーキビスト養成のカリキュラムにも反映されることを願ってやまない。

註

（1）デジタルアーカイブ推進協議会『デジタルアーカイブ白書二〇〇四』二〇〇四年、一六四–一六五頁。

（2）笠羽晴夫『デジタルアーカイブの構築と運用―ミュージアムから地域振興へ』水曜社、二〇〇四年、七四–七七頁。他に、同『デジタルアーカイブ　基点・手法・課題』（水曜社、二〇一〇年）も参照。

（3）国立国会図書館関西館事業部電子図書館課「国立国会図書館資料デジタル化の手引き」二〇〇五年。

（4）Minerva Project　http://www.minervaeurope.org/（Accessed 2011. 04）.

（5）Minerva Project. *Technical Guidelines for Digital Cultural Content Creation Programmes*. 2004.

（6）http://www.jiscdigitalmedia.ac.uk/advice/advice.html（Accessed 2011. 04）.

（7）赤水図のこれまでの研究と分類については、馬場章「地図の書誌学―長久保赤水『改正日本輿地路程全図』の場合」、黒田日出男、メアリ・エリザベス・ベリ、杉本史子編『地図と絵図の政治文化史』東京大学出版会、二〇〇一年、三八三–四三〇頁、馬場章「赤水図の書誌学」、大崎真末「幸福な学者・幸福な地図」（以上『高萩市市民文化誌　ゆずりは』八号、二〇〇二年、五八-六三頁）参照。長久保赤水の伝記として、古くは住井すゑ『日本地理学の先駆　長久保赤水』上・下巻（筑波書房、一九七八年）があり、長久保光明・長久保片雲による著書がある。近年には、横山洸淙『清學の士　長久保赤水』（ブイツーソリューション、二〇一〇年）が刊行された。

（8）馬場章、谷昭佳、吉田正高、研谷紀夫、津田光弘、肥田康、奥村泰之、川瀬敏雄「デジタルアーカイブを利用した地図の書誌学—長久保赤水製作『改正日本輿地路程全図』の場合」情報処理学会シンポジウムじんもんこん二〇〇三論文集、情報処理学会、二〇〇三年、一一九—一二六頁。

（9）近赤外線撮影のデータは以下の通りである。

カメラ：マミヤ RZ67 ProII

レンズ：90 mm

撮影倍率：10：1

使用カメラ：Kodak Professional DCS Pro Back Plus

（10）http://www.dublincore.org（Accessed 2011. 04）

（11）デジタルアーカイブの構築に際しては、上野一郎氏と学校法人産業能率大学のご指導とご協力を得た。

（12）デジタルアーカイブの構築に際しては、佐川春久・長久保片雲・長久保保・横山功・若松建一・大崎宥一・大崎真末の各氏と、（茨城県）高萩市歴史民俗資料館ならびに長久保赤水顕彰会のご指導とご協力を得た。

（13）デジタルアーカイブの構築に際しては、坪井正道・坪井直道両氏のご指導とご協力を得た。

（14）http://www.ipallet.org（Accessed 2011. 04）。これら iPalletnexus シリーズは津田光弘氏、株式会社堀内カラーとの共同開発である。

(15) 研谷紀夫、倉持基、馬場章「歴史写真研究のためのデジタルアーカイブの設計と構築」『ディジタル図書館』ディジタル図書館ワークショップ、二七、二八号、二〇〇五年、四〇-四八頁。
(16) 研谷紀夫、馬場章「建築資料を対象としたリアル・デジタルアーカイブの構築」『アーカイブズ学研究』四号、二〇〇五年、五〇-七〇頁。
(17) Norio TOGIYA, MitshiroTSUDA, Akira, BABA, Providing Metadata to Historical Material on Viewer Application iPalletnexus, Proceedings of the International Conference on Dublin Core and Metadata Applications, pp. 187-194, 2004.
(18) 研谷紀夫、馬場章「近現代個人資料へのメタデータ付与の実践と検証」情報処理学会シンポジウムじんもんこん二〇〇四論文集、情報処理学会、二〇〇四年、九一-九八頁。
(19) W.White, Hyunyoung Song, and Jay Liu, Concept Maps to Support Oral History Search and Use Ryen, Proceedings of the 6th ACM/IEEE-CS joint conference on Digital libraries, pp.192-194, 2006.
(20) http://www.heml.org（Accessed 2011. 04）
(21) http://www.ipallet.org（Accessed 2011. 04）
(22) Kathi Martin, The Role of Standards in Creating Community, Proceedings of the 13th international World Wide Web conference, pp.35-41, 2004.
(23) http://bunka.nii.ac.jp（Accessed 2011. 04）
(24) http://porta.ndl.go.jp/portal/dt（Accessed 2011. 04）

第6章　学術活動支援のための知の構造化

石川徹也

書物・モノ資料・美術品・公文書は知的活動の成果物である。それらを利用（閲読・鑑賞・調査など）することで自己の知的活動を刺激し、一方、その結果の正否を確認するための必須の材料でもある。書物を所蔵する図書館、モノ資料を所蔵する博物館、美術品を所蔵する美術館、そして公文書を保管する公文書館は、知的活動の成果物を保管する場（機関）として、なくてはならない存在（機関）である。必須の機関である以上、質の高い所蔵および使い勝手の良さが求められる。わが国の図書館・博物館・美術館、そして公文書館は、この期待に応えているのか？

いまの諸情勢の影響の下においては、個々の館の努力では解決し得ない多くの困難な問題に直面している。はたしていま、各館の運営および専門職員養成はどうなっているのか？「知の構造化と図書館・博物館・美術館・文書館――連携に果たす大学の役割」と題したシンポジウム（二〇〇七（平成一九）年二月一七日）は、困難な問題点を横断的に検討し、解決策の糸口を見出すことを目的とした。

そこで、本章では当シンポジウムの開催目的に照らし、「知の構造化」のためにとくに図書館の状況を例に、ＭＬＡ連携について期待を込め〝少し過激に〟再現する。

構成は以下となる。はじめに、研究活動の〝珍なる現象〟を独断的に解し、教育のあり方について一言述べ、もはや四年も前になるが、当シンポジウムの開催の意図を改めて考察する。次に図書館・博物館・美術館・文書館ではないが、東京大学の「史料編纂所」の目的を簡単に整理し、筆者が現在取り組んでいる「歴史知識学」の研究を元に図書館・博物館・美術館・文書館の必要性を改めて認識する。そして最後に、四館に、教育研究活動を十分に支援いただくために、たとえば関係が大である資料でありながら、各館の利用条件が異なることから、モノによっては自由に閲覧（利用）できないといった、いまのままでは問題があることから、改革すべき点を示す。

1　「知の構造化」の必要性

「これは何だ？　なぜか？」から「こうすれば良いだろ！　これでどうだ！」と疑問を抱き、現象の原因と対象の特性を解明し、解決策を考案・構築する行為は、研究開発活動の基本的な工程である。そして、この研究開発活動の成果を教授するのが大学教育である。

研究開発の成果は公表して初めて認知される。公表しなければそれは何ら意味をなさない。研究者は、日常は組織に所属し活動している。この結果、活動の評価は成果主義となる。認められる成果は新規事項のみである。こうなると多くが新規性を求め〝隙間の成果〟を狙うことになる。まさに隙間産業（niche industry）現象であり、数値限定発明の特許（parameter patent）現象である。この結果、自ずから研究対象は細分化されてくる。こうなるとますます深堀が必要になる。まさに〝知の細分化〟現象が生じる。以上の現象は「森を見ている限り」けっして悪い現象ではないのだが……。問題は〝研究のための研究〟現象が生じることである。とくに既存機能の高度化の研究において生じる。何のための研究か、その目的が希薄になる現象を〝専門バカ〟というのだろう。不要と思われる機能が生まれるのは、この現象の最たる証拠である。

〝専門バカ〟に陥らないためには、少なくとも周辺分野の理解・成果の動向をつねに見ている必要がある。しかも広領域であればあるほどよい。その理解には周辺知識が必要になる。ただし、理解するだけでは研究に応用できない。自己の分野知識と関係づけて理解する必要がある。この関係づけを「知の構造化」と理解する。関連づける「知の構造化」力は個人の知力・努力に依存する。しかし、実際には個人の力では限界があり無理である。その知識を提供してくれる機能が必要になる。それが「図書館・博物館・美術館・文書館」などであり、はずである。

2　図書館・博物館・美術館・文書館の状況――図書館を例に

土曜日の、しかも「夕方には雨、寒くなる！」との天気予報にもかかわらず、シンポジウムの会場である東京大学弥生講堂はたちまち満席となり、立見での参加もいただいた。このことだけを考えるとこの公開シンポジウムは大成功であった、といえる。しかし「なぜあれだけ多くの方々が参加くださったのか?」、その疑問はいまもときどき頭に浮かぶ。加えて「何かお役に立ったのだろうか?」と、いささかの後ろめたさを感じる(いまとなっては「何か変わったか?」とも思う)。

筆者の関わった「図書館」を冠する単独のシンポジウム、パネルディスカッションなどで、これだけの盛り上がりを経験したのは過去二回にすぎない。約十五年前の「電子図書館パイロットプロジェクト」の成果報告会と、二〇〇六年の「第八回図書館総合展」のセッション[(1)]を除いて。

「電子図書館パイロットプロジェクト」は、当時の通商産業省のプロジェクト[(2)、(3)]の成果発表会であり、図書館界からはもちろんのこと、産業界からこぞっての参加を得ての会であった(筆者はプロジェクト推進メンバーとして参画)。当プロジェクトは、一九九〇年代に入ってアメリカに端を発する高速通信網(ISDN: Integrated Service Digital Network)整備の一貫として、一九九三年にアル・ゴアー副大統領が提唱した情報スーパーハイウェイ構想に触発され、わが国における次世代デジタル通信とマルチメディア技術の産業育成を主眼とする開発研究型の、図書館界よりも産業界のほうが燃えたプロジェクトであった。

「図書館総合展」のセッションは、インターネットの時代の「図書館におけるレファレンスサービスのあり方」を考える目的のものであり、『図書館に訊け!』[(4)]の著者である井上真琴氏の講演ゆえに、〝入場お断り〟もしたほどの盛会であった(筆者はコメンテーターとして参加)。

上記二回の盛会は、それぞれが〝時を得た〟課題に起因している。対して今回は「何ゆえ、か?」開催案内パンフレットのキーフレーズ(左記)のどれかに期待されたのか?

●小宮山総長が提唱する「知の構造化」に関心をもたれたのか?

●「図書館・博物館・美術館・文書館の連携」ということに興味をもたれたのか？

●「大学の役割」から「図書館・博物館・美術館・文書館」を対象に、東京大学が何かを始めようとしているのか、ということに関心をもたれたのか？

会が終わってからの何人かの方々の感想、また後のEメールなどでいただいた連絡では、参加の目的は、三番目の「期待」がほとんどだった。感想を寄せてくださった方々は、図書館職員あるいは図書館情報学専攻の教員であった。なぜ三番目なのか？　その方々の思いは、おおよそ以下のものであった。図書館というフィールドに身を置く者として、図書館のいまに閉塞感があり、さらには図書館の今後に展望を描けない。結果、わが身の立場に危機感を抱いていることから、東京大学というブランド大学が「何かを始めることで未来が見えるかもしれない」といった切実な思いをこめての参加であった。

その閉塞感とは何か、そして展望が描けないのはなぜか？　その理由は、いただいた「感想」から以下のように集約できる（意見を寄せてくださったことから、本音をうかがえた）。

●公共図書館職員の方：最近、図書館の利用形態が急激に変わってきている。無料貸本屋・勉強部屋といわれて久しいが、最近は休憩所であり、映画館である、という。

●大学図書館の方：レポート書きにパソコン持参で現れるが、資料を調べる様子もなく、また何かを聞かれることも少なくなった、という。要は、インターネットおよび携帯電話に代表される多様なモバイル端末の普及および電子書籍に代表されるさまざまなデジタルコンテンツの充実に伴い、「調べたり、楽しんだり」といったことを、図書館にいかなくとも十分達成でき、しかも“ubiquitous information access”(5)を享受できるようになった、ことによる。

●司書養成の教員：「指定管理者、またＰＦＩ制度」の導入に伴い、最近では図書館からの司書の求人は皆無に近い。対して請負業者からの求人はあるが、みな契約社員である。大学の経営問題と学生への背信的な気持ち（＝社会的に要請がない資格の教育）に後ろめたさを感じながら毎日はストレス、とのこと。

わが国では、年間、約一万人の司書資格者が生まれているという（序章参照）。このなかにあって、筆者の知る範囲において、全国で三十五人の求人にすぎなかったときがある。いまは、指定管理者・ＰＦＩ制度（第５節参照）の導入によって、司書資格者の求人が若干増えているとのこと。しかし、その就業条件はパートタイマーとのこと。就職先としては、回避される状況にある。

図書館を取り巻くいまの様相に対して、博物館・美術館の変革、また新設オープンが、さらには特別展示が、そのときどき、華々しく報道に取り上げられる。図書館の窮状とは比較にならない感がある。

図書館・博物館・美術館・文書館は、異種の館であるが共通点が多であるはず。「知の構造化」の必要性が提起されているいま、図書館・博物館・美術館・文書館が担う役割（期待）は大である。次節で「学術活動における知の構造化」の必要性について、筆者の現在の研究課題から探ることにする。

3 「史料編纂所」の目的

東京大学の附置研究所である「史料編纂所」は、「八八七年」から明治維新期（一八七一年頃）までの約九八〇年間に、わが国で起こった、または、わが国に関わる「政治的出来事・事件等」を、史料を基に表出することをおこなっている（図６・１）。この作業は図６・２に示すとおり、史料の所在調査から始まり、その撮影収集、そして翻刻（楷

1）目的…明治維新期を含む前近代日本史史料の編纂および日本史研究
2）開所…1793年 和学講談所 → 1888年 帝国大学・国史科創設・移管
3）史料編纂事業開始…1885年 史料調査・蒐集などを開始
1901年『大日本史料』『大日本古文書』発刊

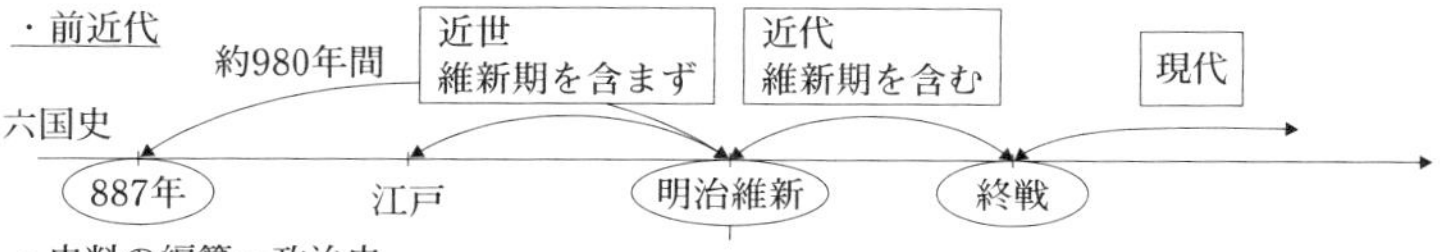

・史料の編纂…政治史
- 史料を基に事件の時系列編纂（編年作業）→編年史料＝『大日本史料』
- 史料の体系化（類纂）→類纂史料＝『大日本古文書』『大日本古記録』

古代史料部門…鎌倉幕府滅亡（1333年）まで
中世史料部門…江戸幕府成立（1603年）まで
近世史料部門…廃藩置県（明治4年・1871年）まで
（以上 編年）
古文書（手紙）・古記録（日記）部門
特殊史料部門…花押および外国関係史料
（以上 類纂）

・史料調査・蒐集…複本作成（原本は伝来保存が原則＝ゆえに収集は原則しない）

図6・1 史料編纂所の目的

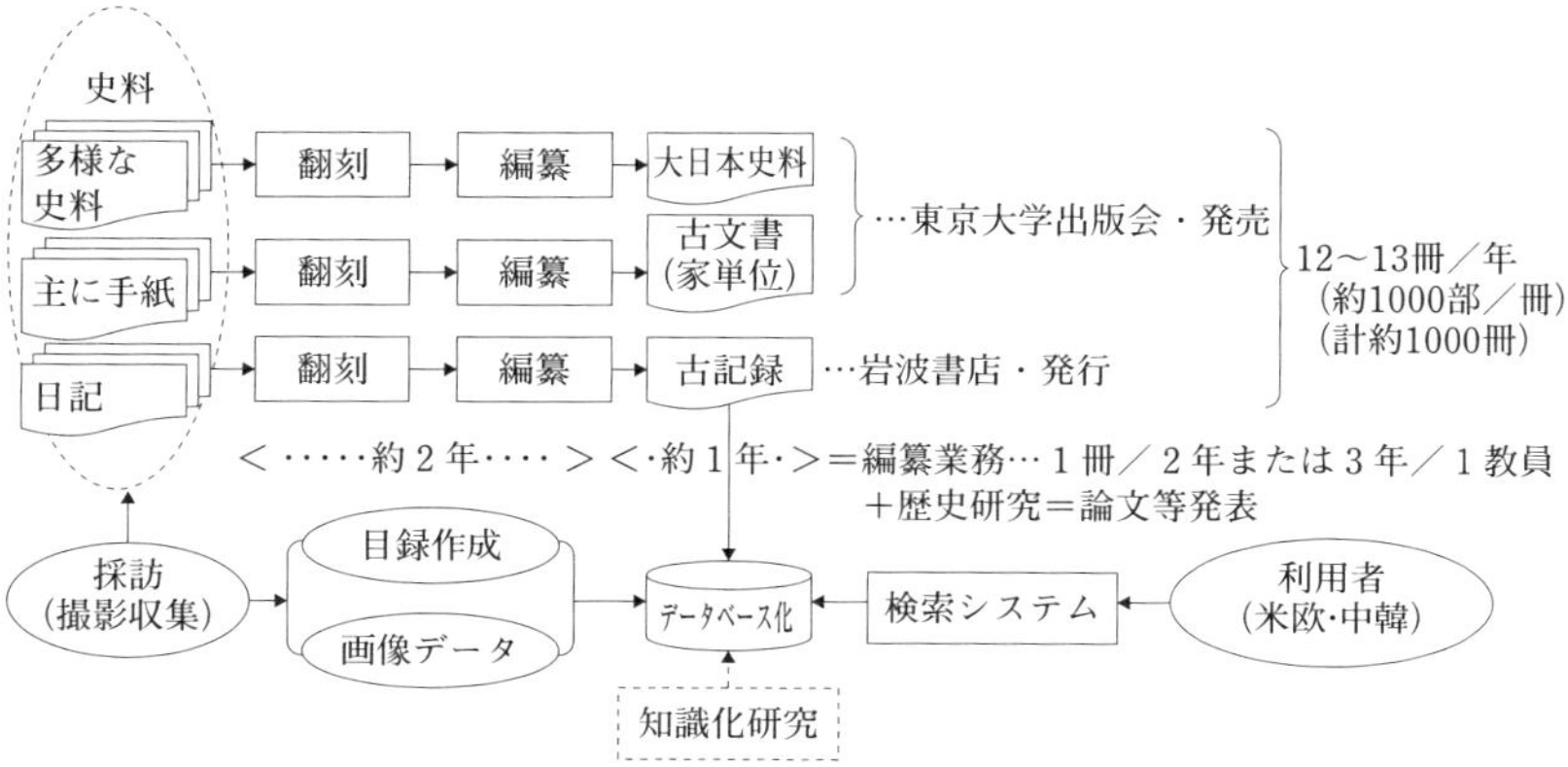

図6・2 編纂作業

書起こし)、綱文(要約)作成、編纂(表出原稿作成)、校正、刊本出版へと進み完結する。いずれの作業も史料の内容解題に基づく。この「解題力」こそが、編纂者(教員)の「歴史知識の効果的な活用」そのものである。なお、刊本の出版後、刊本の版面画像をデータベースとして、公開検索システムによって提供している(SHIPS: Shiryo Hensanjo Information Processing System)。

4 「歴史知識学」の創成研究から見た「知の構造化」の必要性

研究の目的

編纂作業をより効率的・高精度化することを主眼に、史料編纂所の附属研究組織として、二〇〇六年四月に「前近代日本史情報国際センター」を創設した。その目的は、左記のセンター規則にある。

新センターの目的(第二条)

① 日本史史料の歴史情報論研究の推進→歴史情報学の確立
② 史料データベースの知識ベース化を推進→歴史知識学の創成
③ 史料研究・編纂・出版用新システムの構築
④ 歴史情報の国際的互換化

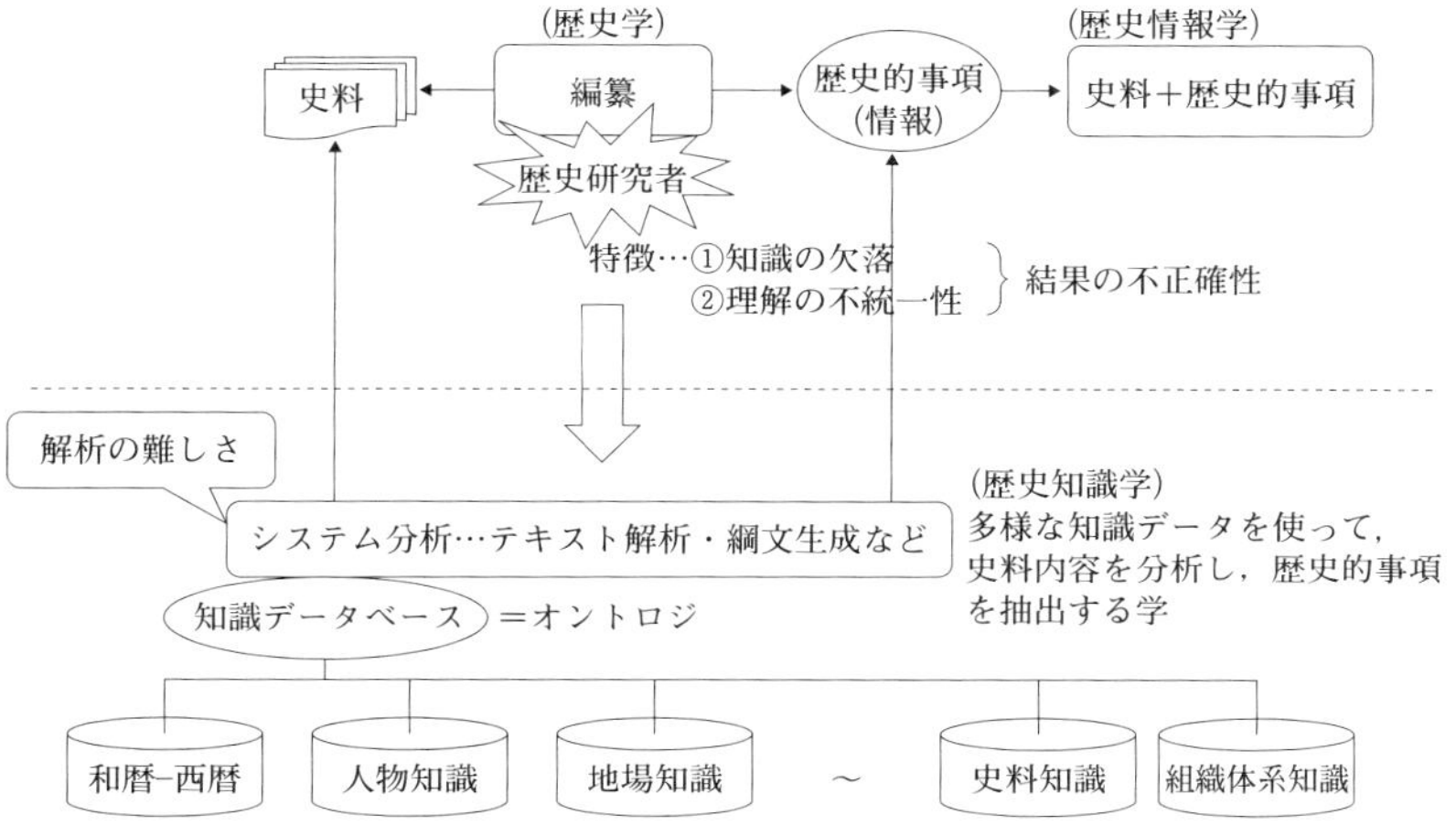

図6・3 歴史知識学の位置づけ

「編纂」を「より効率よくおこなう仕掛け」の研究をおこなうことが目的と読みとれる。具体的には「歴史知識の活用」を高度化することがミッションとなる。このことを筆者の研究課題の基軸とした。

①については、史料の効率的な管理および史料の効果的な利用方法を確立することにある。現在の「歴史情報学」に依拠しての史料管理は書誌データレベルの管理、そして利用は現物のデジタル化（ＰＤＦ化）のレベルに留まっている。また各機関が保有する史料の情報を、各機関が個別に提供するに留まり、たとえば大学図書館などの所蔵データ・ネットワークであるNACSIA-CATのような、全国規模での統合データの提供といった方式には至っていない(6)。この状況ゆえに、利用者は史料の有無・所在を調べることから始めなければならず苦労が伴う。

②については、史料の解題に伴う歴史的知識（例：歴史的事項の５Ｗ１Ｈ）を集積し、提供する方法を確立することにある。そのために史料の翻刻支援、情報抽出（例：史料からの５Ｗ１Ｈの抽出、ただしWhyとHowは現時点では困難）、

抽出事項の知識化および知識関連化などの方式を確立することが必要になる。この研究活動を「歴史知識学の創成」と位置づける（図6・3）。

物事の現象解明、そしてその現象への対応策を案出する行動は、人間の知的活動そのものである。この解明に、また対応策に「誤り」があっては元も子もなくなる。判断を誤らないためには多種多様な知識が必要になる。しかし人間の「知識の整理・記憶・その利用」は必ずしも正確ではない。つねに「危うさ」が伴う。研究者における専門知識とはいえ同様である。この「危うさ」を補完する「仕掛け（装置）」が「知識データベース」である。「知識データベース」の代表的なモノは百科事典であり、辞書である。

③については、編纂・刊行作業の高度化を目的に、②において構築された知識データを効率的に利用できるようにすることにある。

また、④については、②において構築された知識データを国際的な研究者および機関に提供することにある。いわゆる知識の共有化を促進することにある。

「編纂作業」は、史料の発見→史料の収集（史料の撮影）→翻刻→編纂（注記などの挿入）→公開（出版・データベース）といった系のなかで、翻刻においては「史料を読み解く知識」が、編纂には歴史知識が駆使される。この作業をおこなうのは歴史学の専門家である。編纂の結果の質は、当然、この専門家の力量（知識量）に依存する。編纂の結果が歴史学の研究などの材料になる以上、その質は、当然、最高にして均質な結果でなければならない。しかし、人間のレベルではこのことを保証できない。システム的に解決する必要がある。以上のミッションに対して、「知識データベース」の構築の構想を以下で紹介する。ただし、研究を開始すると現実的な問題にぶつかる。この結果、いまもって、この現実の問題を優先し研究を推進している。(7)-(13)

歴史知識データベースの構築研究（構想）

歴史知識のレベル　「歴史的事項（主に政治的出来事・事件）」を「知識データベース」として利用できるように整理・蓄積するには「何を基軸」とすべきか、難しい問題である。そこで、私は以下のように三つのレベルを想定し、構築研究を推進している。

（1）歴史的事項の認識は、史料の記述内容の解読に基づく。「出来事・事件」などの記述は、基本的には5W1Hによって表記される。史料からこの5W1Hを読み解くことで歴史的事項を表出することができる（はずである）。美術品でない「絵図・地図」もその中に描かれている事項を同様に見ることができる。しかしWhyに相当する「なぜ（理由・根拠）」およびHowに相当する「いかに（方法・方式）」は、なぜか、多くは史料に記載されていない。ゆえに通常は表出されない（できない）。このことから歴史的事項は基本的には左記の構造として表現する。これは「事実（事項）データ」の域にある。

（Vした（誰が、何を、いつ、どこで））

（2）史料に「なぜ（理由・根拠）」および「いかに（方法・方式）」に関係する事項の記述がない場合、歴史学では、この事実が「なぜ起きたのか?」「どうおこなわれたのか?」を探究する（類推する）ことになる。それには「その人は、そのとき、いかなる役職であったのか?」「執権組織はどのような組織であったのか?」といった「背景知識」が必要になる。さらにそのときの「官職の職務・職権」知識が必要になる。そこでWhy, Howを類推する材

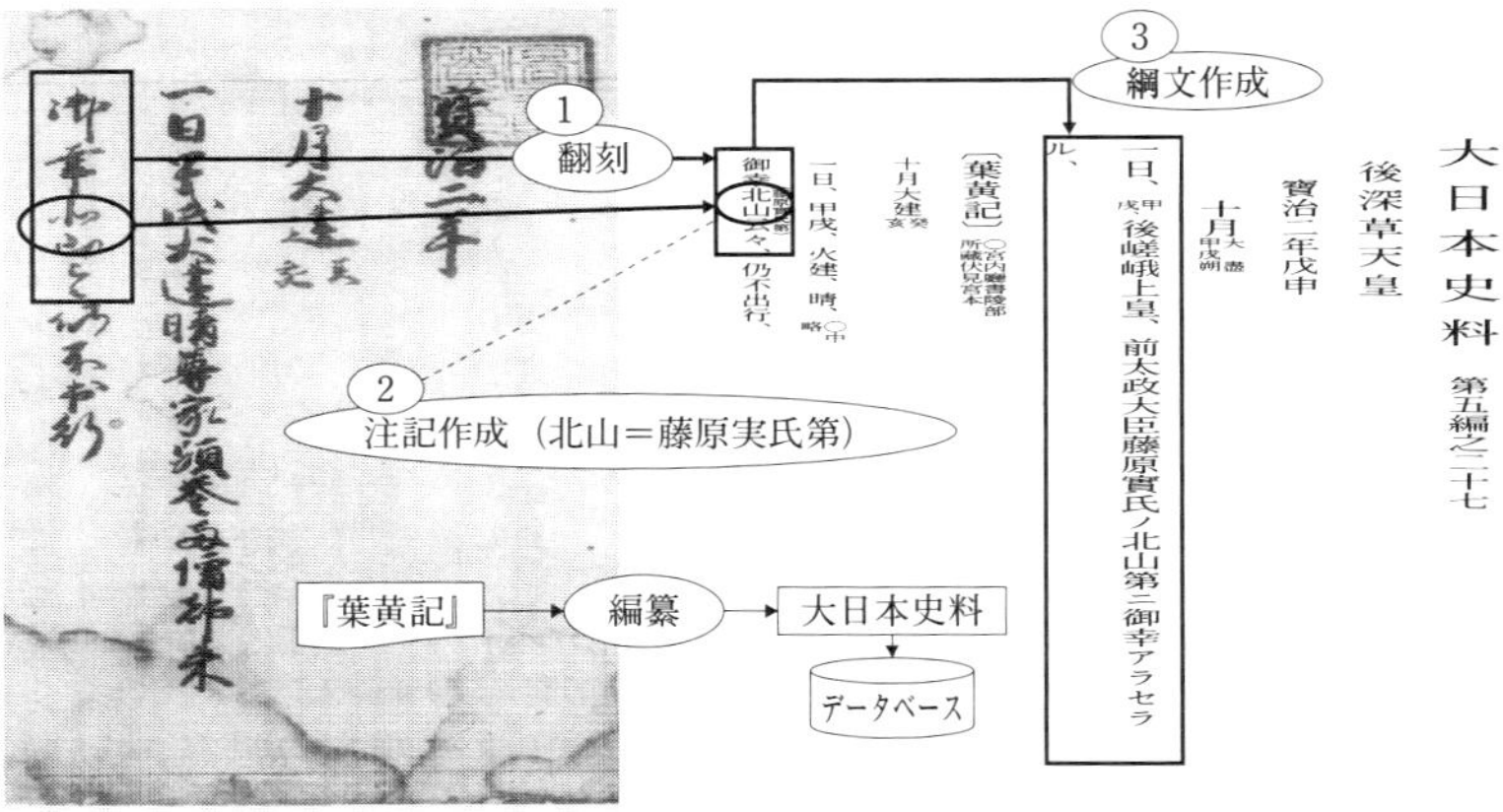

図6・4 編纂の実際

料となる「背景知識」を抽出することが必要になる。この「背景知識」は左記の構造のように表出する。代表的な例は「地名事典」「人名事典」などである。

（人名（官職（職務・職権）、時代）（官職（職務・職権）、時代）・・・）

（3）「なぜ起きたのか？」「どうおこなわれたのか？」といった解明には（2）の「背景知識」だけでは困難である。そのときの「状況理解」が必要になる。この「状況理解」は多くは推測の範疇にある。何よりも確実なのは前例の解明データを参考にすることであり、通常おこなわれている行為である。ただし、この「事例知識データ」の表記は非常に難しい。

以上、（1）のデータを利用して（2）を埋める作業は表層的な知識利用であり、（1）を利用し（3）に（なぜ、いかに）を追加する作業は深層的な知識利用になる。

研究事例 編纂作業は、基本的には（2）の背景知識および

（3）の状況知識を駆使して（1）の構文（綱文）を表出する。

図6・4の左の文書は史料の原本の写（写真画像）である。これを翻刻し（①の作業）、編纂したのが右の文書である。「北山」のところに「（藤原実氏第）」と注記がある。これは編纂者の知識（（2）の背景知識）に基づき記載された注記である。この注記の必然性は別にして、この文書の意味する内容の要約（綱文）を作成する（綱文作成③）にあたっては必須の知識データである。この知識データ、すなわち「背景知識データ」の多少は、編纂の質を左右することになる。そこでこの「背景知識データ」を史料から抽出し、集合化することは重要な課題となる。この課題の克服を目指す「学」が「歴史知識学」となる。すなわち左記を自動生成する方式の確立が歴史知識学の具体的な研究課題となる。

「御幸北山云々」→「御幸北山（藤原実氏第）云々」…注記の自動挿入
「御幸北山云々」→「後嵯峨上皇、前太政大臣藤原実氏ノ北山第ニ御幸アラセラル」…綱文の自動生成

処理の実際（実際には既存の編纂結果をデータとして利用する（図6・5））

①「歴史知識データ抽出と注記挿入」処理概要

- 翻刻結果文の解析には形態素解析用辞書が必要になるが、実際に構築するには大変なコストがかかり、費用対効果から構築は実際には不可能。そこで、文字 n-gram 方式にて単語分割をおこなう。
- 語彙知識データは、翻刻文の分割単語単位に、既史料翻刻テキスト・データを全数パトロールし、たとえば左記のように自動取得する。

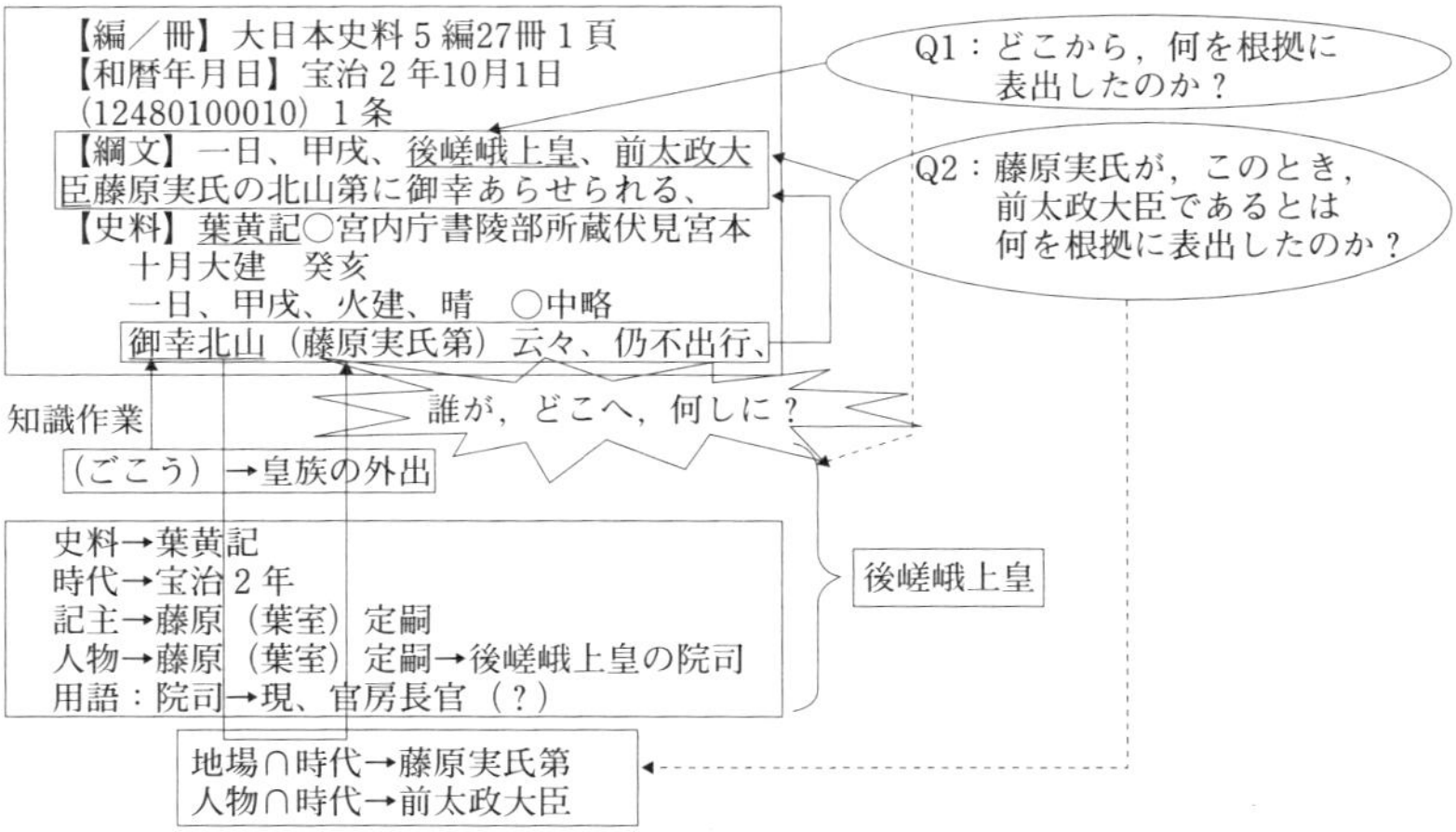
【編／冊】大日本史料５編27冊１頁
【和暦年月日】宝治２年10月1日
（12480100010）１条
【綱文】一日、甲戌、後嵯峨上皇、前太政大臣藤原実氏の北山第に御幸あらせられる、
【史料】葉黄記○宮内庁書陵部所蔵伏見宮本
十月大建　癸亥
一日、甲戌、火建、晴　○中略
御幸北山（藤原実氏第）云々、仍不出行、
Q1：どこから，何を根拠に表出したのか？
Q2：藤原実氏が，このとき，前太政大臣であるとは何を根拠に表出したのか？
知識作業
誰が，どこへ，何しに？
（ごこう）→皇族の外出
史料→葉黄記
時代→宝治２年
記主→藤原（葉室）定嗣
人物→藤原（葉室）定嗣→後嵯峨上皇の院司
用語：院司→現、官房長官（？）
後嵯峨上皇
地場∩時代→藤原実氏第
人物∩時代→前太政大臣

図６・５　知識データ抽出の実際（Q1，２の解（点線先））

北山→直後の（　）内は注記と判断→北山（藤原実氏第）

この際に、取得文書記述年月日を採取し、セットとする。

北山（藤原実氏第）（宝治二年一〇月）

●本当は、注記挿入の適宜性判断が必要であるが将来の問題として、語彙知識データに存在するものは表出する。

②「綱文の自動生成」処理概要

●翻刻結果文「御幸北山云々」の形態素解析→「御幸　北山　云々

●語彙知識データ例

御幸（皇族（p）、to（y））（yyyy, mm, dd）

北山（藤原実氏第）（yyyy, mm, dd）

云々（（x）関与せず））

↓

皇族知識データとの照合および地名知識データ結果から

御幸（皇族（p＝後嵯峨上皇）、to（y＝藤原実氏第））

↓

（yyyy, mm, dd ＝ 寶治二年十月一日）

綱文生成→表記知識データ　御幸（アラセラル）との照合
「後嵯峨上皇、藤原実氏第ニ御幸アラセラル」
↓
評価…実綱文と自動生成実綱文との比較
実綱文＝「後嵯峨上皇、前太政大臣藤原実氏ノ北山第ニ御幸アラセラル」
自動生成実綱文＝「後嵯峨上皇、藤原実氏第ニ御幸アラセラル」
・「藤原実氏」の官職がわからない→わかったほうがよい。
・「藤原実氏第」の場所がわからない→明示したほうがよい。

5　「知の構造化」のための図書館・博物館・美術館・文書館の役割

前節で、筆者が現在取り組んでいる「知の創造活動を支援する機能の研究」（具体的には、歴史学・史料学を対象とする歴史知識学の研究）について概要を示した。研究開発の対象は、いわゆる人文社会科学系の課題であるが、その課題解決のための目標（すなわち研究開発活動）は、「（歴史学・史料学を対象とする）知の創造支援、知の流通支援、知の利用支援」の実現である。この支援機能の実現は、計算機科学、システム科学などを含む情報学の方法論が基盤となっている。一方「主に知の成果を蓄積する機能」は図書館であり、博物館であり、美術館であり、文書館である。

「知の創造支援、知の流通支援、知の利用支援」機能については、現在進めている研究の発表と同時に、その意義などについて紹介している。(14) そこで本節では「知の成果を蓄積する機能」を目的に設置されている「図書館・博物館・美術館・文書館」を対象に、その基本的な役割を理解し、直面している問題点を図書館を例に分析し、「知の流通支援、知の利用支援」を効果的・持続的に推進するための方策を考察する。

図書館・博物館・美術館・文書館の役割

図書館・博物館・美術館・文書館は、一般的に「人間の知的活動の成果物を、すなわち図書館は書物を、博物館はモノ資料を、美術館は美術品を、そして文書館は文書を中心に、それぞれを保管・利用に供する場である」と理解する。これら他者の成果物は、自己の知的活動を刺激し、また成果の正否を確認するための材料となる。このために、有効な保管、そして提供を継続しおこなっていくことが必要になる。

この純粋にして非常に重要な役割を果たす四館が、いま、その役割自体が問われつつあり、同時に運営の危機に直面している状況にある。そのおおよその理由を次項に示す。その前に、この四館について、それぞれの機能をもう少し明確にしておこう。表6・1は四館を身近な日本語辞書（岩波書店の『広辞苑（第六版）』）、英語辞書（Longman社の *Dictionary of Contemporary English*）とインターネット（ウィキペディア（Wikipedia）日本語版）から引いたものである（一部省略している）。

媒体の機能上、語釈に長短あるが、内容（すなわち視点）は微妙に異なる。そこで四館の役割を改めて考えるために、以下の視点を基軸にそれぞれを簡単に比較してみる。

視点一：日・英辞書の比較にて、四館の日欧の理解の違いの有無を確認し、あるとするならば何がどう違うのか、わが国における位置づけについて考察する。

視点二：四館は利用者があって成り立つ。利用者はどう理解しているのか？　視点一で見た識者の見解（辞書の定義）と利用者の見方（インターネット上のフリーの百科事典のコンテンツを利用）の差異の有無を確認し、あるとするならば何がどう違うのか、主体者（主に行政）の意識の問題を考える。

（1）視点一における考察

①図書館について……基本的には差異はないが、日辞書では「利用に供する」とあることに対して、英辞書には"looked at or borrowed"と、直接的表現である。これだけ見ても日英の言語表現の違いがわかり、興味深い。この言語表現の差異は、館の運営、とくにサービスの違いに大きく現れている。代表的な例が、大学図書館のレファレンスサービスである。見てもらう以上、また貸し出す以上、最適な蔵書の提供への「執念」といったことを感じる。この「執念」は多分に、蔵書への知識、すなわち図書館職員の主題知識に基づいている。残念なことにわが国の大学図書館（主に中央館）では高度の主題知識をもつ図書館職員は皆無である。

②博物館について……日辞書では蒐集品に対する「調査・研究を行う機関」としていることに対して、英辞書にはこの明示はない。西欧においては「公的に供する以上は、個々の展示品に対する深い造詣に基づく」という前提があり、調査・研究の成果に特化する提供形態はないことから（すなわち、提供する以上、専門的な理解は当たり前）、断り書きの必然性はないのである。この常識がないわが国では「調査・研究」が一人歩きをしている感がある。

ところで、シンポジウムの案内（というよりも、目的）では「図書館・博物館・美術館・文書館」といった具合に、四館を、それぞれ異なる目的の館であるかのごとく併記した。これは安易な併記だったのかもしれない。英辞書には

表6・1　図書館・博物館・美術館・文書館の理解の比較

図書館	『広辞苑』（岩波書店）	図書・記録その他の資料を収集・整理・保管し，必要とする人の利用に供する施設
	Longman Dictionary of Contemporary English (Longman 社)	1. a room or building containing books that can be looked at or borrowed by members of the public or by members of the group or organization that owns the library
	ウィキペディア (Wikipedia)	図書，雑誌，視聴覚資料，点字資料，録音資料等のメディアや情報資料を収集，保管し，利用者への提供等を行う施設もしくは機関である
博物館	『広辞苑』	考古学資料・美術品・歴史的遺物その他の学術的資料をひろく蒐集・保管し，これを組織的に陳列して公衆に展覧する施設．また，その蒐集品などの調査・研究を行う機関
	Longman Dictionary of Contemporary English	a building or room where objects are kept and used. shown to public because or their scientific, historical, and artistic interest
	ウィキペディア	特定の分野に対して価値のある事物，学術資料，美術品等を収集，保存し，それらについて専属の職員（学芸員，キュレーターなど）が研究すると同時に，来訪者に展示の形で開示している施設である．英語を転用してミュージアム（museum）と呼ぶこともある．多くは自然史・歴史・民族・美術・科学・技術・交通・海事・航空・軍事・平和など，ある分野を中心に構成され，収集された資料に基づく研究成果を公刊すると同時に，来訪者がその分野について幅広く知識を吸収できるように工夫されている
美術館	『広辞苑』	美術品を収集・保存・研究・陳列して一般の展覧・研究に資する施設．研究と企画展示のみを行う施設を指すこともある．博物館の一種
	Longman Dictionary of Contemporary English	（省略）
	ウィキペディア	美術作品を中心とした文化遺産や現代の文化的所産を収集・保存・展示し，また文化に関する教育・普及・研究を行なう施設である．英語で美術館に相当する語に art museum があるように，専門博物館の一分野で美術品を主たる対象とするものであり，欧州各国語の概念では博物館の概念に包含されるものであるが，歴史的に総合的な博物館の中から美術

美術館	ウィキペディア	専門の博物館として分離し，特色を純粋化していった経緯から，博物館を付さぬ「美術館」という日本語が定着している．博物館という性質上蓄積機能が重要であるが，展示機能のほうが中心となる施設にギャラリーがある．ただし，美術館とギャラリーの境界はあいまいで，中間的な施設も多い．類義語として絵画館（de. Pinakothek）がある．博物館を英語に訳すと，museum（ミュージアム）だが，これはギリシャ神話に登場する学芸の神様のムサ（Musa）に由来する
文書館（公文書）	『広辞苑』	国または地方公共団体の機関，または公務員がその職務上作成した文書（を保管する施設）
	Longman Dictionary of Contemporary English	(a place for storing) historical materials, such as old papers, letters, and reports concerning a government, family, organization, etc. kept esp. for historical interest
	ウィキペディア	歴史的な史料としての公文書（条約，宣言，外交文書，政府関係者の報告書や伝達メモなど）を保管し，公開する機関，施設である．刊行された図書を収集する図書館，非文書資料を収集する博物館とは区別される．図書館における司書（ライブラリアン），博物館における学芸員（キューレーター）と同様に公文書館には資料の収集，整理，研究の専門職としてアーキビストが置かれるが，日本では司書や学芸員と異なり，資格の法制化は成されておらず，世間的な認知も低い

美術館の見出し語がなく、「博物館」のなかで対象が説明されているにすぎず、区別のないことがわかる。

③　文書館について……日辞書には「文書館」の見出し語はない。公文書はある。この公文書において「公務員がその職務上作成した文書」と非常に限定している。公文書の英名は不明であるが、少なくとも"Archives"で見る限り、この限定的な表現は見当たらない。見る限り文書館といった理解にいたる。

(2)　視点二における考察

日辞書と「ウィキペディア日本語版」を比較する。ただし、ここでは内容について個別に比較考察はしない「ウィキペディア日本語版」では図書館を除く三館とも日辞書の説明の約二倍強となっている。特徴を列記する。

① 図書館について……対象の資料を「図書、雑誌、視聴覚資料、点字資料、録音資料等のメディアや情報資料」と多様であることを表出している（「情報資料」とは何を指すのか、想像はできるが、不確かな語用である）。

② 博物館について……「専属の職員（学芸員、キュレーターなど）」のこと、「研究成果を公刊する」こと、また対象分野を挙げ説明している。

③ 美術館について……「美術館」は「博物館」の分野であることの説明がなされている。

④ 公文書館について……司書、学芸員と並びアーキビストという専門職があることを説明している。

以上、簡単にではあるが図書館・博物館・美術館・文書館の四館の特性をまとめると、表6・2のように整理できる。

図書館・博物館・美術館・文書館の危機——現象と理由

(1) 危機なる現象

知的活動の成果物を保管し利用に供している機関は、図書館・博物館・美術館・文書館の四館以外、この世にはない。しかも専門家による組織的収集、また長期保管から、その利用を保証している絶対的な場である。しかしいま、その存在が、また維持が、左記のような事由によって危ぶまれている。

インターネットの普及に伴い、情報検索システム、ネットワークシステムおよびブラウザなどのツール、システム機器の高精度・高機能化が進展し、情報入手・コンテンツ鑑賞から、さらには情報処理までもインターネット利用に

表6・2　図書館・博物館・美術館・文書館の類似点と相違点

	図書館	博物館	美術館	文書館
保管対象	書物（出版物）	モノ資料	美術品	公文書
一般人の入手の可否	可能	一般的には不可能	一般的には不可能	不可能
目的	収集・公開	収集・公開	収集・公開	公文書管理
設置者	公・私的機関	公・私的機関	公・私的機関	公的機関
専門的職員	司書	学芸員（研究業務）	学芸員（研究業務）	アーキビスト（研究業務）

よって可能になった。インターネットは電気・ガス・上下水道・道路・交通機関と並び、もはや生活のための公共物になった。それに伴ってインターネットなくして、業務も日常生活も成り立たなくなった。しかも、無線ネットワークの普及により、携帯電話に代表される多様なモバイル端末機の出現によって、使い勝手は“ubiquitous information access”となっている。その対象は消費財の情報から書物・モノ資料・美術品・公文書にも及ぶ。表6・3に書物・モノ資料・美術品・公文書の利用（者）の目的と、その目的に対する複製物での充足性を示した。複製物によって現物の姿形（外形態）からコンテンツ（内容）をデジタル化し、インターネットによって提供することで可能となった。基本的にはコンテンツ型メディア、すなわち書物・公文書は複製物、すなわちデジタルコンテンツでの利用で十分であるが、モノ資料・美術品は逆に現物視聴の必要性から、所在および所蔵館を正確に伝えることが必要になった。

いま現在、すべてがデジタル化配信されてはいないが、今後、有償無償のことは別にして、多くがデジタル化配信になるのは確実である。現物を確認するには収集館に出向く必要があるが、内容確認ならば、インターネットを経由して検索することで十分である。この結果、とくに図書館・文書館の二館はその存在意義が問われることになる。また四館は、場所にしろ、利用時間にしろ、利用手続きにしろ、物理的・人的・制度的制約から“ubiquitous information access”には対応できず、利用者は減少している状況にある。とくに図書館・博物館・美術館は、はたして、公的資金で運営する

表６・３　書物・モノ資料・美術品・公文書の利用目的と提供形態

	図書館	博物館	美術館	文書館
保管対象	書物（出版物）	モノ資料	美術品	公文書
利用の目的	①内容の鑑賞 ②情報入手（情報源）	①鑑賞 ②調査分析（対象物）	①鑑賞 ②調査分析（対象物）	①調査分析（情報源・対象物）
利用の目的に対する複製物での充足性	基本的に複製物で代替可能	対象物の存在を知る目的においては複製物で代替可能	対象物の存在を知る目的においては複製物で代替可能	基本的に複製物で代替可能

意味があるのか、といった声が増している。

いずれにしても、研究開発活動において必要な素材は身近で確認ができることが保証されることが望まれる。以上から、すべての書物が電子書籍として配信されない以上、図書館の活性化が望まれる。

(2) 公共図書館の危機

① 危機の原因

公共サービスの理念、それに伴っての運営義務と財源は相反する関係にあるのだろう。国民（以下、市井の民）は、公共サービスに過大なる期待を抱き、限りないサービスを求める。ある意味、いたし方ないことである。対して財源は限られる。そこで目的的投資、重点投資はこれまた必然となる。この要求と財源の関係を、どこで折り合いをつけるのが妥当なのか？　とくに図書館・博物館・美術館・文書館といった「知の欲望」への公共サービス投資は、満足度に個人差があるだけに難しい。

表６・４に示したように、利用者限定の図書館は、公立の学校図書館は除いて、目的に対して利用者との合意は得られやすい。しかし市井の民が利用者となる公共図書館は、利用者は多様であり合意を得ようがない。当然、運営者側の判断で運用することになる。その結果、左記の問題が出現する。すべてが財源不足による問題

表6・4　図書館の種類と問題点

館　種	役　割	利用者
学校図書館	初等・中等教育を支援することを目的に小中高等学校に設置されている図書館	(利用者限定) 小中高等学校所属の児童・生徒
公共図書館	社会教育支援を目的に各自治体において設置し運営している図書館	国民（だれでも可）
大学図書館	大学教育および大学における学術活動を支援することを目的に設置されている図書館	(原則，利用者限定) 所属学生および教職員
専門図書館	企業・機関などの目的を支援するために設置している図書館	(原則，利用者限定)

である。

●図書購入費の削減……蔵書未整備問題

●人件費の削減＝司書教諭・図書館職員不足……図書館サービスの低下問題

一方、インターネットの普及に伴う公共図書館利用の変化の様相と相まって、公共図書館の必要性が問われる時代になった。「知の流通支援・知の利用支援」を果たすために必須の公共図書館のさらなる活性化のために、何をなすべきか、次で考えてみたい。

②　対策

地方自治体の財政事情は、破綻をきたしている自治体もあるように、多くが債務超過の状況にあり、再建を目指している。このような状態をつくり出したのはいわゆる「バブルの時代」であり、過剰な公共投資に基づく。財政再建の真っ先に対象になるのは、いかなる組織も、さらには個人も、であるが、この過剰投資部分である。電気・ガス・上下水道といった基幹公共サービス事業は縮退できないが、娯楽施設を筆頭に、福祉・教育関係はその対象になるのが常である。要は「個人で対応してください！」というものである。

文書館を除く図書館・博物館・美術館は、そのほとんどが自治体設置館である。他の公共サービス事業（例：公園・体育館・プールなど）と並び、サービスの質を落とすことなく継続させるには、施設・人・運営費などの削減は難しく、自治体の財政から維持することの是非が議論の対象になる。公園・体育館・プールなどと同一に、前記（1）について利用者数の減少から、縮小の対象になっている。事は逆であるはずなのに。

必要性から「止むに止まれぬ」の状態に、また公共サービス事業だけに地域および地域間（要は、横並び意識）問題もあり、決定的な策の基に対応はできていない現状にある。

この危機を乗り越えるために施行されたのが、下記二件の政策である。

（i）ＰＦＩ（Private Finance Initiative）……民間の資金と経営ノウハウ・技術力を基に、公共施設などの設計・建設・改修・更新や維持管理および公共事業の運営を一体としておこなう公共事業。一九九九年七月にＰＦＩ法を制定、二〇〇〇年三月から実施が開始となった。公共図書館におけるＰＦＩによる最初の運営は、三重県桑名市図書館である。

（ii）指定管理者制度……「公の施設」の管理運営を、民間の能力を積極的に導入していくことを目的に、民間事業者やＮＰＯ法人、ボランティア団体など団体に管理運営をゆだねる制度。平成一五年九月に、地方自治法第二百四十四条第一項「住民の福祉を増進する目的をもつてその利用に供するための施設」を改定・実施された。

ＰＦＩにしろ、指定管理者制度にしろ、民間の知恵をもって住民サービスの向上を図ることと、事業経費の節減を図ることを目的としている。前者の評価は住民の反応による。しかし、後者の評価は経費節減になる。この結果、効果を先取りする傾向が見られる。当初から、事業費を削減し、その上に、これまでなしえなかった事業の実施を求める、といったことがまかり通っていることから、入札が成立しない現象や、途中撤退の事業なども現れている。

解決策――何をなすべきか

前記で見た公共図書館が直面している問題は、公共博物館・美術館においても同様なのだろう。これらの問題は、いまの諸情勢においては、それぞれの館の努力では解決しえない大きな問題である。これらの問題は、研究開発活動にとって、とくに大きな障害になる。

（1）対象（とくに史資料）が「泣き別れ」になっている。

（2）公共施設であるはずなのに、四館の利用条件が異なる。

（3）職員は専門職であるはずなのに、実に事務的である。

四館には共通点が多々あるにもかかわらず、利用上、実に不便である。「知の統合化」に向けて四館が担う役割は大である。右記三点を改善するには「図書館・博物館・美術館」を、まず一体化し「知財館」といった名称にし、利用機能を一元化すべきである。「知の構造化」には「施設の構造化」も必要になる。同じく司書、学芸員、アーキビストの養成も一元化する必要がある。

知の成果を蓄積する「図書館・博物館・美術館・文書館」に、さらに「知の流通支援、知の利用支援」を期待する。この期待は四館個別なものではない。なぜならば知的活動において「図書館・博物館・美術館・文書館」を区別し意識できないからである。しかし現実はそうではない。四館の間には利用上、歴然とした差異がある。この結果、利用者は、つねに個別に門をたたかなければならない。実に不便極まりないし、信頼ももてなくなる。

当シンポジウムは、知的活動における利便性を確保するために、すなわち「知の構造化」のために四館の融合を期待し開催したと、筆者は考えた次第である。ではどうあってほしいのか。

問題一　研究課題によっては、その材料が、書物に限るとか、モノ資料に限る、といったことではなく、書物、モノ資料、美術品、公文書に及ぶことは多々ある。この場合、図書館を訪ね、次に博物館を訪ね、美術館を訪ね、さらには公文書館を訪ねる、といったことは実に煩わしい。

問題二　貴重書、美術品など、あるいは文書等々、本来は一体もしくは一連であったモノが、その後の経緯から現在では、分割され異なる館で保管されている場合が多々ある。一括し調べる場合、各館を順に訪ねる必要があり、実に不便極まりない。図6・6はその代表例である。

図中の「独立行政法人国立博物館」は「九州国立博物館」であり、所蔵の約一万四千点は、いまは国の重要文化財となっている。このことから、他の館の所蔵も同一の重要性があることになる。ところが「いざ拝見！」となると「重文」だけに各館の利用は厳しく制限され、一般的には拝見できない。実に不便極まりないのである。

問題一、二の改善策　館種のシームレス化の実施

わが国においては、図書館・博物館・美術館・文書館の所蔵目録のデータベース化が進み、検索サービスに供されている。この結果、インターネットを介し、横断的な検索によって所在の確認ができるようになっている。しかし目録データの項目・表記は、残念なことにいまだ不統一の状況にあることから、検索の信頼性はけっして高くない。このような問題を解消するには、データ項目および記述形式などを四館において共通化する必要がある。それぞれ固有のデータ項目は必要であるが、表6・5に示すように基本的なデータ項目は共通化できる。この基本項目こそが、一般的な検索対象項目となる。Dublin core metadata initiative(16) の構想はこのためでもある。

問題三　公文書を除き、書物においては著作権問題、モノ資料、美術品については来館者数（入館料）に影響することから、そのほとんどはデジタル化されていない。現物確認には所蔵館に出向くのは当然であるが、内容確認はデ

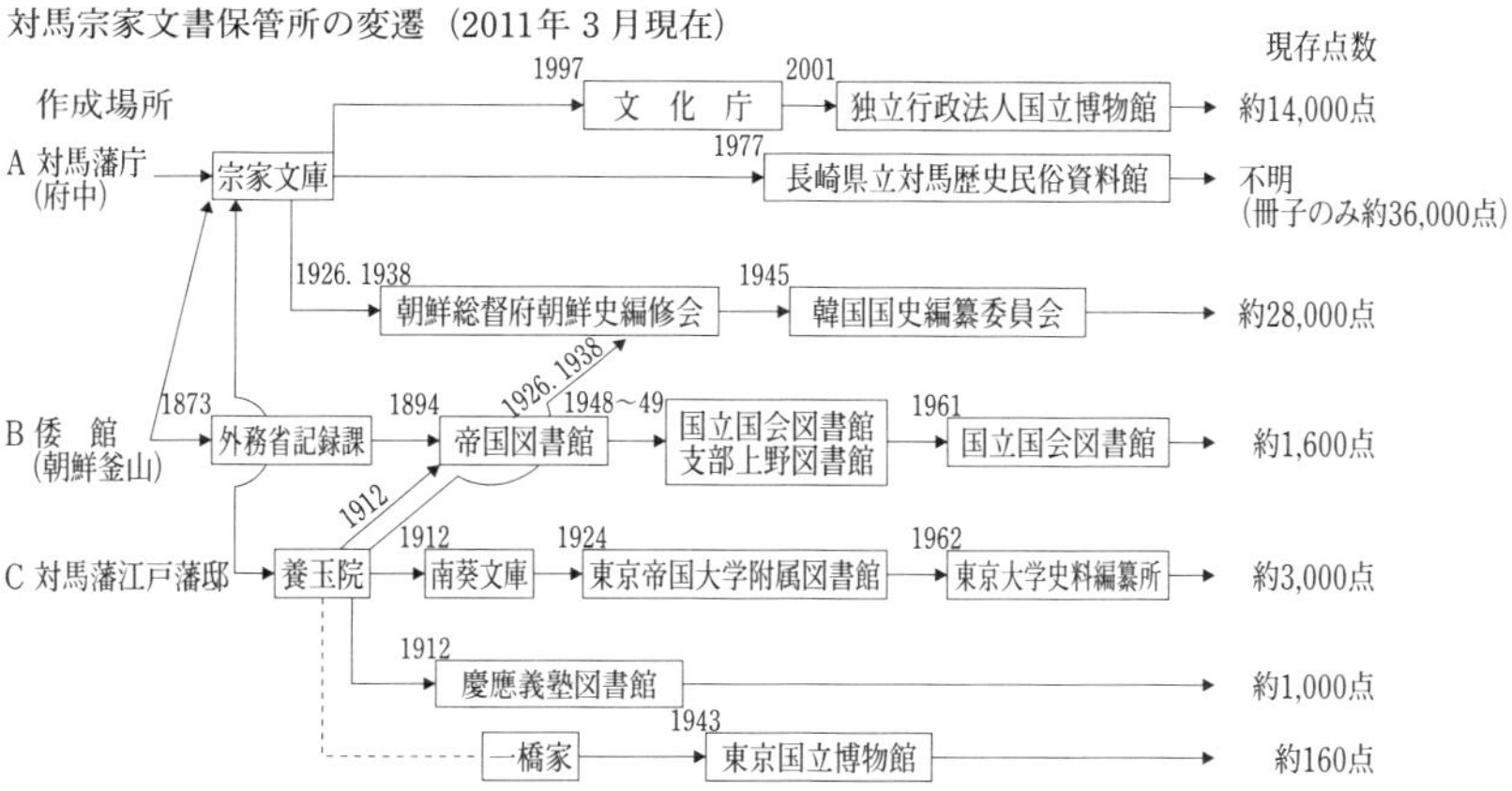

図6・6　『対馬宗家文書』の所蔵館（田代和生『新・倭館　鎖国時代の日本人町』ゆまに書房，2011年）[15]

ジタルデータをインターネットにて閲覧できることが望まれる。

問題四　一部イメージデータが提供されているが、一連のモノでも各館の仕様において実施されているため、同一のビューアにおいて同質の画質で閲覧できない。これでは内容理解に誤解が生じる。

問題三、四の改善策　館種のシームレス化の実施

公立の図書館・博物館・美術館は、少なくとも社会教育の任を担う目的で設置・運用されていることから、〝売り上げ優先〟の考えを排除するならば知財権の侵害回避に努め、デジタルデータの提供に努力する必要がある。このために四館共通の規準をつくり、実施する必要がある。また、同じく品質についても統一化を図り実施・運用する必要がある。

問題五　わが国において司書、学芸員養成のための専門教育科目は法的に設置されている。アーキビストの専門科目の設置はいまだない。司書、学芸員ともに専門職ではあり、とくに司書は公共図書館職員のための資格であるが、実際には司書資格を有しない人が図書館職員として、司書有資格者と差異なく職務を果たしている。一方、表6・2に見られるように、学芸員は研究職としての任も課せられていることから、職責について資格を有しない職員との間に差

表6・5 書物，モノ資料，美術品，公文書共通のデータ項目例

データ項目の種別	共通データ項目	データ例
形態（外形式）データ項目	作者名（＋作者の属性・派生データ） 作品名（＋作品名の派生データ）	属性データ 例：生年月日，国籍等々 派生データ 例：原綴，愛称（略名）等々
内容（内形式）データ項目	作品紹介	書物の場合：内容紹介
管理データ項目	所蔵番号	

異はある。

同一の、また同質の対象を保管し、利用に供する以上、四館において同質の運用・提供がなされないと、研究活動に必要な事項に欠落が生じる可能性があり、研究成果の信頼性に影響を与えかねない。

問題五の改善策　司書、学芸員、アーキビストの養成の一元化

図書館職員＝司書、博物館・美術館職員＝学芸員、文書館＝アーキビストの養成教育の整備を急ぐ必要があることを提案する。

利用者、とくに研究者にとっては、図書館・博物館・美術館・文書館の利用目的には差異はない。あくまでも現物が見られればよいのである。そのために必要な現物が十分整い、正常に管理されていればよいのである。しいて言えば、アメリカの大学図書館の司書のように、利用目的を聞き、最適な現物を案内できる所蔵物についての専門的な知識を有する職員の存在が必要になる。この専門的知識を有する職員は、少なくとも研究者と同質でなければ対応できない。となると学位取得者となる。このことからも、学校教育を目的とする司書教諭を除き、四館の職員は学士、修士、博士によって職種を分担する必要がある。

一方、四館が公共運営である場合は、公共政策、公共サービス、施設管理、安全対策、知財管理、プライバシー対応等々は、四館において異なる

ものではないことから、司書、学芸員、アーキビストの養成において共通科目として教育すべきであり、その上に対象物である、書物、モノ資料、美術品、公文書の特論を選択科目として位置づければ、大学において司書教育講座、学芸員講座といった個別の教育をしなくてよい。

6　シンポジウムが果たした役割

「公共図書館とは何か?」いま、改めて考えてみる。その前に「公共図書館はどれほど身近で、必要か?」と、改めて問うてみたい。われわれ市井の民は公共図書館をどれほど必要としているのか? ひょっとして既得権の上に座する関連者だけが、そして図書館のサービスによる被害者だけが騒いでいるにすぎないのかもしれない。被害者とは蔵書の対象となる各種資料のつくり手(作者・執筆者、出版社、印刷会社)、販売者(流通業者、書店など)と、知的活動の下に真に利用を望む人びとである。無料貸本屋に変わりない、そしてますます娯楽化する公共図書館の「お客様」である利用者は、快適な環境、小難しい書物を除く蔵書(本と映像・音声ビデオ)の充実、四六時中の開館といった利用環境の限りない向上を望んでいるはず、しかも限られた(徒歩圏内の)利用者に限り(筆者などはバスに乗り、電車に乗っていかないことにはたどり着かない)。

いまの時代、ありがたいことに、公共図書館にいけなくとも利用しなくても、知的活動・生活ができないわけではない。叱られるかもしれないが美術館・博物館・文書館も同じであろう。すなわち音楽をライブで聴かなくても生きてはいけるし、絵画の実物を見なくても生きてはいけるし、ましてや現物の本を見なくても生きてはいける。同様に、本を相手に調べごとをしなくたって知的活動はそれなりにできる。その傾向は筆者の中で、年々ますますそうなりつつある。

心の安定剤ともなる芸術品を提供してくれる美術館・博物館・音楽ホールは、絶対的に生活必需品であるが、公共図書館は費用対効果に見合う価値ある存在なのだろうか？　学校図書館、大学図書館、専門図書館は利用者限定の下に目的指向型の運営ができるが、公共図書館は万人を対象とする。対して、万人の萬の要求に応えられるはずがない。

パック・缶・ビン入りジュースが自動販売機で購入できるようになり、ミキサーは生活必需品にならなくなった。「ワープロ」が使えるようになって書類作成は手書きでなくなった。このように研究開発の成果による新機能の出現によって、従来機能は代替機能にとって代わる。

「本を読む、必要なことを調べる」といったことも、インターネットを介して十分可能になった。もはや、公共図書館も、この範囲の利用では不要である。

しかし知的活動を支援する機能としては、引退は困る。過去の書物を保管しておいてもらわないと困る。さらにはその地域の多様な情報を収集し利用できるようにしておいてもらわないと困る。要はこれからも重要な機関なのである。

となると、そこで働く図書館職員＝司書には、学芸員・アーキビストと同等の技能が期待される。アーキビスト養成の制度化とあわせ、司書教育の充実が急がれる。

図書館・博物館・美術館・文書館は、異種の館であるが共通点が多であることに気づき、しかし、個々の資格教育問題、また就業後の研修問題などを、いままでに一緒に認識することをしてこなかった（はず）。「知の構造化」の必要性を認識するならば、まず「われわれが、すなわち当該分野の教育研究を担っているわれわれが」一堂に会し、少なくとも問題解決に向け動き出す必要がある、と考える。

註

（1）井上真琴発表「達人に学ぶレファレンス――インターネット利用を焦点に」第八回図書館総合展、二〇〇六年一一月。

（2）http://www.kantei.go.jp/jp/it/990422ho-7.html

（3）石川徹也編著『電子図書館はどうなる（人文学と情報処理　別冊1）』勉誠出版、一九九九年、一五二頁。

（4）井上真琴『図書館に訊け！』筑摩書房、二〇〇四年。

（5）Zhang. D., Web Content Adaptation for Mobile Handheld Devices, *Communication of the ACM*, **50**(2), 2007, pp. 75-79.

（6）文部科学省科学研究費補助金基盤研究（S）（研究代表者：安永尚志）二〇〇一―二〇〇五年度研究成果報告書。

（7）石川徹也、北内啓、城塚音也「歴史オントロジー構築のための史料からの人物情報抽出」『自然言語処理』一五巻一号、二〇〇八年、三―一八頁。

（8）石川徹也「歴史ontology構築の研究――その論理と実際」『情報文化学会』一五巻一号、二〇〇八年、六―一一頁。

（9）石川徹也、伊藤直之、前沢克俊「編纂史料の検索システム構築のためのデジタル化」二〇〇八年度画像電子学会第三六回研究大会、二〇〇八年、八頁。

（10）Tetsuya Ishikawa, The Historical Knowledge Database System of the Historiographical Institute at the University of Tokyo, Association for Asian Studies' the 2008 Annual Meeting, 二〇〇八年、口頭発表。

（11）石川徹也、伊藤直之、松本征二、新堀英二「『明治前日本科学史』を対象とする歴史知識の構造化――検索・参照システムの構築研究」情報処理学会・人文科学とコンピュータシンポジウム二〇〇七予稿集、二〇〇七年、一七―二二頁。

（12）石川徹也「（基調講演）情報Ubiquitousの進展を担うOntologyの役割――歴史知識学の創成研究を例に」情報文化学会第一五回全国大会予稿集、二〇〇七年、七―一四頁。

（13）石川徹也、伊藤直之、松本征二、新堀英二、北内敬、城塚音也「歴史知識学の創成を目指して――『明治前日本科学史』

の検索システム、人物情報抽出システムの構築研究」東京大学史料編纂所前近代日本史情報国際センター主催・公開研究会口頭発表、二〇〇七年。

(14) 註(7)、(8)、(9)を参照。

(15)「対馬宗家文書」は江戸時代の対馬藩(現・長崎県対馬市)の藩主宗家に伝わった文書である。宗家は室町時代から江戸時代にかけて、日本と朝鮮との外交の実務と貿易を独占し、日朝関係史上、大変重要な役割を果たした。九州国立博物館が所蔵している一万四千七十八点が、二〇〇五年六月に国の重要文化財に指定された(http://www.kyuhaku-db.jp/souke/about/)。

(16) http://ja.wikipedia.org/wiki/Dublin_Core

第7章　文化資源学の立場からの提言

佐藤健二

これまでの内容を踏まえて、知を構造化するという共通課題について考えてみたい。

第4章「高句麗古墳壁画の模写資料」を、ただ歴史的な事例の報告と受け止めてはならないだろう。むしろ本書全体の主題に鋭く切り込む、知の非常に重要な働きをテーマ化している。すなわち、〈複製する〉ことである。ヴァルター・ベンヤミンという思想家が機械化と大衆化とが動き始めた一九三〇年代に、「複製技術時代」という論点を出したことはよく知られている。もちろん技術の革新や進歩が社会に与えた影響ばかりではない。人間の認識や思想のありようが深く関わる点で、複製はたいへんに現代的な問題提起である。

第5章「デジタルアーカイブから知識化複合体へ」で提起された〈統合する〉という動詞も、現在のわれわれが常識において使ってしまう意味に頼って受け止めてよいのかどうか、もういちど立ち止まって考えてみる必要があると感じた。統合というと、どうしても一つの大きな体系的な全体のなかに位置づけていくことのようにとらえられる。それゆえ、情報として一カ所に集めていくこと、割拠のさまざまな垣根を取り払って結合させていくということが、どうしても強調して語られてしまう。たぶんそうした想像力の方向性を決めているのは、われわれの認識や思考に作用している産業化の力なのだと思う。すなわち、国家や官僚制や企業を含めた人間の組織・集団が大規模化し、建築によって構成される空間も都市も巨大化を続け、資源や商品の市場がグローバルに広がった、現代産業社会の現実である。そこでは、放ったままにしておけば部分部分の現場それぞれのリアリティに分解してしまう情報を、一元的に貫いてとらえようとする関心が突出しがちである。しかし、そうした傾向のままに、統合を受け止めてよいのだろうかと問うてみたい。

第6章の「学術活動支援のための知の構造化」が、効率的利用というコンテクストのもとで具体的な素材を挙げながら論じた共用化の問題も、複製や統合ということばのとらえ直しと重ね合わせて考えていったほうが、新たな可能性が開ける。「同床異夢問題」と鋭く指摘された、史資料を取り扱う現実の機関や研究者の、仕様(specs)の異なる作法の割拠のなかで、ともに用いるという理想をそれぞれの実践に着地させるためには、いったい何が必要なのか。技術の導入や手法の開発だけで解決できるものではないように思う。そこに、リテラシーをもつ人材育成という教育の課題がかぶさってくる。第6章で知識データベースの構想において主題化した〈支援する〉ことは、情報の利用とともに、人材育成についても射程に入れたものだと思う。共用を支える「共」の境地は、共同・共鳴・共有・共生・共存・共栄・共益・共感・共済・共通・共軛・共和・共犯など、多くの語とその動きをともにしている。その意味は、教育を通じて植えつけられ育成される理念という以前に、それぞれの経験のなかに探り当てられるべき何かであり、その発見を援助する仕組みこそ第6章が論じようとした仕掛けではなかったか。

〈複製する〉〈統合する〉〈支援する〉というこれらの動詞は、その意味する具体的な範囲は異なる。しかし、いずれもがたいへん重要な問題を提起している。このシンポジウムの基本的な理念である「知の構造化」を、どういうかたちでイメージしていくかという問題と、深くつながっているからである。それを巡って、文化資源学の立場から、三点ばかり論じてみたい。

1　統合のもつ権力

どこから始めても、結局は関連するポイントに行き着くと私は思う。だから、まず知の「構造化」とは、われわれがいま安易に使ってしまっている「統合」ではないというところから論じてみたい。「文化資源統合デジタルアーカイブ」のシステムについて述べた第5章では、そこで目指すべき統合は共通化でもなく、横断でもない、まさに構造をつくりあげていくことだという。この微妙な差異が表そうとしているものについて、もう少しわれわれは明確化してみる必要があるのではないか。

先に少し触れたように、「統合」というと、どうしても集めるとか、つなぐとか、重ね合わせるとか、基本的に寄せ集めて足し合わせていくことをイメージしてしまう。しかし、そういう「統合」だけでは、たぶん決定的に足りない。一見「分解」のように見える、切り分け、解き離して、選び分けていくプロセスもまた、じつは「統合」の実現において見落とせない作業工程ではないか。すなわち自覚的にばらばらにするとか、くっついてしまっているものを剝がすとか、分けるという行為がじつは不可欠である。漢語のカテゴリーである「分析」も和語の「わかる」も、切断の力を中心に据えた関連づけであるという共通感覚をもつ。「分別」「判断」をきちんと包含していない、大がかりな寄せ集めや重ね合わせの、弱さや脆さについて考えておかなければならない局面がある。自らを成立させている要素や構造をきちんと意識し、テーマ化しておかないなら、「統合」は非常に安易で形式的かつ技術的で強権的な総動員のスローガンになってしまう。

たとえば、われわれは「活字」の普及が、それまでに考えることすらできなかったほどに広範囲の社会的な統合をつくり出したことを、歴史的な事実として知っている。図書館の増加や普及にしても、おそらく活字印刷の産業化がもたらした複製力をなしにしては、社会に浸透する広範なものにはとてもならなかっただろう。かつて手書き文字の個別性を帯びることなしには流通しなかった知識が、形態において標準化された複製活字の世界へと統合され、共通に参照されうる表現・表象の空間が立ち上がった。書かれた文字につきまとっていた個性を切断し記号化する作用を通じて、知識は主体の評価(主体による評価であると同時に、主体に対する評価でもある)を含まない、「情報」と呼んでよいような無味無臭の存在へと変換されていった。そうしたプロセスを通じて、印刷されていること、すなわち新聞に載せられて報道されていることや書物のページに記載され保存されていることは、その事実それ自体が新しい水準での意味を獲得してしまった。すなわち、印刷されて提示された情報それ自身がある種の権威を帯びて、人びとの経験のなかに定着していったのである。確かめられた知識であるかのように受け止められ、信用すべき事実として社会的に流布したりした。

世の中にはこのような「根拠のない正しさ」の生成あるいは「意図せざる権威化」に関して、技術決定論に近い無邪気で単純な議論に頼る説明もある。すなわち、活字印刷情報の固定性がそうした間違った情報や怪しい知識の訂正に対する硬直性を生んだのであって、つねに新しい知識に即時に修正できるインターネット環境に開かれた電子メディア情報の世界では、そのような問題は起こらないかのように論じられたりする。もちろん、多くの人たちが経験を通じて感じているように、これは誤りである。「間違った情報」や「怪しい知識」は、インターネットの時代においてけっして減少していない。また意図せざる権威化が、デジタル社会において原理的に乗り越えられているともいえないだろう。評判という不確かなものに支えられて、無自覚な依存ゆえの権威化が現象する構造それ自体は変わっていないからである。見えにくいかたちで当たり前のように、すなわち空気のように信憑性が高まり広がっていく危険性は、むしろ高まったとすらいえる。

問題は、読者の側がどれだけ批判力としての読解力（literacy）を養いえているかだが、安易な楽観を許さないものがある。紙媒体への印刷が社会的につくり上げた情報の世界においても、単純な誤植の誤りから、思い違いや強弁、捏造にいたるまでの諸水準での「間違い」や「偽り」がありえて、手書きのものや現実の観察を含む他の記録や資料から裏づけられるかどうか、その有無によって審査され、批判されるなかで情報の価値が確かめられなければならない。じつは、インターネット空間にただよう知識情報に関しても、このような資料批判が必要であることは、いうまでもない。

2　写す経験への注目

ここで第4章の高句麗古墳壁画を素材に主題化した模写の意義を、じつはこのような読者の資料批判の実践と深く関わるような、問題提起と考えてみたい。

第4章では、関野貞をリーダーとする研究グループが模写をしたりあるいは図面に起こしたりした実践に触れ、そうした記録が残っていることの意味に注目した。しかし、それは対象を最初に精細で鮮やかな写真に撮影してしまえば不必要で、用済みになるプロセスなのだろうか。そうではない。すなわち模写することは、今日のわれわれが直観的に、おそらく切り縮めて理解してしまうような、単なる「情報の複製」ではない。別ないい方をすると、模写作業が生み出したのは、手仕事としての正確な複写物だけではない。詳細に観察して完璧になぞるように写すという経験もまた、同時に生み出されているのであり、そうした作業に主体的に取り組む時間がそこに現出した。一定の技術をもつ主体が書き写したという実践に含まれている固有の意義を見落としてはならない。写すというプロセスを通じて身体に刻みこまれた経験は、じつは明確に言語化されないままであれ、職人的な暗黙知をそこに生み出しているからである。今日における資料のデータベース化は、はたしてそうした経験にさかのぼるリテラシーをどれだけ育てようとしているのだろうか。むしろ、技術的に置きかえることが不可能な領域として、考慮していないのではないか。

誤解しないでほしいのだけれども、私はけっして体験至上主義のような個別的で排除的な立場には立っていない。すなわち実践した人間にしかわからない知識があるなどといいたいわけではまったくない。それは体験や経験の安易な権威化であり、危うい絶対化でしかないだろう。われわれは、たとえその現場を体験したとしても、鈍感で想像力のない人間には、その現象が意味するところはわからないという事実を知っている。しかしながら、他方で「写真」が対象を精細に光学機械的に写し取ってしまう一瞬と、「模写」「臨写」あるいは「ニセモノづくり」が必要とする目と手とが協働する時間とが、まったく異なるものでありうることも認識している。であればこそ、技術の速度や特性に依存してしまうだけでなく、そこに関わった人間の経験として生み出された意味まで含めて、われわれは考える必要があるだろう。

3　手による複製と眼による複製

もういちど冒頭で言及したベンヤミンの「複製技術時代」論を振り返ってみよう。ベンヤミンの「複製技術の時代における芸術作品」という論文に、以下のような一節がある。

石版によって、グラフィックが、毎日、日常の事件の挿絵をつくるようになり、活字印刷と歩調をそろえはじめた。しかし、それも石版印刷の発明から数十年経つと、こんどは写真技術によって追いこされてしまう。この写真技術によって人間の手が形象の複製のプロセスのなかでこれまで占めていたいちばん重要な芸術的役割から、はじめて解放されることになり、その役割は、こんどは対物レンズに向けられる眼にふりあてられることになった。人間の眼は、手が物をスケッチするよりもはやく、物をとらえる。当然、複製のプロセスは、大いに迅速化され、話すことと歩調をあわせるようになった(1)。

われわれはここにマーシャル・マクルーハンのメディア論に似た、鋭い洞察を読み取ることができる。すなわち、人間の〈手〉による複製と異なる、対物レンズを通した〈眼〉による複製が優位に置かれていく「歴史」への疑いが、ここにある。それはごくごく最近の一世紀足らずの間に起こった逆転であり、われわれの日常の思考はそれがもたらした重要な結果に気づいていない。眼においての複製の優越によって、いったい何が見失われたのか。

あえて単純化していうならば、見えにくくなり忘れられたのは、「芸術」であれ「作品」であれ「史資料」であれ、それがある身体の実践によって生産され、モノとして社会に刻み込まれていった、そのプロセスである。できあがった形象であれば、われわれはかつて想像もできなかったほどに精密にスキャンし、あるいは写真にとって、視覚的に複製していくことができる。しかしそれは、結果の平面的な複製の作成にすぎず、その機械的で光学的な一瞬には、それがつくり上げられたさまざまなプロセスは映し出されない。

「復元」という作業は、これを学術資源が関わる研究ととらえた場合、どこかでその失われた生産のプロセスにまでさかのぼる、想像力の必要を含む。ただ成果としての作品の複製ではない、生産に携わった経験を復元するがどこかで浮かびあがってこざるを得ない。テクストや史資料がモノとしてもつ意味は、知識内容としての情報だけでなく、形式・形態としての情報も有しているがゆえに、その生産のプロセスを想像したときに見えるものが、実質的な「分析」を構成することもめずらしくない。もちろん、いま残っている資料だけからしか、われわれは出発できない。であればこそ描き写すためには、ばらばらにする、書き順をなぞってみる、「重なり」を「成り立ち」に剝がしていくというような作業が必要となり、身をもっておこなう主体が必要となる。高句麗古墳壁画の研究でも、おそらく模写した人が感じ、発見したことは大きかったのではないか。残念ながら、そして当然なことに、それは直接的には図面に書き込まれていないだろう。じつは写真でも、ある意味では同様で、写し手が考えたことや見たことは、ことばとしては画面に写し込まれてはいない。しかしながら、手で写すという作業が必要とした時間の蓄積は、どこかでその痕跡を残している。追体験すること、再構成することは可能である場合も少なくない。さまざまな痕跡がテクストとなり、その時間の層を一つひとつ切り剝がしていくことはできそうに思う。

統合という言葉の意味にもどって、第一の論点をまとめよう。統合されたデータベースが必要である、統合された知識の構造をつくっていくことが望ましいというとき、それが何か答えを集約し、できあがった解決を与えるものとして想定されてしまうと、危険である。統合されたデータベースは、現代の学生たちがインターネット上の知識にあまりにもたやすく頼ってしまうような、ただただ巨大な結論として、すなわち結果の効率的な集約としてあるのではない。むしろ、疑いを生み出す、あるいは疑問を生み出す、運動のようなものとしてある。そう考えたとき、はじめて本当に学術支援の役割について、積極的に構想することができるのではないか。データを一覧できることの便利は貴重であるが、それは何度も見直し、誰もが検討し直せることではじめて可能になる。そうした仕組みの構築こそが、統合の最初の目的地である。共用化するというかたちで第6章が述べていることも、そういう効用を生み出す力が、やはり非常に重要なのだという指摘だったのではないかと思う。

4　リレーションの設定

第二に、画面を通じて情報を視覚的・言語的に集約する、デジタルでエレクトロニカルなアーカイブだけを考えてよいのだろうか。何と表現するのが適切かはまだ確かではないが、具体的で物質的な形態そのものを参照可能なものとするマテリアルなアーカイブとの「リレーション」、すなわち関連づけの重要性について、明確に意識しておく必要があるのではないか。私が「リレーショナル・データベースの構築」といってきた論点が、ここに関わる。このような論点をきちんと補足しておかないと、現実の場としてある図書館や文書館や博物館、美術館、文学館、民俗資料館等々の固有で個別の意味が薄らぎ、ただ「電子化」という名での「視覚化」が無自覚なまま強調されてしまうことになる。

対象を表象する「視点」というのか、「視座構造」は重要である。たとえば、美術展のカタログでは絵馬の中身だけが載せられている。しかしながら、じつはそれが実際の空間においては、額に入って存在している。そうしたトリミング、すなわち切り抜かれた視野の設定において、「美術」という見えない制度が作用している。であればこそ、そのような視点の拘束を、われわれはもっと深く問わなければならない。別な観点からいうならば、バーチャルなかたちで視覚イメージとして提示される画像データだけに、思考を囲い込んではいけないという忠告である。つまり情報としてだけではなく、物質として把握する視座が必要だというふうに言い換えてもいい。これは、まさに文化資源学の立場でもある。

私などよりも、本書を読んでいる実務経験者のほうが、情報とモノとの統合をめぐる問題は身にしみて感じているかもしれない。すなわち図書館、博物館、美術館が、それぞれの収集資料の分類体系の模索や管理技術を、十九世紀の末から工夫してきた。そうした近代の発展のうえに、二十世紀の末になって、デジタル技術というもう一つの道具が積み重なった。でもそれは、たぶん一概には「進歩」とも「革新」とも「統合」ともいいにくい。

図書館は、対象そのものの基本的な特質がテクストデータを中心とするものであり、目録に関する技術も一定の成熟に達していたから、基本的に記号技術であるデジタル技術の受容には有利な条件を有していたかもしれない。書誌学の基礎を視野に入れつつ発展した図書館学が、第2章で論じているように図書館情報学へと衣替えしたのも、そうした初期条件に恵まれていたからであろう。もちろん、そうしたなかで書誌学の具体的な知識が周辺部に押しやられ、モノとしての「書かれたもの」を扱う資料学の厚みが継承されにくくなったという問題が生じたようにも思う。実際、CPUの高速化や記憶媒体の大容量化など、画像や図像の処理能力があがるまで、博物館や美術館の資料の統合や共有に、本格的なデジタル技術の影響が及ぶことはなかった。その意味において、じつは図書館をも含めて、デジタルな情報処理技術をいかに位置づけるかは、これからの課題である。目録や貸出し業務の電子化というレベルでの「置き換え」にとどまらず、図書館という文化資源利用のシステムをいかに設計していくかという、根本的な問題がはらまれていると思う。

私自身が技術的な可能性に対してそれほど知識を有してはおらず、今後の展望について研究を深めたわけではないけれども、現段階でなお加えておきたいのは、新しい技術の習熟がいかなる資料批判能力を支えるのかを調査し、議論する重要性である。図書館や博物館や美術館の資料管理とばかり結びつけて論じられてきた技術の革新を、研究・学問の基礎ともいうべきデータ批判、すなわちデータの信頼性の検討や資料批判の重要性から、知の構造化を支えるもっとも重要な作用として位置づけ、描き直す必要があるのではないか。

5 インターフェースの空間設計

そして視覚的な複製技術時代においては、描き直すことそれ自体が、じつは難しい。視覚的なプレゼンテーションソフトのパワーポイント全盛の今日、図に書いて伝えるということが流行した分だけ、描き直すことの意義に無自覚になった。視覚の直観的な作用に頼ると、二次元の画面に表現された構造イメージの拘束を引き受けることになる。第5章において、資料基盤、技術基盤、社会基盤、人的基盤という複数性において、多次元的に設定しようとしている点は、システムの設計に関わる問題として、たいへん意欲的だと思う。時に三つになったり四つになったりの融通無碍さが、まだ今後の課題であることをほほえましく現しているが、アーカイブのシステムをいかに設計するかは、間違いなく重要な問題である。

しかし、資料基盤、技術基盤、社会基盤を、プレプロダクション、プロダクション、ポストプロダクションと位置づけて説明されたのは、やや図式化が性急ではないかという印象をもった。すでに述べたように、プロダクションすなわち生産のプロセスは重要だと考えているからこそ、もう少しじっくりと位置を検討してみる必要があるのではないか。これは理論や方法論の枠組の問題であると同時に、じつは図の描き方の問題であり、画面として現れてくるものがもつインターフェースの空間設計の問題だと思う。

私自身が関わってきた研究からいえば、「読書空間」という発想が、このインターフェースの設計の問題と重なり合う。『読書空間の近代』(2)という最初の書物で、民俗学者として知られている柳田国男の方法を、読書空間という概念と結びつけて提示した。ここでいう読書空間は、人間としての身体をもつ読者と、書物というモノとが、接して交信し制御をおこなう、いわばインターフェースの空間であり、そこに生成した近代に焦点をあてた。たいへん簡単に要約すれば、柳田の方法の中核は、「書かれたもの」がつくり上げた巨大な情報の集積を読む経験である。その方法をもって、声すなわち「話されたもの」や身振りの「おこなわれたこと」に対象を広げていった。すなわち書物のなかの文字記号の集積を解読する作法のままに、テクストを日常生活において観察しうる事物や慣習、ことばやかたちに拡大したところに、いわゆる「民俗学」が成立した。すなわち人びとの実践が刻みこまれた日常の世界を、テクストを読むように、収集し参照し比較することを通じて、関連づけ解読していく。まさに、世界は一冊の書物に譬えられるような構造をもつ。そういう読書の方法性を自覚した人物として、柳田国男を描き出すというのが私の視点の独創性だった。つまり、フィールド科学とされる民俗学や人類学もまた、実は図書館に蓄積された書物の塊と深く結びつけられている。現場に出て観察して記録して分析するというフィールドワークの手法が、書かれたものを読むという方法の外にあるのではなくて、むしろ近代において拡大しつつあった読書空間を貫くものとしてあるという立場をとった。その延長上で社会学が対象としている社会もまた、一つのテクストの集合体ではないかと議論していった。

歴史社会学の作法を論じた著作のなかで、読書空間という比喩よりも、資料空間としての社会を論じているのは、そのためである。そのときの資料空間のイメージは、じつは資料がただ並んでいるだけではない。それ全体がリレーショナルなデータベースのような、対応と参照の構造をもつものとして描こうとしている。

6　資源という思想

第6章で石川氏は、図書館、博物館、美術館、文書館の分断をどういうかたちで「統合」して、一つの構造にしていくかという問題意識を述べている。これは意欲的であると同時に、じつは歴史を再検討し、選び直すような徹底を必要とするだろう。図書館も博物館も、間違いなくこの国の近代において、歴史的に生み出されてきた空間であり社会組織であり制度である。そうした制度が、学術文化資源をそれぞれにどういうふうに対象化してきたかには、まだまだ語られていない領域が広いのではないか。組織として見た場合の根拠法の差異の問題だけではない。理念も、また人材育成の伝統も、さらには方法論も、ディシプリンも、さまざまに分断されている。そこにおいて、いかなる「リレーション」すなわち関連づけ、相互参照体系の設定がありうるのか。これはアイディアや意欲の問題という以上に、現実を規定してしまっている歴史の自覚という課題であろうし、その選び直し、構築のし直しという問題だと思う。

たぶん「図書」とか、「美術」とか、「文化財」とか、「史料」とかいう、対象をかたちづくっている基本概念それ自体を、資源として意味づけ直す徹底が必要なのだと思う。それも単純に形式的で空虚な意味の一般化・抽象化によってではなく（すなわち「すべてが資源ではないか」という無内容で無力な統合によってではなく）、具体的で現実的な形態を捨象しない、あるいはその具体性や現実性につねに戻れるような関連づけを含みこんで、である。たとえば、図書すなわち書冊形式の物体と、錦絵や絵葉書のような一枚刷り資料とを、ともに十分に扱える参照管理の方法の工夫は具体的に可能であろうと思うが、必ずしも一般的なものにはなっていない。あるいは美術作品と一過性の見世物とを、同じく意味の媒体資源として扱いうるインターフェースも、どこかで構想され実用化されているかもしれないが、当たり前のものにはなっていない。あまりいい例を出せたとは思えないけれども、インターフェースがいかなるリレーション構造を創出しうるかは、読書童子としての柳田国男が民俗学を生成させたように、学そのものの立ち上げを含意しうるイノベーションであり、改革なのである。

ここでもまた、改革の手がかりは理念や意欲にではなく、経験と実践のなかにある。改めて新しいスローガンをひねり出すことよりも、すでにさまざまな研究の実践のなかでおこなわれている具体的な取り組みのなかに、問題を明確にし、解決のきっかけを与えてくれるものが潜んでいる。その組み合わせが、明らかにしうる領域は広いのではないか。すでにわれわれの社会生活それ自体が、さまざまなレベルにおいてリレーショナルなデータベースの構造を内蔵しているからである。マクルーハンの汎メディア論(3)の異化効果、オングの道具としてのことばへの深い考察(4)、アイゼンステインによる印刷書が媒介した技術革新の力への注目(5)も、ただ単独のメディア分析としてではなく、リレーショナルなデータベース構造をもつ社会をとらえ得ているところに、その独創性が宿った。すでに使われている経験も、まだまだ明確なことばにされていない。そこは民俗学の新しい領域かもしれない。そしてわれわれは明確には論じられないままに実用として生活のなかに浸透してきたデジタル革命を、アイゼンステインの印刷革命論がやったような広い枠組において描き直す必要がある。

視覚的なインターフェースへと偏りがちな、デジタルでエレクトロニカルなアーカイブだけでなく、具体的で物質的な形態そのものを参照可能なものとするマテリアルなアーカイブとの「リレーション」の設定が必要だという、第二の論点の本意もそこにある。

7 構造化の困難

三番目に「構造化」ということばを取り上げたい。そして「構造化」という組み立ての前に、「資源化」ともいうべき切断と意味づけの変換、あるいは脱文脈化の作用が必要ではないかと提起してみたい。この場合、「資源」ということばが背負わされた、日本近代史の意味からも距離をとる必要がでてくる。

構造ということばには、どこか工学的なイメージがつきまとっているだろう。部分を組み上げていって、全体をつくり上げるような、建物の建築や工場での組み立て生産ラインを連想させるからである。私がいま関わっている文化資源学は、最初の段階では文化工学というような名前が検討されていた。まさに、文学部が扱ってきた哲学や歴史学や文学等々の諸学問の領域を、うまく構造化しようという意図があった。しかし、この文化資源ということばを工学に引きつけたイメージでとらえると、技術革新による限界突破がありさえすれば、何でも自由につくり出せるような経済合理、技術合理の生産が引き寄せられかねない。一つ間違えると、偽造も隣り合わせの積極性である。私は構造化を、何か確定した有用な部品を組み立てるようなものとしては、とらえていない。パーツをうまく組み合わせれば構造になるというものではなく、もう少し有機的で可変的で相互的で生態学的なイメージを抱いている。やや比喩に頼ることになるが、さまざまな植物が生長して結果として「森」をつくるような複合性をもっているのではないか。すなわち環境をつくるというような、変革する主体そのものをも内側に定在させているがゆえに、相互的で自己言及的なシステムとしてとらえるべきだと思う。東京大学一三〇周年のシンボルは「知の生命体」をイメージしたものだそうだが、知の構造化も生命体としての複雑さを有しているのかもしれない。

生命体のようなものは、必要だからといって生まれるものではない。むしろ、偶然の混沌のなかからある要素の結合が独自に動き出した、その結果でしかないのかもしれず、われわれにできることは、それが成長したり増殖したりするように支援することでしかないのかもしれない。しかしながら、支援することが現在意識されている必要に支配され必然に従属することだとは、必ずしも思わない。すなわち、支援することもまた、変革力をはらみうると思う。

8　資源化するということ

文化資源学のなかにも使われている「資源」ということばは、これまであまりに「欠乏」や「必要」と結びつけて語られてきた。資源が語られるとき、つねに欠乏が意識され、それゆえに新たなる獲得が語られるという、じつはかなり不幸な歴史をもっている。実際日本語としての歴史をたどってみると、科学技術が発達をして、その生産力が武器に及び、総力戦（total war）概念がいわば流行思想となった第一次世界大戦後の思想界において、資源という語は注目されるようになった。とりわけ最初に注目して積極的に使用していったのが、軍という近代国家の装置であったことが、このことばに国策すなわち上からの政策の意味あいを強く刻印することになった。そして第二次世界大戦にかけて、資源をめぐる言説は、動員の思想と深く結びついていった。しかし、資源の概念それ自体が、国家総動員と不可分であるという理解はじつに粗雑であり、新たな解釈の可能性を制約してしまっている点では、間違っているとすら思う。

間違って固定してしまった用法を切断して、ばらばらにし、新たな可能性を宿す意味を織り上げていく必要がある。欠乏や必要を下敷きにしてだけ、具体的な対象を「資源」として語り、資源化していくだけでは不十分である。資源化するという動詞のなかに含まれている、意味づけの仕方を変える、あるいはいまは忘れられている価値を掘り起こすという力の自覚が必要ではないか。今日の社会を拘束している必要そのものを再検討しうるものを含めて、発掘し再発見する力を、むしろ「資源」という言葉の語り方に込めてみたい。

例は奇抜だけれども、その意味は「資源ゴミ」という用法とも、ひょっとすると近い。ひとつひとつのゴミがそのままで価値をもつわけではない。それこそ、構造化される必要があるし、その構造をデザインしていくという課題もそこにある。文化資源学のなかに文化経営学という専攻が設けられているが、この経営は経済学を基礎とした経営ではない。むしろ、デザインや設計に近い。すなわち資源化していく仕組みをデザインする。単純な進歩前進、大規模な統合に向かっていく単線的なプロセスではない。現代における知のあり方が、あるいは浅薄な効率性に従属し、産業化の理念のもとで抑圧され、変容してしまっているかもしれない、そうした状況への変革のイメージをも、この「知の構造化」に意識的に付加していったほうがいいのではないかと思う。

註

（1）ヴァルター・ベンヤミン『複製技術時代の芸術』（佐々木基一編集・解説）、著作集2、晶文社、一九七〇年、一一頁。
（2）佐藤健二『読書空間の近代——方法としての柳田国男』弘文堂、一九八七年。
（3）マーシャル・マクルーハン『人間拡張の原理——メディアの理解』（後藤和彦、高儀進訳）、竹内書店、一九六七年。
（4）ヴァルター・J・オング『声の文化と文字の文化』（桜井直文、林正寛、糟谷啓介訳）、藤原書店、一九九一年。
（5）エリザベス・アイゼンステイン『印刷革命』（別宮貞徳監訳）、みすず書房、一九八七年。

III

課題と提言

――ＭＬＡの共通基盤整備

石川徹也・根本　彰・吉見俊哉

第Ⅰ部、第Ⅱ部での概説や事例研究の紹介をふまえ、ＭＬＡ連携に向けての課題と提言を示す。とくに図書館・博物館・文書館の職員（司書・学芸員・アーキビストなど）の養成に関するテーマを中心に、一事例として東京大学の現状をとりあげ、ＭＬＡ連携に必要とされる人材を育成するための「あるべき姿」について提言する。

1 日本における現状と課題

これまで垣間見てきたように、近代を通じ、知性を涵養する教育研究の中枢たる大学と、そのような知性の基盤たる公共インフラとしての図書館や博物館、文書館は、自らが発見・認識した知を記録し、また他者が発見・認識した知を集め、そのことを通じて知を整理統合し、普及させるいわば車の両輪の役割を果たしてきた。

一方で大学は、図書館や博物館、文書館の運営を司る図書館員（司書）や学芸員、アーキビストといった人材を養成するだけでなく、そのような人びとの資格を認定し、またこれらの機関がその図書や収蔵品（以下、資料）を管理していく際のメタレベルの学術的な認識の枠組を提供してきた。

これらの知識を保管・提供する装置（館）は相互に結びついたもので、その結びつきは、ヨーロッパやアメリカの国家体制においては比較的早くから認識され、統合的な知識管理の体制が模索されてきた。すでに序章や第1章で述べたところだが、大英博物館と大英図書館、米国公文書館と大統領図書館、あるいはドイツの図書館の歴史的な事例にもあったように、これら三つの「館」の間の境界線は絶対的なものではなく、このいずれもが資料の収集と保存、公開を主要な任務としてきたという点では共通点のほうが多い。図書館、博物館、文書館の三者は、近代国家が国家としての自意識、自分たちの社会についての歴史意識や他者についての認識を保持していくためには不可欠な認識基盤の役割を担い、全体が知のコンプレックスとなって少しずつ発展してきたのだ。

ところが日本では、大学だけは帝国大学というかたちで明治国家とともに発展してきたものの、図書館や博物館、文書館の重要性が社会的に認識されるのが非常に遅れた。日本の近代は、西洋の知識や技術を導入し、いわゆる富国強兵と殖産興業、つまり生産力の拡大に直結する技術力の増進にはきわめて熱心であったが、歴史のなかに自らを位置づけ、社会のさまざまなレベルで過去との連続性を意識することにははなはだ無頓着であった。ようやく戦後、アメリカの占領政策の影響を背景に国会図書館や地域図書館をはじめとする図書館整備が進み、図書館法や博物館法などの法整備もなされはしたが、これも本書の序章ですでに述べられているように、図書館や博物館だけをとっても、法制度の整備もばらばらで、専門職員の養成や地位についてもあいまいな状態が続いてきた。文書館に至っては、ようやく一九七七年になって初めて法制度ができるという状態で、日本ではＭＬＡ連携という以前に、これらそれぞれの「館」そのものの基盤整備が、欧米諸国と比べて軽視されてきたといわざるを得ない。

今日のデジタル情報技術の急速な進展とＭＬＡ連携の大きな流れは、このような日本の図書館や博物館、文書館に関する整備の立ち遅れ、いまなお未発達な状態を、何重にも浮き彫りにさせている。すなわち第一に、日本では、研究の対象である資料がしばしば公的な管理のもとに置かれず、私的な、あるいは寺社や非営利法人などの外部からアクセスしにくい組織の管理のもとにあるし、たとえ図書館、博物館・美術館、公文書館に保管されている研究資料であっても、相互に関係の深い資料がしばしば「泣き別れ」（分散管理）の状態にある。とくに、歴史的な史料・作品は、この傾向が大である。たとえば、第6章の図6・6は、対馬『宗家文書』の収蔵機関を、収蔵の来歴からまとめている。来歴を見て、「泣き別れ」の状態は已むなしと思える。しかも、「いざ調査」となると実に不便である。対馬『宗家文書』のような貴重な歴史的文化財ですらこのような状態であるから、その資料的な重要性がまだ広く認識されるにいたっていない近代以降の文化財、史料などに関する一括的な管理体制はさらに大きな困難を抱えている。

全体がまとまりをなしている貴重な資料であれば、本来ならば〝泣き別れ〟ではなく、どこか信頼のおける施設での一括保存・管理が望ましい。しかし、諸々の理由でそれが困難な場合であっても、少なくともすべての資料の情報に関し、デジタルアーカイブなどの仕組みを通じて関連諸機関の間で完全に共有されていなければならない。図書館、博物館、文書館に収蔵されている資料は、その形態はさまざまであっても相互に結びついており、そのような結びつきのなかでそれぞれの資料の価値や意味が検証し直される必要がある。こうした作業は、これまでは個々の歴史家の仕事とされてきたが、MLA連携によって、各「館」の収蔵資料のデジタルデータでの共有化が進むならば、資料相互の結びつきについてのわれわれの理解は大きく深まることになろう。

第二に、日本では、図書館司書、博物館学芸員、文書館アーキビストといった職種の専門職としての地位が確立しておらず、これらの専門家を養成する大学側の体制やその資格を社会的に承認し、適切に遇する体制がきわめて未発達な状態にある。そのうえ、とりわけデジタル情報技術の発達と普及のなかで、それぞれの専門的な業務の重なりが大きくなってきているにもかかわらず、高度な人材養成レベルでの連携の仕組みがまだ整ってはいない。そのため逆に、資料管理や情報共有のレベルでのMLA連携を進展させることが容易ではない。

このような状態を改善するためには、図書館司書や博物館学芸員の高度化と文書館アーキビストの地位の樹立を、デジタルアーカイブ技術の習得を基礎とした共通の養成プロセスを基盤にして進めていく必要がある。今後のデジタルアーカイブ技術とそれを基盤としたインフラのさらなる発展と普及を考えるならば、全世界的な広がりにおいて、図書館と博物館、文書館の相互連携の必要性が高まってくることはほぼ確実である。また、そうしたMLA連携や相互の情報共有の進展に応じ、それぞれの「館」の専門的な知識を基礎にしながらも、図書館、博物館、文書館の全般にわたって幅広い知識と管理能力を有した人材が必要とされてくることになろう。

第三に、以上のような現状の課題や将来展望からするならば、大学、地域、国全体のそれぞれのレベルで、図書館と博物館、文書館を連携させていく統合的機構の設置が望まれる。今日、これらの三つの「館」は、それぞれの領域において、というよりも実際にはさらに細かな単位、すなわち個々の図書館、博物館、文書館の独立した単位で資料のデジタルアーカイブ化を進めており、そのアーカイビングの仕組みの標準化や統合化の方法については関連諸学会で議論されているにとどまる。しかし、全国に散在するこれらの施設が保有する文化・知識資源の国民レベルでの有効な活用のためには、それぞれの館での独自の努力が、海外の動向を意識しながらも「館」と「館」の壁を越えて協調されていく支援の仕組みのなかで進められるのが望ましい。

2　資料情報の統合的な管理

すでに述べてきたように、わが国では、いくつかの国立博物館、国会図書館などの収蔵物は、たとえ「重要文化財」の指定を受けている場合でも、メタデータに相当する史料の目録さえ横断的に検索利用できない状況にある。その結果、すでにインターネットが普及し、各地の博物館でデジタルアーカイブが構築されてきているにもかかわらず、実際には資料調査のために各館を一つひとつ個別に調べていかなければならないことが少なくない。技術的には、離れた施設にある史料や図書の保管情報を一括し検索できる技術は相当に進歩しているのだから、利用者の便を考えるならば、データベースの統合化、利用システムの一元化を早急におこなうことが望まれる。

今日、社会全般にインターネットが広く普及している以上、モノの管理は「分散管理」、モノの情報は「分散利用」といった形態が社会的な知の基盤をなしつつある。しかし、それが図書館・博物館・文書館において実現していないのはなぜであろうか？　各「館」のレベルでの設置制度や運用資金の問題もあるが、何よりも図書館・博物館・文書館は類縁機関でありながら、その従事者（司書、学芸員など）の意識が異なることが、このような情報の共有化・横断化ができていないことの大きな要因となっている。その結果、管理体系および利用の方式の違いを生み、利用するのに、いまなお大きな障壁となっている。

この問題点の解消に何をすべきか？　具体的には、現状の制度の枠内でも次のことを推進していく必要がある。第一は、モノの管理・利用は現状のとおり分散方式とし、モノの情報形態を標準化し機関横断検索を実施することである。そのためには、本書の第5章で論じられているように、文献から文化財までの多様な文化資源について統合的なデジタルアーカイブを構築する仕組みが必要である。このような方式ならば、現状の組織や法規を変えないでも制度的、技術的に新しいシステムを開発していくことが可能である。第二に、モノの情報提供だけでなく、現物の映像や三次元計測値をデジタル化して提供することである。デジタルミュージアムや電子図書館方式で、可能な限りのデータの提供や可視化をおこなう必要がある。第三に、まさにそのようなデジタル化されたアーカイブ資料の統合化や映像データの提供を担うことのできる人材の育成が喫緊の課題である。これまでの図書館情報学や博物館学、記録管理学の蓄積を身につけながら、同時にデジタル情報技術について一定程度以上の能力を備えた人材が、大いに必要とされているのである。そして第四に、このような人材育成から資料の統合化、構造化、可視化までの諸々の実作業の基盤となるような横断的な機構が、既存の図書館、博物館、文書館をつなぐ仕方で構築されていかなければならない。そこで以下、図書館・博物館・文書館の職員（司書、学芸員、アーキビストなど）の養成について、東京大学の現状を踏まえつつ、「あるべき姿」を提言してみたい。

3　人材養成の現状——東京大学を事例として

資格取得科目をめぐって

わが国では、司書は「図書館法」によって、学芸員は「博物館法」によって、それぞれの職責が決められている（資料館・文書館などの専門職であるアーキビストの養成について法的定めはない）。そのため、これら専門職の養成（資格取得）に必要な教育科目を、それぞれの法の施行規則（文部科学省令）において定めている。司書の養成科目は「図書館法施行規則」、学芸員の養成科目は「博物館法施行規則」の定めによる。

以上の制度の下、東京大学での養成（教育）は表1のようにおこなわれている（アーキビストの養成はおこなっていない）。ここで東京大学を例にするのは、日本の総合的研究大学の典型であり、図書館法や博物館法ができてまもない時期に司書や学芸員の養成を始め、日本のこの分野の草分けであったからである。と同時に、現在にいたるまで総合大学における司書・学芸員養成をめぐるさまざまな困難を示す典型例でもあるからである。なお、二〇一二年度から司書、学芸員ともに省令改正に基づき、科目数、単位数に変更がある予定である。とくに学芸員については、従来の八科目十二単位から九科目十九単位へと大幅な単位増が予定されており、東京大学でもこれに対応して学芸員養成について養成体制の見直しを進めている。だが、ここでは総合大学に典型的な司書、学芸員養成の現状を理解する材料としてこれまでのものを提示する。

特徴的なこととして、司書および学芸員のための専門科目すべての科目が本科の科目の読み替えとなっていることである。すなわち、資格を取得するには、本科の科目を目的的に履修すれば、資格を取得できることになる。このこ

表 1　東京大学における司書・学芸員の養成教育

科目	司書（図書館の専門的職員）	学芸員（博物館の専門的職員）		備考
	教育学部 計：20 単位	教育学部 計：12 単位	文学部 計：12 単位	
生涯学習概論	1 単位	1 単位	左に同じ	実際は学部教育科目で読み替え
教育学概論	—	1 単位	左に同じ	
専門必須科目	他 11 科目	6 科目	左に同じ	
専門選択科目	5 科目	—	—	

とは、次のような問題を抱えている。

本来、大学で専門職を養成することを目的として資格科目を規定している以上、資格科目は、各資格に特化した教育科目であるべきである。医師、法律家、建築士などの専門職の場合は、大学の教育課程で設置している一定の専門科目を取得した後に、国家試験の合格を経て資格を取得することができる。ところが、司書や学芸員の専門職養成に特化した専門課程の下に養成している大学はきわめて少なく、別な専門を学ぶかたわら上記の科目を取得すればその積み重ねで国家試験を経ることなく資格を取得できることになっている。東京大学の司書および学芸員資格教育はこの典型である。

このことは第1章4節で述べたように、教員、司書、学芸員など汎用学知系資格と呼ぶものに典型的である。戦後まもない教育制度改革期（一九四九—一九五一年）にできたこともあって、新制大学の理念に忠実に国家とは一線を画しながら大学は学知の追究をおこない、そしてその成果を一般に普及させる手段として学校教育や社会教育が位置づけられることになった。知の生成、流通には国家は介入しないという建前から、教員、司書、学芸員の資格認定は大学がおこない、国家試験は採用されなかった。しかしながら、学校教育の場合は一九五〇年前後から国家による統制が始まり、教育課程については学習指導要領が全国の学校の教育内容や教育方法の基準とされ、また、教員養成については国家試験こそおこなわれていないが、国（現在は文部科学省中央教育審議会）によって大学の教職課程に対する厳密な課程認定がおこなわれている。

社会教育関係、とくに、図書館や博物館の領域は、これまでそうした波をかぶることはあまりなかった。司書や学芸員養成が大学にゆだねられたぶん、大学関係者は専門職養成の質的なコントロールを十分におこなうべきであったが、そうならず、むしろ司書や学芸員は比較的容易に取得できる国家資格として安易に扱われた面が強い。教職課程は教育学の専門家を置くことは当然のこととされたが、司書養成に関わる教員の多くは図書館の実務経験者であったし、学芸員養成にあたる教員の多くは歴史、考古、美術史、地質、古生物などを専門とする研究者があたってきた。つまり、図書館、博物館の現場における課題を、大学での研究をベースにした教育内容と、これを専門課程で教えるという現場と研究のダイナミズムをもとにした専門職の養成課程になっていない例が多いのである。

東京大学の場合は、司書養成については教育学部に図書館学講座が置かれていたので、ある程度専門的な対応ができたが、博物館学についてはある時期まで専任の教員がおらず、開講してきた教育学部、文学部ともに非常勤講師を中心とする教育スタッフとなっていた。その後、人文社会系研究科（文学部）に文化資源学専攻が設置され、博物館学の専門的な教育研究が大学院レベルではなされている。こうした養成体制の問題については、今回の文部科学省でおこなわれた養成制度改正の議論のなかで真剣に議論されたが、出された最終報告書を見ると、先に述べた養成科目および単位数の改正を主とするものに終わり、大きな変更はおこなわれなかった(1)。

東京大学では、中高の教諭資格のための教職教育は、全学の教育運営委員会教職課程部会の下に置かれ、実際には各学部で実施している。教職課程は「教職に関する科目」と「教科に関する科目」から構成され、もともと前者は教育学部が出講し、後者は各学部が出講し全学的に連携調整するかたちのものであった。これを現在の制度に変更して、各学部で出講するものを総合的に調整するかたちにしたのは一九七三年である。司書、学芸員の養成も、それぞれについてこのようなかたちにするのが望ましいのであるが、それはなされてこなかった。なお、私立大学では司書課程や学芸員課程として全学的に設置し、学則に位置づけている例が多い。

「教育の質の適正化」を目指す

司書、学芸員の専門性を、現実の実務と比してどう認識するのか、厳密には難しいが、業務推進に対し、専門教育を受けた資格者と無資格者との間に、意識の違いがあるのは事実である。このことから、専門教育の具体的な中身は別にして、その「質」の適正化を目指すことの必要性は否定できない。問題は実施の内容、すなわち教育の「質」が問題になる。そのときに教職課程でいえば、「教職に関する科目」にあたるそれぞれの機関を運営するための知識技術と、「教科に関する科目」にあたる各学問における主題科目の知識を区別して考察することが必要である。東京大学の現状から見て、これら二つの知識を伝授するアーキビストなど養成に関する教育の「質の適正化」に向けて早急に改革をおこなうべきではないだろうか。

また、「博物館」の実態を見ると、第6章でも論じたが、その「館」の種類は、さらに美術館・文学館・科学館などといった形式別のカテゴリーに分けられており、交通博物館、印刷博物館、きもの博物館等々、収蔵対象（しいていえば主題）別にもカテゴリーが存在している。それゆえ、それぞれの「館」の学芸員は、主題別の専門家でないと務まらないし、またそのような人脈や観点から人選がおこなわれ、アイデンティティを身につけていくことになる。当然、それぞれの主題別の知識を得るには、それぞれの主題に関係する学部の各学科で学ぶ必要がある。その一方で、学芸員資格は、それぞれの志願者が所属する学部・学科とは別に、既述のように資格科目として修学することになる。

文学部での養成教育は文学部の多様な学科の履修者を対象に、また、教育学部の養成教育は文学部以外の学科の履修者を対象におこなっていると理解できる。

一方、図書館員の養成であるが、たしかに学校図書館・公共図書館の司書には、学芸員ほどの主題専門知識は求められない。したがって、司書養成が図書館法の範囲でおこなわれる限り、教育の任を担う者として図書館法に基づいた養成をおこなうことにも意味があるものと考えられる。一方、大学の研究科図書館、さらには専門図書館の司書は、学芸員同様に館の対象主題の知識を必要とする。これについては現在ではやはり各学部の各学科が担当していると考えられる。つまり、図書館のなかでもより学術的、専門的な図書館の職員になるには、各学部で主題の知識を身につけることが必要であり、さらに図書館運営の知識技術が必要になり、それを現在は教育学部で提供していると考えられる。図書館法に基づく養成では、今回の省令改正で「専門資料論」が必修科目から選択科目に変わったように、そうした主題専門性の要素が小さくなっていることは確かであり、とうてい研究図書館の本来的なニーズに対応していないといわざるをえない。

一般には、図書館、博物館、文書館のような文化施設の専門家養成について、歴史もあり制度的に整備されているかのように思われている東京大学でもこのような現状である。あるいは、学術研究に力を入れていた東京大学だからこそ、研究支援や教育普及のようなアカデミズムの外延に位置する部分を軽視してきたことがいえるのかもしれない。全国の多くの大学では、これらの専門職の養成について、それぞれの事情で独自に取り組んでいるわけであるが、同様の問題を抱えているところも少なくないと思われる。

このようなことから主張したいのは、東京大学の文学部や教育学部のように学術研究をベースにしてそれぞれの専門教育を実施してきたところだけが、専門課程のかたわらで司書・学芸員養成をおこなうことは本来適切ではない。

教職課程が「教科に関する科目」を各学部にゆだねながら、「教職に関する科目」ともども全学の教職課程委員会の管轄下に移したように、少なくとも図書館と博物館、文書館の運営やそのデジタルアーカイブ化、学術データの構造化や可視化とその提供に関する知識技術に関しては、全学的な観点から統合的な組織体制をつくる必要があるだろう。

日本の大学もまた学術研究の拠点は大学院に移行しつつあり、学部教育だけでは専門職養成に適さなくなりつつある。学術研究をサポートしたり、学術研究をベースに展示や教育支援をおこなったりする大学図書館や博物館の職員を、学部教育を前提にした図書館法や博物館法の枠組で養成することには再検討の余地がある。

大学院レベルでの養成の必要性

それぞれの「館」の日常的な運用管理には、地域との関わり、公共政策との関わり、さらには類縁機関との連携、また諸外国の機関との連携等々が必要になる。そのためには、図書館司書、博物館学芸員、文書館アーキビストのいずれもが、地域的コミュニケーション能力や政策分析および立案の能力が要求されるとともに、他のカテゴリーの「館」、つまりたとえば博物館学芸員であるならば、図書館や文書館に関する十分な知識、そしてデジタルアーカイブをはじめとするコンピュータに関する十分な技術的能力を身につけていることがきわめて重要である。このような知識や技能の習得には、これまでの仕組みを超えて幅広い専門知識を提供していくことが必要になるのと同時に、それらの知識を継続的に取得し、「館」の運営に適用していく必要がある。

東京大学は歴史的に学部教育システムがもっとも基盤的な組織を構成し、その上にそれ以外の大学院や研究所、研究センターなどの研究教育組織が加えられる構造となっている。そのために基層にある学部教育はその姿を変えにくい性質があり、改革はまず大学院のレベルから始めるのが現実的である。また内容的にも、すでに述べてきたことを体系的に理解し、各「館」の運営に適用できる高度な実践的能力を身につけさせるには、大学院修士課程のレベルでの履修システムの構築から考えるのが望ましい。これは世界的に見ても専門職教育は大学院でおこなうことが一般的になっていることと対応する。

以下、MLAの大学院教育のもとになる教育体制についてざっとレビューしておく。まず、図書館情報学は図書館学の発展形態であるが、実情は全国で二百程度あるといわれる大学・短大の司書課程をベースにしているので、学術研究よりは実務をベースにした養成教育への指向性が強い。ただ、他の二領域に比べれば、筑波大学や慶應義塾大学などにおいて大学院研究科や専攻レベルでの専門研究教育組織が存在しているという強みはある。東京大学では、教育学部研究科で二名の専任教員が専門的な研究教育にあたっている。

博物館学は同じように全国で二百を超える学芸員養成課程をベースにしているが、大学院課程が欠如していた。近年、文部科学省大学院GPによる支援で國學院大学大学院文学研究科に「高度博物館学教育プログラム」がつくられている。東京大学においては、本書の第2章で述べられているように、総合研究博物館を中心に幅広い視野でミュージアム・キュレーターに相当する人材の育成が試みられている他、人文社会系研究科文化資源学専攻において、博物館・美術館の学芸員養成に関わる教育が試みられている。また、国立や都道府県立、あるいは大学に設置された大規模の博物館・美術館には専門の研究者が必ずいるので、それらの組織も含めた連携が期待される。

文書館学（アーカイブズ学）については、いくつかの大学にアーカイブズコースがあり、また、近年公文書管理法の動きに対応して専門職養成の必要性がいわれるようになり、学習院大学大学院人文科学研究科にアーカイブズ学専攻が設置された。東京大学では、大学院学際情報学府文化人間情報学コースでデジタル情報技術とアーキビストの育成が教育の柱の一つに掲げられてきた。また、とくに歴史史料学については、史料編纂所が全国の歴史資料館のハブとなることで、教育的役割も担ってきた。

4　提言――「知の構造化」のための人材育成体系

「知の構造化」を支援するために図書館・博物館・文書館において職務を担う司書・学芸員・アーキビストなどの役割は大きい。これら専門職の養成についての課題を再度整理し、二十一世紀の総合大学が目指すべき方策を以下のように提言したい。

第一に、司書、学芸員、アーキビストには、それぞれの専門知識・技能が必要である。その知識・技能の基礎は大学の学部レベルで養成するにしても、図書館・博物館・文書館の運用管理を創造的に担うためには大学院修士レベルでの教育が必要である。

三つの専門職は世界的に見ても、学部やオンザジョブでおこなわれる教育から大学院でおこなわれる教育へと転換しつつある。アメリカではいち早く二十世紀後半からそのような切り替えがおこなわれ、現在、ヨーロッパ大陸諸国がその方向に向けて転換の途上にあり、アジアでも同様の動きがある。日本では、司書、学芸員について二十一世紀初頭に文部科学省の協力者会議で専門的な養成教育の必要性についての議論がおこなわれたが制度的な切り替えはされずに終わった。日本の司書、学芸員資格は国際的な専門職養成制度の観点からいえば、学士に数カ月程度の専門教育を加えたディプロマ（diploma）レベルのものである。アーキビスト養成については法制度がないが、記録管理やデジタルアーカイブ技術の専門家に対する社会的需要は急速に高まっており、何らかの制度整備が急務である。

これまで日本で、図書館、博物館、文書館に関わる専門職養成が未発達だったのは、これらの施設の専門性についての評価が低かったからだということはいえるだろう。また、日本の大学教育が輩出するゼネラリストがまがりなりにも機能していたからだといえようが、それがゆえに図書館も博物館も文書館も官的な組織原理に埋没し、文化機関としての独自性が十分に発揮されないままであったと考えられる。経営理念やサービスの独自性などでさまざまな発展がされてしかるべきなのに、人材育成が不十分なレベルにとどまり、専門的な知見の交換や運営のノウハウの継承などの点で問題を残していたのではないかと思われる。

大学院での養成に意義があるのは、入学者の目的意識がはっきりしているからである。学部での開講だと取得しやすい資格だからとるというように手段と目的が逆転しがちである。教員などと比べても、司書、学芸員、アーキビストの仕事の意義はわかりにくいから、大学院において、その人材の高度化の基盤となる教育プログラムを設置すれば、こうした仕事の社会的価値を理解した人を、社会人を含めて広く集めることができる。こうして大学院での開講によって人材を広い範囲から集めることができるし、大学教育を終えてから、あるいは社会に出てから、学び直した人が未来の社会の文化的基盤を担う仕事の担い手になることが望ましい。

第二に、図書館の専門職は司書、博物館の専門職は学芸員、そして文書館の専門職はアーキビストというように対応づけられているが、共通する部分も少なくない。この共通部分をカリキュラム化して大学院で提供する。その際に、現行の司書および学芸員資格との関係については十分な配慮をもって上手に整理したい。

まず共通部分であるが、いずれも（1）公共的な基盤の上で運営されるサービス施設である点、（2）資料を収集、保存、整理、組織化、提供（展示）するという類似の処理プロセスをもつ点、（3）物理的な資料をデジタル化することによってさらにネットワーク上の共通の基盤で扱うことができるデジタルアーカイブとなる点、の三点が指摘できる。そして、これらはそのままカリキュラムの柱になるものである。すなわち、

（1）公共経営論（ＭＬＡ経営論、ＭＬＡ法制度論、公共サービス論など）
（2）資料管理論（ＭＬＡ資料論、資料組織論、資料保存論、資料提供（展示）論など）
（3）デジタルアーカイブズ論（情報技術論、デジタル資料論、データベース構築論、知的財産権論など）

の三つが中心のカリキュラムとなるだろう。

司書資格取得者あるいは学芸員資格取得者はカリキュラムの一部は学んでいることになるから、そのぶんの軽減措置をとることは大事である。逆に、この大学院に入って改めて司書資格あるいは学芸員資格を取得したい学生のためには、これらの科目を資格科目の一部に読み替えることによって負担を軽減したい。このように、当面、現行の資格との間の橋渡しをすることも必要となる。

総合大学で、図書館学・博物館学などの教育研究体制を強化し、そのもとで、司書・学芸員などの専門職教育を統一的におこなうべきである。また、現職者を対象に就学期間を延長した修士課程を実施するとか、継続的教育を担うために科目履修生を受け入れるといった工夫もおこなうべきである。

第三に、図書館、博物館、文書館の研究をもっと共通ベースで進めるべきである。図書館研究（図書館情報学）については大学院課程も含めて一定の広がりが見られるが、博物館研究（博物館学）、そして文書館研究（アーカイブズ学）についてはフォーマルな研究の場は限定されている。これらをそれぞれ進めることに加えて、ＭＬＡ連携をきっかけにして、これらを統合的に進める文化経営論、デジタルアーカイブズ開発のような研究を進める必要がある。

大学におけるＭＬＡの研究拠点は図書館を除くと比較的新しい現象である。日本の大学はかつては学知（パラダイム）を中心に学部や大学院の課程を展開してきたが、近年は知識や技術を伝える職（プロフェッション）を軸に課程をつくることもおこなわれている。このようななかで、MLAそれぞれの研究ベースを確立することも重要であるが、共通点を軸とした研究を進める意義も見いだせる。その際には、上記のカリキュラムの三つのポイントをそれぞれ研究する必要があるだろう。

まず、MLAのような教育文化施設を軸とした公共経営論の樹立である。それ自体は経済的な価値を生み出さない非営利機関であるMLAの存在意義はまさに文化的価値に求められる。それを国、地方公共団体、大学、企業などの機関にどのように位置づけられるか、あるいは独立した公益法人、NPO法人などとして形成できるかが問われる。また、財務、職員、ユーザー・オーディエンス、経営評価など共通の研究課題は多い。これらの研究は経験的なレベルの蓄積が主で理論研究が不足しているので、現場と連携した研究協力が必要である。

次に資料であるが、この部分はMLA間で互いの相違点も多いのであるが、他方、文化的な価値をもつ資料をその価値を評価して収集し、長期間保存し、目録（メタデータ）などの組織化作業をおこない、利用者・観覧者・学習者に提示するという点での共通点も大きい。さらにそれは、デジタル化することによって、データベースやネット上の空間というようなプラットフォームに載ることになるが、そのための技術的な研究開発は不可欠である。

さらに、大学に附属図書館を備えることは必須のものとされてきたが、近年は大学博物館、大学文書館が設置されることが増えている。これらのサービス体制は大学全体の研究教育体制と連動していなければならない。そしてそれらが、司書、学芸員、アーキビスト養成を支援する基盤となるべきである。換言するなら、すでに述べてきたような新たな知識インフラの専門家たちの人材育成は、これら大学の附属施設として設置された大学図書館、大学博物館、大学文書館のすべてを共通の学習のフィールドとし、そこでの資料管理やデジタルアーカイブ化、施設の運営に参画するような仕方でなされていくべきである。そうした総合的なカリキュラムで新たに養成される人材は、これまでならば図書館、博物館、文書館、コンピュータ科学というようにばらばらだった領域が有機的に結びつけられたカリキュラムのなかで研修と実務の経験を積み、そうすることでこれまでにない、新しいデジタル化時代の文化知識管理の専門家として自己形成を遂げていくのである。大学における図書館は学校教育法施行規則で規定されている他、大学設置基準で備えることが義務づけられている。だが多くの場合は事務組織の一つに位置づけられ、明示的な専門性を備えているかどうかについて疑わしい場合もある。それは先ほどから述べているように、職員の養成体制に問題があったからということもできるだろう。近年、大学図書館に研究開発室のような研究組織を設置し、場合によっては専任の教員を配置して、大学の研究教育を支援する体制をはっきりとさせることも増えている。専門組織としての大学図書館が充実すれば、司書養成や図書館（情報）学教育に対してもよい影響を与えることができる。

他方、大学博物館は従来から一部の大学には存在していたが増えてきたのは比較的最近であり、現在、大学博物館等協議会に加盟している博物館は三十七である(2)。博物館運営には必ず教員が関与しているから、事務組織として独立性が強い図書館と比べると教育研究との関係は密接といえるだろう。学芸員養成において実習科目は必修とされているので、大学博物館が養成のための基盤になることは重要である。

大学文書館の設置はさらに最近の現象である。東京大学にも東京大学史史料室と呼ばれる施設があって、百年史を編纂したときに集めた資料を集中管理しているが、近代的な文書館（archives）といえる組織にはなっていない。このような史料保存室的な組織であればもっと多くの大学にも存在している。

以上のように、大学にＭＬＡの組織を設置して司書、学芸員、アーキビストの養成と密接な関係をもつための条件は存在するが、さまざまな理由からそのような体制になっていない。学芸員養成の実習施設として大学博物館が利用

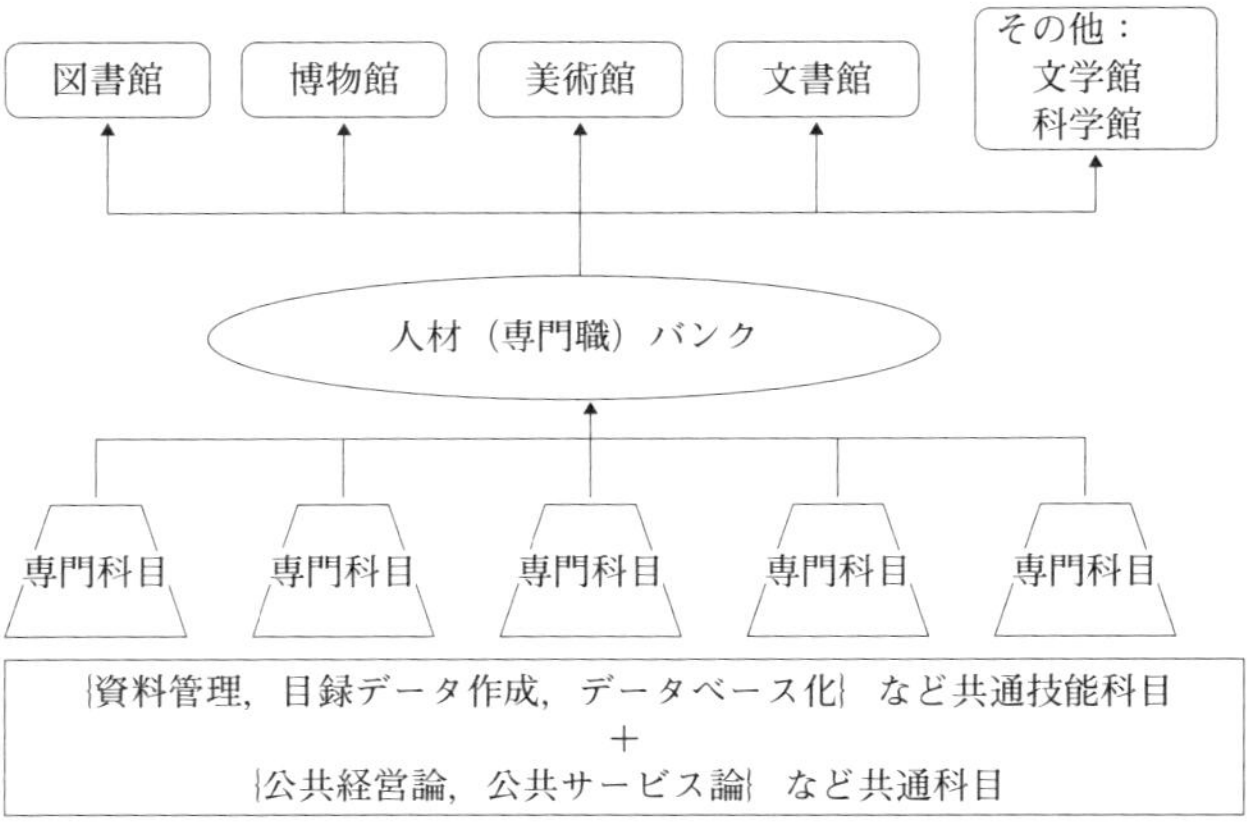

図１　司書・学芸員・アーキビストの養成と人材供給の方式

されているのと、司書養成における情報サービス演習で実際に図書館の資料やデータベースを使っておこなわれる程度であろうか。大学図書館が単なる事務組織を脱して教育研究と密接な関係をもつためには、それ自体の経営的な改善が必要になる。大学博物館や大学文書館は教員が配置されている場合が多いが、組織として数名規模にすぎず、自らの事業以外のことになかなか手が回らないという状況がある。専門職養成のための組織をつくるには、親組織がそれをうまく活用していなければならない。

最後に、これが最も重要なことだが、人材育成は雇用市場の存在なくして成立しえない。研究的な色合いを強くもっているMLAの職場のそれぞれが相互に境界を曖昧にしつつあるなかで、企画や経営的な業務にあたる職員はなおさら共通点が多いことを前提にした人材市場の開拓をすべきである。そして、就業の機会拡大、就業機会の公平な獲得、図書館・博物館・文書館の就業者の流動化の促進、といったことの解決のために、履修者を対象に「人材バンク」を機能させる必要がある。

手始めとしては、大学院の社会人教育、とりわけ主題的な知識をすでにもち、資格をすでに取得し、少なくとも三年以上現職の経験を積んでいるようなミッドキャリアの社会人を対象に、上記のような科目を研究的に修学する体制をつくることが重要である。また、時代の変化に即した知識取得には、関連学会・協会などがおこなう講習に出席し、知識取得に努める必要がある。

司書、学芸員、アーキビストとしての就業の機会は多くはない。修学しても、就業の機会がないとなると、修学希望者は皆無となる。そうなると養成のための投資も低下し、教育の内容も低くなる。結果として図書館・博物館・文書館の専門性が瓦解しかねない。

以上を整理すると図1のようになる。共通課題は共通科目として教育し、各館に必要な専門課題は専門科目として教育し、修学者を「人材バンク」に登録し、各館へ就業機会を働きかけるのとともに紹介する。また流動化のために希望者の登録をおこない、流動機会を創出する必要がある。

以上について、東京大学の現状にはまだまだ課題が多い。東京大学には、部局横断型教育プログラムという、研究科・学部の壁を超えて全学的に教育プログラムを組織することのできる制度があり、今後、こうした制度を利用しながら、大学内のさまざまな研究科や研究所、専攻に分散する教育資源を古い殻を超えてつないでいく必要が出てくるだろう。東京大学に限らず、多くの大学や関連学会において、図書館司書、博物館学芸員、文書館アーキビストの異なるカテゴリーを横断するような高度な知識情報管理の専門家を養成していく必要性が認識されてきているが、これを具体的な制度として確立するまでには至っていない。これをＭＬＡのそれぞれの関係者、大学関係者、公的機関の関係者の連携協力を通じてつくり出すことを提案したい。

註

（1）「司書資格取得のために大学において履修すべき図書館に関する科目の在り方について（報告）」平成二十一年二月、文部科学省生涯学習政策局これからの図書館の在り方検討協力者会議 http://www.mext.go.jp/b_menu/shingi/chousa/shougai/019/gaiyou/1243330.htm、「学芸員養成の充実方策について（報告）」平成二十一年二月十八日、文部科学省生涯学習政策局これからの博物館の在り方検討協力者会議 http://www.mext.go.jp/b_menu/shingi/chousa/shougai/014/gaiyou/1246188.htm、パブリックコメントなどを通じて制度変更に対して養成現場の抵抗が寄せられた結果といわれている。

（2） http://museum-sv.museum.hokudai.ac.jp/kyougikai/mumindex.html

つながる図書館・博物館・文書館
デジタル化時代の知の基盤づくりへ

2011年5月25日　初　版
2011年7月29日　第2刷

［検印廃止］

編者　石川徹也・根本　彰・吉見俊哉
発行所　財団法人　東京大学出版会
代表者　渡辺　浩
113-8654 東京都文京区本郷7-3-1 東大構内
電話 03-3811-8814　Fax 03-3812-6958
URL http://www.utp.or.jp
振替 00160-6-59964
印刷所　株式会社三秀舎
製本所　誠製本株式会社

ISBN978-4-13-001006-1
Printed in Japan

執筆者一覧（五十音順）

編　者

石川徹也（いしかわ・てつや）
東京大学史料編纂所特任教授
主要著書：『歴史知識学ことはじめ』（共編，勉誠出版，2009），「「歴史知識学」の 特集」，『人工知能学会誌』**25**（1）（共編，2010）

根本　彰（ねもと・あきら）
東京大学大学院教育学研究科教授
主要著書：『文献世界の構造――書誌コントロール論序説』（勁草書房，1998），『情報基盤としての図書館』（勁草書房，2002），『続・情報基盤としての図書館』（勁草書房，2004）

吉見俊哉（よしみ・しゅんや）
東京大学大学院情報学環・学際情報学府教授
主要著書：『都市のドラマトゥルギー――東京・盛り場の社会史』（弘文堂，1987；河出文庫，2008），『博覧会の政治学――まなざしの近代』（中公新書，1992；講談社学術文庫，2010），『親米と反米――戦後日本の政治的無意識』（岩波新書，2007）

執筆者

早乙女雅博（さおとめ・まさひろ）
東京大学大学院人文社会系研究科教授
主要著書：『朝鮮半島の考古学』（同成社，2000），『新羅考古学研究』（同成社，2010）

佐藤健二（さとう・けんじ）
東京大学大学院人文社会系研究科教授
主要著書：『読書空間の近代――方法としての柳田国男』（弘文堂，1987），『歴史社会学の作法――戦後社会科学批判』（岩波書店，2001），『社会調査史のリテラシー――方法を読む社会学的想像力』（新曜社，2011）

研谷紀夫（とぎや・のりお）
東京大学大学院情報学環・学際情報学府特任助教
主要著書：『デジタルアーカイブにおける「資料基盤」統合化モデルの研究』（勉誠出版，2009）

西野嘉章（にしの・よしあき）
東京大学総合研究博物館館長・教授
主要著書：博物館工学三部作『博物館学――フランスの文化と戦略』（東京大学出版会，1995），『大学博物館――理念と実践と将来と』（東京大学出版会，1996），『二十一世紀博物館――博物資源立国へ地平を拓く』（東京大学出版会，2000），『東京大学』（監修，東京

大学出版会，2005），『西洋美術書誌考』（東京大学出版会，2009）

馬場　章（ばば・あきら）
東京大学大学院情報学環・学際情報学府教授
主要著書：『上野彦馬歴史写真集成』（編著，渡辺出版，2006）

横山伊徳（よこやま・よしのり）
東京大学史料編纂所教授
主要著書：『幕末維新と外交（幕末維新論集）』（編，吉川弘文館，2001），『オランダ商館長の見た日本——ティツィング往復書翰集』（編，吉川弘文館，2005），『歴史知識学ことはじめ』（共編，勉誠出版，2009）

索　引

さ　行

た　行

な　行

は　行

ま 行

や 行

ら 行